公立幼稚園教諭・保育士採用試験対策シリーズ

2025年度

専門試験

幼稚園教諭（過去問題集）

神戸市

協同教育研究会 編

まえがき

本書は，神戸市の公立幼稚園教諭採用試験を受験する人のために編集されたものである。

幼稚園教諭は，満３歳から小学校就学までの幼児に対して，年齢に応じた指導を行うことをその職務とする。具体的には，幼児の健康状態のチェック，遊び，絵画，音楽や運動など，幼児の心身の発達を伸ばす教育を行うものである。 その他には，教室の掃除，カリキュラムの作成，園児の行動記録など，仕事の範囲は多岐にわたる。

幼稚園教諭試験は，その職務を全うできる有為な人材を，幅広い範囲から登用するために，公務員試験の原則に則り，公開平等の原則によって実施される。すなわち，一定の基準点に達すれば合格する資格試験とは根本的に違い，有資格者であれば，誰にでも門戸が開かれた選抜競争試験である。そのため毎年，多数の人が受験している人気職種である。

このような幼稚園教諭という職務の重要性をかんがみ，激烈な関門を突破するためには，まず自分の適性・素養を確かめると同時に，試験内容を十分に研究して対策を講じておく必要があろう。

本書はその必要性に応え，神戸市の公立幼稚園教諭採用試験の過去問，及び，最近の出題傾向を徹底分析した上で，「専門試験」について，問題と解説などを加えたものである。これによって短期間で学習効果が現れ，自信をもって試験に臨むことができよう。

公立幼稚園の教諭をめざす方々が本書を十分活用され，難関を突破して目標を達成されることを心からお祈りする。

協同教育研究会

＊目次＊

第1章

神戸市の公立幼稚園教諭

試験概要

令和6年度(令和5年度実施)

神戸市立学校園教員採用選考試験 実施要項

神戸市教育委員会

≪電子申請(インターネット)受付≫
令和5年4月19日(水)10時 ～ 5月19日(金)17時まで

適性検査(WEB受検)

受検期間:令和5年6月16日(金)～6月25日(日)

適性検査を未受検の場合は、令和6年度(令和5年度実施)選考試験を受験することはできません。

第1次選考(筆記)

●筆記試験　(会場:神戸市外国語大学)
令和5年6月24日(土):専門教科、教職・一般教養※
※ 教職・一般教養試験で一定の点数を取得した者のみ、集団面接試験を行います。

≪教職・一般教養試験受験者　結果発表日≫　令和5年6月30日(金)

第1次選考(面接)

●集団面接試験　(会場:神戸市総合教育センター)
令和5年7月8日(土)～7月16日(日) のうち1日、指定する日時
(面接官からの質疑応答等)

≪第1次選考　結果発表日≫　令和5年8月上旬

第2次選考

●実技試験(会場:後日通知【神戸市内で実施】)
令和5年8月16日(水)～9月1日(金) のうち1日、指定する日時
小学校英語コース(英語実技)
中学校・高等学校(音楽・美術・保健体育・技術・家庭・英語)、幼稚園、養護
(特別支援学校は、志願する教科の内容で実施)

●個人面接試験(会場:神戸市総合教育センター)
令和5年8月16日(水)～9月3日(日) のうち1日、指定する日時
(模擬授業・場面指導・面接官からの質疑応答等)

≪最終結果発表日≫　令和5年10月上旬

各日程の会場や時間は現時点での予定であり、変更になる場合があります。

必ず個別にお送りする受験票(受験案内)をご確認ください。

1. 神戸市の求める人物像

（1） 豊かな人間性にあふれ、子供に寄り添うことができる人

子供に対する深い愛情と思いやりを持ち、いかなる困難にあっても子供の笑顔と成長につながる選択をできる人を、私たちは求めています。

（2） 自律心を備え、多様性を尊重し、協調・協働できる人

常に高い倫理観と規範意識に基づいて行動するとともに、多様な他者との対話やつながりを深め、互いを理解し尊重しながら、協調・協働できる人を、私たちは求めています。

（3） 自らの資質・能力向上のため、学び続けることができる人

時代の変化とともに学校教育に求められる役割や課題が多様化するなか、自己研鑽のために努力し続けることができる人を、私たちは求めています。

2. 令和6年度神戸市立学校園教員採用選考試験における主な変更ポイント

（1）特例措置区分「臨時的任用教員区分」の要件緩和

特例措置区分**「臨時的任用教員区分」の要件**を以下のとおり**変更します。**

	変更前	変更後
要件①	本市の臨時的任用教員として、直近３年間のうち通算２年以上の勤務経験を有する者	本市の臨時的任用教員として、**直近 10 年間のうち通算２年以上**の勤務経験を有する者
要件②	本市の臨時的任用教員として、直近２年間のうち通算１年以上の勤務経験を有し、かつ出願時においても勤務している者	本市の臨時的任用教員として、**出願時において勤務し、かつ令和５年度末まで勤務の見込みがある者**

（2）第２次選考における小論文試験の廃止

第２次選考における**小論文試験を廃止します**。廃止に伴い、各試験の配点を以下のとおり変更します。

（単位：点）

	満点	変更前			変更後	
		小論文	面接	実技	面接	実技
全選考区分（実技なし教科）	300	90	210	－	300	－
全選考区分（実技あり教科）	300	30	210	60	240	60

3. 採用選考の資格要件

下記（1）～（4）のすべてを満たす者

（1）選考区分の出願に必要な普通免許状の所有者又は取得見込みの者

令和6年4月1日以降有効な免許状に限る。ただし、文部科学省が実施する教員資格認定試験による免許状取得見込みの者を除く。

（2）昭和 39 年4月2日以降に生まれた者

（3）地方公務員法第 16 条の欠格条項及び学校教育法第9条の欠格事由に該当しない者

（4）平成 11 年改正前の民法の規定による準禁治産の宣告を受けていない者（心身耗弱を原因とする者を除く）

選考区分	出願に必要な免許状
幼稚園教諭	幼稚園教諭普通免許状
小学校教諭	小学校教諭普通免許状
小学校教諭英語コース	小学校教諭普通免許状及び英語の中学校教諭普通免許状
中学校・高等学校教諭	志願教科の中学校教諭普通免許状又は高等学校教諭普通免許状
特別支援学校教諭	特別支援学校教諭普通免許状及び 小学校又は中学校又は高等学校教諭普通免許状
養護教諭	養護教諭普通免許状
栄養教諭	栄養教諭普通免許状

（注）・本市では、中学校と高等学校は、選考区分「中学校・高等学校教諭」として一括採用しています。中学校教諭普通免許状又は高等学校教諭普通免許状のいずれかのみを所有する場合でも受験できます。

・**高等学校教諭の「社会」は、地理歴史、公民の免許をともに所有することが必要です。**（平成元年教育職員免許法改正前の高等学校「社会」の免許状を所有する場合は、「社会」の免許状のみで受験できます。）

・「中学校・高等学校教諭」、「養護教諭」区分については、志願時に選択した希望校種を踏まえて、採用後の配属を決定します。（必ず希望校種に配属されるとは限りません。）

・特別支援学校教諭の出願に必要な中学校又は高等学校教諭普通免許状は、P. 7「5. 募集人員」に記載の「中学校・高等学校教諭」選考区分の教科・科目に限ります。

・保健師国家資格合格後に養護教諭2種免許状の申請予定者は、養護教諭の受験はできません。

4. 出願区分及び出願要件

<table>
<tr><th>選考の種別</th><th colspan="2">出願区分</th></tr>
<tr><td rowspan="7">（1）一般選考</td><td colspan="2">一般区分</td></tr>
<tr><td rowspan="6">特例措置区分</td><td>現職教員区分</td></tr>
<tr><td>社会人経験者区分</td></tr>
<tr><td>臨時的任用教員区分</td></tr>
<tr><td>任期付合格者区分</td></tr>
<tr><td>直近2か年1次合格者区分</td></tr>
<tr><td>大学等推薦区分</td></tr>
<tr><td>（2）障害者特別選考</td><td colspan="2">一般選考に準拠</td></tr>
<tr><td>（3）離職者を対象とした特別選考</td><td colspan="2"></td></tr>
</table>

※上記選考と併せて、育児休業代替任期付教員採用選考試験を実施します。（詳細はP. 21 参照）

（１）一般選考

＜一般区分＞

一般選考を志願する者のうち、P. 4「３．採用選考の資格要件」を満たし、「特例措置区分の出願要件」を満たさない者、及び特例措置区分の出願要件を満たしているが区分適用を希望しない者を対象とする区分。

＜特例措置区分＞

一般選考を志願する者のうち、P. 4「３．採用選考の資格要件」を満たし、かつ、次の出願要件に該当する者を対象とする区分。

特例措置区分	出願要件
現職教員区分 ※１ ※２ ※４	**令和６年３月31日現在**、「国公立学校園」又は「私立学校園」の現職の正規教員（任用の期限を附さない常勤講師や教頭、校園長等を含む）として、**継続して３年以上（休職、育児休業等により勤務実態のない期間を除く）勤務している者。**ただし、受験する選考区分及び教科と同一の教職経験に限る。（音楽、美術、養護、栄養については、校種不問）
社会人経験者区分 ※１	次の①又は②に該当する者 ①　**令和５年３月31日**現在、「法人格を有する同一の民間企業」又は「同一の官公庁等」において、**平成30年４月１日から令和５年３月31日の５年間に、当該企業等にて正規従業員・正規職員として、継続して３年以上（休職、育児休業等により勤務実態のない期間を除く）の勤務経験を有する者。**ただし、上記経験のうち、「国公立学校園」又は「私立学校園」における正規教員（任用の期限を附さない常勤講師や教頭、校園長等を含む）としての勤務経験は除く。 ②　JICA海外協力隊（青年海外協力隊、海外協力隊、シニア海外協力隊、日系社会青年海外協力隊、日系社会海外協力隊、日系社会シニア海外協力隊）又は文部科学省から派遣された日本人学校又は補習授業校の教員（文部科学省ＨＰに掲載の学校に限る）として、２年以上の派遣経験を有する者。
臨時的任用教員区分 ※２ ※３	次の①又は②に該当する者 ①　平成25年４月１日から令和５年３月31日の10年間に、**「神戸市立学校園」にて、臨時的任用教員として、通算２年以上の勤務経験**を有する者。 ②　出願時において、**「神戸市立学校園」で臨時的任用教員として勤務**し、かつ**令和５年度末まで勤務の見込みがある者**。
任期付合格者区分 ※４	**令和３年度（令和２年度実施）、令和４年度（令和３年度実施）、令和５年度（令和４年度実施）の教員採用選考において育児休業代替任期付教員として合格し、かつ辞退していない者。**ただし、任期付合格時と同一の選考区分・教科を受験する場合に限る。

直近２か年 １次合格者 区分 ※４	**令和４年度（令和３年度実施）又は、令和５年度（令和４年度実施）教員採用選考で、第１次選考に合格し、第２次選考を有効に受験して不合格と判定された者。** ただし、直近２か年１次合格時と同一の選考区分・教科を受験する場合に限る。
大学等推薦 区分 ※５	**神戸市立学校教員を第一志望**とし、小学校（英語コース含む）、中学校・高等学校教諭（国語、数学、理科、美術、技術又は家庭）、特別支援学校のそれぞれの校種の資格要件を満たす普通免許状取得の課程認定を受けている**大学、大学院又は教職大学院の学長又は学部長、研究科長が推薦する者。**（詳細はP.20を参照）

※１…第２次選考時に在職・勤務証明等を提出していただきます。在職・勤務期間等の確認ができない場合は、当該選考により取得した一切の資格を失います。

※２…現職の教諭及び臨時的任用教員には、栄養職員を含みます。

※３…臨時的任用教員としての勤務形態（常勤か非常勤か）は問いません。（通算の年数にご留意ください。）

※４…免除の可否は受験票送付時にお伝えします。

※５…推薦書類の内容を総合的に判断し、対象者（第１次選考の筆記試験を免除し、面接試験を実施する者）を選考します。書類選考の結果、対象者として認められない場合は、一般区分志願者とみなします。

（２）障害者特別選考　**募集人数：若干名　※全選考区分対象**

・身体障害者手帳、精神障害者保健福祉手帳または療育手帳等の交付を受けている者（下記参照）は、障害者特別選考を受験することができます。

・出願する選考区分・教科は問いません。（出願区分は一般選考に準拠します。）

・本選考は一般選考と別枠で募集します。一般選考及び離職者を対象とした特別選考と重複して出願することはできません。

・**出願においては、電子申請に加え、「障害者特別選考申請書」を別途郵送にて提出する必要があります。（様式は採用ホームページに掲載）**

・特別選考を希望する者は、身体障害者手帳、精神障害者保健福祉手帳又は療育手帳等の障害の種類および等級がわかるページの写しを申請書裏面に貼り付けて提出してください。

・申請書に申し出の記載があった場合に限り、障害の状況に応じて、実技試験の一部、または全部を免除します。（免除の可否は受験票送付時にお伝えします。なお、記載内容について担当者から連絡させていただくことがあります。）

■障害者特別選考の対象となる手帳等の種類

次の一から三に掲げる手帳等の交付を受けている者（下記の手帳等は**志願書提出時及び受験日当日において有効**であることが必要です。第２次選考面接試験当日、受付で原本を提示してください。）

一　身体障害者手帳又は都道府県知事の定める医師（以下「指定医」という。）若しくは産業医による障害者の雇　用の促進等に関する法律別表に掲げる身体障害を有する旨の診断書・意見書（心臓、じん臓、呼吸器、ぼうこう若しくは直腸、小腸、ヒト免疫不全ウイルスによる免疫又は肝臓の機能の障害については、指定医によるものに限る。）

二　都道府県知事若しくは政令指定都市市長が交付する療育手帳又は児童相談所、知的障害者更生相談所、精神保健福祉センター、精神保健指定医若しくは障害者職業センターによる知的障害者であることの判定書

三　精神障害者保健福祉手帳

（3）離職者を対象とした特別選考　募集人数：若干名　※全選考区分対象

本市での正規教員経験を有する者に対して実施する選考です。対象者は、下記いずれかの出願要件を満たす者、かつ受験する選考区分及び教科と同一の教職経験を有する者に限ります。（音楽、美術、養護、栄養については、校種不問です。）なお、退職勧奨により退職した者は、対象から除きます。

出願区分	出願要件
一般離職者区分	令和6年3月31日現在、過去に神戸市立学校園の正規教員（任用の期限を附さない常勤講師や教頭、校園長等を含む）として3年以上（休職、育児休業等により勤務実態のない期間を除く）の勤務経験を有し、離職後5年以内の者。
子の養育を目的とした離職者区分	令和6年3月31日現在、過去に神戸市立学校園の正規教員（任用の期限を附さない常勤講師や教頭、校園長等を含む）としての勤務経験を有し、在職中に育児休業を取得後、引き続き子を養育するために離職し、離職後8年以内の者。（ただし、条件付採用期間中に離職した者は除く。）
介護を目的とした離職者区分	令和6年3月31日現在、過去に神戸市立学校園の正規教員（任用の期限を附さない常勤講師や教頭、校園長等を含む）としての勤務経験を有し、在職中に介護休暇を取得後、継続して当該要介護者を介護するために離職し、離職後8年以内の者。（ただし、条件付採用期間中に離職した者は除く。）

※本選考は一般選考と別枠で募集します。一般選考及び障害者特別選考と重複して出願することはできません。

5.　募集人員

（1）一般選考

選考区分	募集人員	
	正規	任期付
幼稚園教諭	数名	若干名
小学校教諭	135名	80名
小学校教諭英語コース	15名	
中学校・高等学校教諭 国語・社会・数学・理科・音楽・美術・保健体育・技術・家庭・英語・工業・商業	130名	20名
特別支援学校教諭	40名	若干名
養護教諭	10名	数名
栄養教諭	数名	若干名
小計	340名	110名
合計	450名	

（2）障害者特別選考
（3）離職者を対象とした特別選考

選考区分	募集人員	
	正規	任期付
幼稚園教諭	若干名	
小学校教諭	若干名	
小学校教諭英語コース		
中学校・高等学校教諭 国語・社会・数学・理科・音楽・美術・保健体育・技術・家庭・英語・工業・商業	若干名	
特別支援学校教諭	若干名	
養護教諭	若干名	
栄養教諭	若干名	

（注）・第2次選考不合格者のうち、上位1割程度を補欠合格者とします。（詳細は P. 18 参照）
・日本国籍を有しない者を採用する場合は、「任用の期限を附さない常勤講師」等と発令します。
・中学校・高等学校教諭区分の「音楽」・「美術」の受験者について、中学校教諭普通免許状のみを所有する場合でも、小学校（音楽・図工）に配置され、小学校において学級担任等を担う場合があります。
・特別支援学校について、特別支援学校教諭区分に限らず、他の選考区分の合格者の中から配属となる場合があります。
・特別支援学校教諭区分で採用された場合、特別支援学校だけでなく、基礎免許の校種に応じて、小学校、中学校、高等学校に配属となる場合があります。
・全ての校種において、複数校種免許状所有者については、採用後、採用された選考区分と異なる所有免許状の校種へ人事異動を行う場合があります。

6. 選考概要

		適性検査	第1次選考		第2次選考	
			筆記	面接	実技	面接
日程		6月16日(金) 〜25日(日)	6月24日(土)	7月8日(土) 〜16日(日)	8月16日(水) 〜9月1日(金)	8月16日(水) 〜9月3日(日)
一般選考	一般区分	適性検査 ※1	教職・一般教養 専門教科	集団面接 教職・一般教養試験で一定の点数を取得した者のみ受験可	◎幼稚園 ◎小学校 英語コース ◎中高 音楽 美術 保健体育 技術 家庭 英語 ◎養護 ◎特支※2	個人面接
	現職教員区分		免除	集団面接		
	社会人経験者区分		専門教科	集団面接		
	臨時的任用教員区分		専門教科	集団面接		
	任期付合格者区分		免除	免除		
	直近2か年1次合格者区分		免除	集団面接		
	大学等推薦区分		書類選考のうえ、免除	集団面接		
障害者特別選考	一般選考に準拠		選択した出願区分に準拠 (実技試験は申請により免除される場合があります。)			
離職者を対象とした特別選考	／		／	／	／	個人面接

※1 適性検査は点数化せず、面接時の参考資料とします。なお、適性検査を未受検の場合は、令和6年度(令和5年度実施)選考試験を受験する資格を失います。

※2 特別支援学校受験者は、選択した教科に実技試験がある場合、その実技試験を受験します。

7. 出願手続き

（1） 出願の流れ

出願には、以下の手続きが必要です。

電子申請による出願

令和５年４月19日（水）10時　から　５月19日（金）17時　まで

※受付期間外は、一切受け付けません。また、「申請到達連絡」の電子メールが届かない場合、出願ができていない可能性があるため注意してください。

電子申請（インターネット）により出願してください。（電子申請以外での出願は受け付けません。）なお、スマートフォンやタブレット、携帯電話等で申請することはできません。必ずパソコンを使用して申請するようにしてください。

志願書の提出（筆記試験受験者）

令和５年６月24日（土）

６月６日(火)以降、電子申請システムから**「志願書」**を印刷し、**内容を確認**し、**(1)写真の添付**、**(2)署名**を行ったうえ、**第１次選考筆記試験会場（神戸市外国語大学）に持参**してください。

※「クラブ・部活動・ボランティア活動歴等調査票」及び「エントリーシート」の紙での提出は不要です。

志願書の郵送（筆記試験免除者）

令和５年６月16日（金）必着

６月６日(火)以降、電子申請システムから**「志願書」**を印刷し、**内容を確認**し、**(1)写真の添付**、**(2)署名**を行ったうえ、**P.19「17.問い合わせ先」に記載の送付先まで郵送**してください。

※「クラブ・部活動・ボランティア活動歴等調査票」及び「エントリーシート」の紙での郵送は不要です。

「社会人経験者区分」の志願者、「障害者特別選考」の志願者、「離職者を対象とした特別選考」の志願者は、上記のほか、別途郵送提出が必要な出願関係書類がありますのでご注意ください。
（詳細はP.11（２）出願方法≪留意事項≫を確認してください。）

(注)
・電子申請による出願が期限内に確認されない場合、出願を無効とします。
・複数回の申請はできません。複数の申請が確認された場合、すべての申請を無効とします。
・出願にあたってご不明な点は、P.19「17.問い合わせ先」までご連絡ください。

（2）出願方法【詳細は電子申請の受付開始に伴い、採用ホームページに掲載します。】

<table>
<tr><td>はじめに</td><td>・電子申請には、パソコンのほか、プリンター、電子メールアドレス、Adobe Reader が必要となります。（スマートフォンやタブレット、携帯電話等で申請することはできません。必ずパソコンを使用して申請するようにしてください。）
・登録された電子メールアドレスにのみ受験票等各種データを送付します。最終結果発表まで使用できる電子メールアドレスを登録してください。
・出願受付期間終了後（5月19日（金）17時以降）、申請内容は全て変更できません。
・申請にあたって、特に締切間際など、データの送受信に時間のかかる場合があります。余裕を持って早めに申請手続を行ってください。60分以上システムの画面を更新しないまま利用するとタイムアウトし、入力内容が消えてしまう場合がありますので、保存をしながら電子申請してください。
・使用するパソコンや通信回線の障害等によるトラブルについては、一切責任を負いません。
・申請にあたりご不明な点があった場合は、P.19「17. 問い合わせ先」にご連絡ください。
・操作方法等については出願受付開始に伴い採用ホームページ内に「電子申請の入力要領」を掲載しますので、確認してください。</td></tr>
<tr><td>システム
登録
（事前準備）</td><td>①　出願には「兵庫県電子申請共同運営システム」への事前登録が必要です。（すでに登録済みの方は改めての登録は不要です。）当該システムにアクセスし、「申請者情報登録」から画面の指示に従い、情報を登録してください。この際に登録した、ＩＤ及びパスワードは必ず控えておいてください。

「兵庫県電子申請共同運営システム」
https://www.e-hyogo.elg-front.jp/hyogo/navi/index.html
※採用ホームページからもアクセスできます。

≪登録内容メモ≫
ＩＤ：　　　パスワード：

※「申請者情報登録」だけでは、電子申請による出願は完了していません。下欄、電子申請の②及び③の作業を完了してください。
※システム登録（①）について（電子申請システムにて生じるエラーメッセージ等への対応）
　事前準備として、Webブラウザの設定が必要となります。設定方法については、「兵庫県電子申請共同運営システム」トップページの「動作環境について」から「1. Webブラウザ/OS」を参照ください。Webブラウザの設定方法については、電子申請サービスヘルプデスク（0120-96-9068）へお問い合わせください。
※電子申請システム上で、環境依存文字、旧漢字、「,（カンマ）」等を入力しないようにしてください。漢字の入力ができない場合は代替文字を使用し、志願書類の署名欄に正式に記載してください。</td></tr>
<tr><td>電子申請
(5/19(金)
17時締切)</td><td>②　「兵庫県電子申請共同運営システム」トップページにある「申請先の選択」のタブ（下方にある兵庫県の地図）から「神戸市」を選択し、「教育委員会事務局　教職員課」を選択してください。表示される「手続一覧」の画面から、「神戸市教員採用選考」を選択してください。
　採用試験出願に必要な事項の入力を求められます。画面の指示に従い、必要事項を入力してください。
※身体上の問題（身体の障害等や体調不良）やその他の事由で、受験会場において配慮が必要な場合は、「受験会場等において配慮すべきこと」として、該当欄に入力ください。</td></tr>
</table>

<table>
<tr><td></td><td>③　入力が正常に完了した場合、<u>「到達番号」</u>及び<u>「問合せ番号」</u>が表示されます。<u>受験票や志願書等の書類をダウンロードする際に必要</u>となりますので、<u>必ず控えて</u>おいてください。
　また、入力が完了しましたら、<u>「申請到達連絡」が電子メールで届きます</u>ので確認してください。届かない場合、必ずP.19「17. 問い合わせ先」にご連絡ください。
【重要】<u>「申請到達連絡」の電子メールが届かない場合、出願が出来ていない（電子申請が正常に受け付けられていない）可能性があります。</u>
≪登録内容メモ≫
<table><tr><td>到達番号</td><td></td><td>問合せ番号</td><td></td></tr></table>
※到達番号及び問合せ番号は申請終了後、画面に表示されます。
※システム登録（①）及び、電子申請（②・③）は必ず受付期間中（～5月19日（金）17時）に完了してください。なお、システム登録（①）は、受付開始前に登録することもできます。（社会人経験者区分、障害者特別選考、離職者を対象とした特別選考の志願者は下記≪留意事項≫を参照）
※電子申請（②・③）について、不明な点があった場合は、P.19「17. 問い合わせ先」にご連絡ください。また、申請後に申請内容に誤りがあった場合や、内容を修正したいときは、受付期間中（～5月19日（金）17時）に修正してください。<u>（新たに別の電子申請はしないでください）</u>。受付期間を過ぎて、申請内容に誤りが生じた場合は、必ずP.19「17. 問い合わせ先」にご連絡ください。
　「兵庫県電子申請共同運営システム」のページを開き「申請・手続情報」のメニューから「申請状況照会」を選択します。「到達番号の形式が 99999999999999999（数字のみ）の場合」を選択し、「到達番号で照会」から「到達番号」と「問合せ番号」を入力し、照会してください。「取扱状況詳細」の画面から、「補正」を選択すると修正できます。なお、修正が完了した際には、「補正処理終了連絡」が電子メールで届きますので確認してください。届かない場合は、必ずP.19「17. 問い合わせ先」にご連絡ください。</td></tr>
<tr><td></td><td>≪留意事項≫
　社会人経験者区分、障害者特別選考、離職者を対象とした特別選考の志願者は、電子申請に加えて、5月19日（金）までに、<u>別途郵送提出が必要な出願関係書類があります。</u>
　採用ホームページにて必要な書類様式をダウンロードし、必要事項を記入のうえ、郵送（簡易書留）にて提出してください。なお、当該志願書類の提出が期限までに確認されない場合は、一般選考志願者とみなします。
≪提出期間≫令和５年４月19日（水）から５月19日（金）<u>必着</u>
≪郵送先≫　〒650-0044　神戸市中央区東川崎町１丁目３番３号
神戸ハーバーランドセンタービル　ハーバーセンター４階
神戸市教育委員会事務局総務部教職員課（任用担当）　宛
<table>
<tr><th>選考の種別等</th><th>提出が必要な書類名（A4サイズ）</th></tr>
<tr><td>社会人経験者区分</td><td>社会人経験者区分エントリーシート</td></tr>
<tr><td>障害者特別選考</td><td>障害者特別選考申請書
（裏面に手帳等のコピーを貼付けて提出のこと）</td></tr>
<tr><td>離職者を対象とした特別選考</td><td>離職者を対象とした特別選考面接資料</td></tr>
</table></td></tr>
<tr><td>電子申請完了のお知らせ
(5/19(金)
21時頃)</td><td>④　<u>5月19日（金）21時頃を目途</u>に電子メールで「受付結果連絡」（電子申請による出願の完了のお知らせ）を登録された電子メールアドレス宛に送付します。5月21日（日）になっても届かない場合は、5月22日（月）正午までに、必ずP.19「17. 問い合わせ先」にご連絡ください。</td></tr>
</table>

1次筆記試験 受験票の確認 （6/6(火) 以降）	⑤　**6月6日（火）**に「審査終了連絡」（**受験票等の発行通知**）を登録された電子メールアドレス宛に送付します。6月7日（水）になっても届かない場合は、6月8日（木）正午までに、必ずP. 19「17. 問い合わせ先」にご連絡ください。 (1)　当該電子メールから「兵庫県電子申請共同運営システム」のホームページを開き、「申請・手続情報」のメニューから「申請状況照会」を選択します。 (2)　「到達番号の形式が 999999999999999999（数字のみ）の場合」を選択し、「到達番号で照会」から「到達番号」と「問い合わせ番号」を入力して照会してください。 (3)　「取扱状況詳細」の画面から、「通知書類一覧」を選択すると、**「第1次選考筆記試験受験票」、「志願書」等**を取得できます。 ※第1次選考免除者及び第1次選考筆記試験免除者（現職教員区分、大学等推薦区分、直近2か年1次合格者区分）へ発送する通知書も同様に電子メールにて送付します。なお、大学等推薦区分の推薦書を提出した大学等には、別途郵送にて通知します。
筆記試験 免除者の場合 （6/16(金) 必着で郵送）	⑥　6月16日（金）必着で、P. 19「17. 問い合わせ先」に、志願書（写真を貼り付け、自署したもの）を郵送してください。 ※「クラブ・部活動・ボランティア活動歴等調査票」及び「エントリーシート」はこちらで印刷するため提出は不要です。
筆記試験 受験者の場合 （6/24(土) 筆記試験会場 に持参）	⑦　6月24日（土）第1次選考筆記試験会場に、(1) 6月6日送付の電子メールより印刷した受験票 (2) 志願書（写真を貼り付け、自署したもの）を各1部持参して下さい。 ※「クラブ・部活動・ボランティア活動歴等調査票」及び「エントリーシート」はこちらで印刷するため提出は不要です。

≪電子申請のイメージ≫

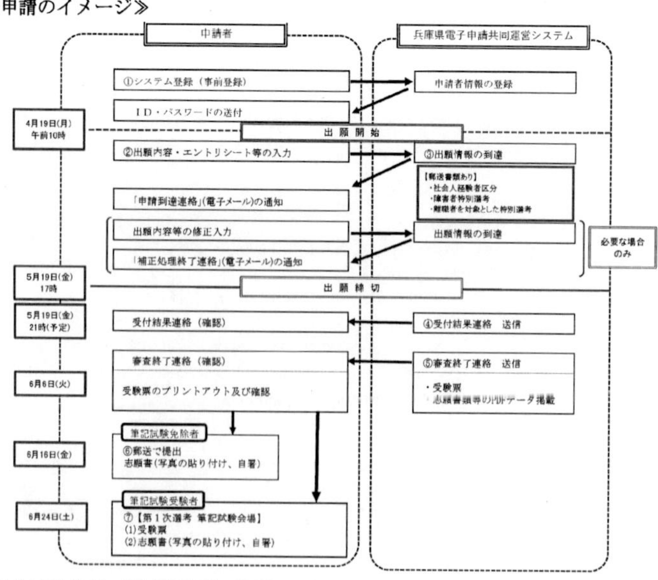

※社会人経験者区分、障害者特別選考、離職者を対象とした特別選考の志願者は、電子申請の他、別途郵送提出する志願書類があります。

8. 適性検査(全志願者対象)

(1) 受検期間 **令和5年6月16日(金)から6月25日(日)まで**

(2) 受検方法 WEB上での受検となります。詳細な案内は、6月15日(木)に送付します。
なお、適性検査は面接時の資料とするため、配点はありません。

> **適性検査が未受検の場合、その後の選考試験を受験する資格を失います。**
> **必ず受検してください。**

9. 第1次選考

(1) 期日・会場 **[下表はすべて予定です。会場の都合等により、一部変更することもあります。]**

試験種類	試験日程	試験会場
筆記試験	令和5年6月24日(土)	神戸市外国語大学
面接試験	令和5年7月8日(土)~7月16日(日) のうち1日、指定する日時	神戸市総合教育センター

(注) ・試験会場は、志願者数等によって変更する場合があります。また、選考区分によって開始時間は異なるため、必ず受験票で確認してください。
・各会場とも駐車できません。近隣住民のご迷惑となりますので、会場近くの送迎もご遠慮ください。公共交通機関を利用してください。
・悪天候等により試験日程を変更する場合は、採用ホームページにて発信、又は登録の電子メールアドレスへお知らせします。

(2) 試験内容・試験時間・配点等

(単位:点)

出願区分		満点	筆記						面接 ※2	
			科目①	時間(分)	配点	科目②	時間(分)	配点	内容	配点
一般区分		240	専門教科	80	120	教職・一般教養	50	(70)※1	集団面接	120
特例措置区分	現職教員区分	240	【免除】	―	―	【免除】	―	―	集団面接	240
	社会人経験者区分	240	専門教科	80	120	【免除】	―	―	集団面接	120
	臨時的任用教員区分	240	専門教科	80	120	【免除】	―	―	集団面接	120
	任期付合格者区分	―	【免除】	―	―	【免除】	―	―	【免除】	―
	直近2か年1次合格者区分	240	【免除】	―	―	【免除】	―	―	集団面接	240
	大学等推薦区分	240	【免除】	―	―	【免除】	―	―	集団面接	240
障害者特別選考		240	選択した区分に準拠							
離職者を対象とした特別選考		-								

※1 教職・一般教養試験の点数は第1次選考合否判定には利用しません。
教職・一般教養試験で一定の点数を取得した者(概ね一般選考受験者数の8割~9割程度を想定)のみ、集団面接試験を行います。

※2 面接は複数の受験者を1組として行う集団面接形式です。

持参物 **受験票１部、写真を添付し自署した志願書**（「クラブ・部活動・ボランティア活動歴等調査票」及び「エントリーシート」は不要）、**ＨＢ～Ｂの鉛筆、消しゴム、腕時計（ウェアラブル端末は除く）、電卓（商業筆記専門試験受験者のみ）**

（注）
- 受験票及び志願書は必ずプリントアウトしたものを持参してください。電子データは認めません。
- **志願書を忘れた場合は受験できません。本人確認のため、必ず写真を添付してください。**
- 不正行為防止のため、スマートウォッチなどのウェアラブル端末の使用は認めず、着用も不可とします。
- 試験当日、受験に必要なものの貸し出しには対応できないことがあります。
- 受験票に記載の注意事項を必ずご一読ください。
- 使用できる電卓は、計算機能（四則演算）のみのものに限ります。音の出る機能や、関数電卓のようなプログラム機能・辞書機能の付いている電卓は使用不可とします。携帯電話・スマートフォン等を電卓の代わりに使用することもできません。

（３）集団面接試験日程連絡及び第１次選考結果の発表

集団面接試験の日程については、**令和５年６月30日（金）**に、志願者が受験票等送付先として登録した住所に発送します。（筆記試験受験対象者は、試験を有効に受験した者のみ送付します。）**7月5日（水）**までに日程通知が届かない場合は、必ず**7月6日（木）正午まで**に、P. 19「17. 問い合わせ先」まで連絡ください。なお、一般選考の集団面接受験対象者の受験番号については、**同日14時**に採用ホームページに掲載します。

第１次選考結果については、**令和５年８月上旬**に採用ホームページに掲載します。第１次選考を有効に受験した者には、同日付で結果を発送する予定です。

なお、第２次選考案内も第１次選考結果通知にあわせて通知します。**8月9日（水）**までに第１次選考結果通知書が届かない場合は、必ず**8月11日（金）正午まで**にP. 19「17. 問い合わせ先」まで連絡ください。

10. 第2次選考

（１）期日・会場 ［下表はすべて予定です。会場の都合等により、一部変更することもあります。］

試験種類	試験日程	試験会場
実技試験	令和５年８月16日（水）～９月１日（金） のうち１日、指定する日時	神戸市総合教育センター 他
面接試験	令和５年８月16日（水）～９月３日（日） のうち１日、指定する日時	神戸市総合教育センター

（２）実技試験内容

選考区分・教科		試験概要	持参物
幼稚園		ピアノ、表現、運動遊び、実際指導の一場面	運動のできる服装と体育館シューズ
小学校英語コース		英語による質疑応答・授業場面のロールプレイ	なし
中学校・高等学校	音楽	移調の筆記問題、ピアノ、アルトリコーダー、歌唱	アルトリコーダー、筆記用具
	美術	着彩デッサン	B・6Bの鉛筆、消しゴム、水彩用具 画板又はカルトン、クリップ
	保健体育	器械運動、陸上競技、バスケットボール	運動靴（スパイクは不可）、体育館シューズ
	技術	木材加工、電気・電子部品組立	作業に適した服、靴
	家庭	裁縫	なし
	英語	英語による質疑応答・授業場面のロールプレイ、英作文	筆記用具（HBの鉛筆、消しゴム）
養護		保健指導及び応急措置	なし

（注） ・特別支援学校教諭受験者は、志願する教科の内容に従って実施します。

（３）個人面接（模擬授業・場面指導・面接官からの質疑応答等）

詳細は第１次選考結果と併せて通知する第２次選考案内を確認してください。

第２次選考面接試験時に、**取得済みの免許状の写し**、**最終学校成績証明書**（既卒者）、**在籍証明書**（卒業予定者）、**在職・勤務証明書等**、**特例措置区分の出願要件を証明する書類**（特例措置区分受験者のみ）、**加点制度の要件を満たす証明書**（希望者のみ）等を提出してください。

≪面接試験における評価の観点≫

評価の観点
・子供一人一人に愛情をもって関わり、温かく寄り添う感性を持っているか。
・いかなる困難にあっても、子供の笑顔と成長につながる行動がとれるか。
・社会人として守るべき法令やルール、マナーを身につけているか。
・組織の一員として、互いを理解し尊重しながら協働する意義を理解しているか。
・良好な人間関係を築くことができるコミュニケーション能力を有しているか。
・教育を取り巻く社会情勢の変化に関心を持っているか。
・教育者としての責任感・使命感を備え、学び続ける向上心があるか。

（４）配点

（単位：点）

選考区分		満点	面接	実技
幼稚園		300	240	60
小学校		300	300	−
小学校・英語コース		300	240	60
中・高校 特別支援学校	実技あり	300	240	60
	実技なし	300	300	−
養護教諭		300	240	60
栄養教諭		300	300	−
障害者特別選考		300	※	
離職者を対象とした特別選考		300	300	−

※ 障害者特別選考において実技試験免除が認められた場合、実技試験の配点を全て面接試験に移行します。（面接300点）

（５）選考結果の発表

令和５年 10 月上旬に採用ホームページに掲載します。第２次選考を有効に受験した者には、同日付で結果を発送する予定です。

11. 加点制度

・第２次選考の合計点(300 点満点)に加点します。

・加点を希望する場合、**電子申請による出願時**に申請してください。（出願時以降の加点希望の申し出は受け付けません。）

・要件を満たす証明となる書類（詳細は以下の該当する記述を参照）は、**第２次選考の個人面接時**に提出してください。

	加点の種類	加点対象	要件	加点
1	小学校教諭普通免許状所有者	中学校・高等学校教諭区分	小学校教諭普通免許状を所有	６点
2	複数免許所有者	中学校・高等学校教諭区分	志願教科に加え、音楽・美術・技術・家庭の中学校教諭普通免許状を所有	１科目につき６点
3	特別支援学校教諭普通免許状所有者	幼稚園、小学校(小学校英語コース含む)、中学校・高等学校教諭区分	特別支援学校教諭普通免許状を所有	３点
4	情報又は書道免許所有者	中学校・高等学校教諭区分	情報又は書道の普通免許状を所有	１科目につき３点
5	英語資格所有者	全選考区分	指定する英語資格等を所有	３点
6	日本語指導能力を有する者	全選考区分	日本語指導に一定の能力を有する者	３点
7	看護師免許所有者	養護教諭区分	看護師免許を所有	３点

（１）小学校教諭普通免許状所有者又は取得見込み者への加点

中学校・高等学校教諭区分の受験者で、小学校教諭普通免許状所有者又は取得見込み者に対し、**６点**を加点します。（小学校教諭普通免許状の写し又は取得見込みであることを証明する書類の提出が必要です。）

（２）複数免許所有者又は取得見込み者への加点

中学校・高等学校教諭区分の受験者で、出願時に選択する**志願教科の普通免許状**に加え、**音楽・美術・技術・家庭**の中学校教諭普通免許状を所有又は取得見込みの者に対し、**１科目につき６点**を加点します。（該当する教科の免許状の写し又は取得見込みであることを証明する書類の提出が必要です。）

（３）特別支援学校教諭普通免許状所有者又は取得見込み者への加点

幼稚園、小学校（小学校英語コースも含む）、中学校・高等学校教諭区分の受験者で、特別支援学校教諭普通免許状所有者又は取得見込み者に対し、**３点**を加点します。（特別支援学校教諭普通免許状の写し又は取得見込みであることを証明する書類の提出が必要です。）

（４）情報又は書道免許所有者又は取得見込み者への加点

中学校・高等学校教諭区分の受験者で、情報又は書道の普通免許状を所有又は取得見込みの者に対し、**１科目につき３点**を加点します。（該当する教科の教諭普通免許状の写し又は取得見込みであることを証明する書類の提出が必要です。）

（5）英語資格所有者への加点

全選考区分の受験者で、一定の英語資格を有している者に対し、3点を加点します。（資格を所有していることを証明する書類の写しの提出が必要です。）なお、下記の資格は、令和3年4月1日から、令和5年3月31日の間に取得したものに限ります。

加点対象となる英語資格(下記のいずれか一つについて，記載の点数・級以上の場合該当)

校種・教科	ケンブリッジ英語検定	英検	GTEC	IELTS	TEAP	TEAP CBT	TOEFL IBT	TOEIC L&R/S&W※
中高英語 特支英語	180	1級	1350	7.0	375	800	95	1845
上記以外	160	準1級	1190	5.5	309	600	72	1560

※TOEIC　L&R/S&Wについては，S&Wのスコアを2.5倍にして合算したスコアで記載

（6）日本語指導能力を有する者又は有する見込みの者への加点

全選考区分の受験者で、一定の日本語指導能力を有すると認められる者に対し、3点を加点します。具体的には、以下の3つの要件のうちいずれか1つに該当する者が対象です。（下記の該当する証明書類の提出が必要です。）

	要件	証明書類（要提出）
1	大学または大学院で日本語教育主専攻（※1）または副専攻（※2）を卒業または修了していること、またはその見込みであること。 ※1：日本語教育に関する教育課程を履修して所定の単位を修得すること。 ※2：日本語教育に関する科目の単位を26単位以上修得すること。	大学または大学院が発行する、当該主専攻または副専攻の卒業または修了、またはその見込みであることが確認できる証明書等
2	日本語教育能力検定試験に合格していること。	日本語教育能力検定試験の合格証明書の写し
3	学位を持ち、なおかつ文化庁への届け出が受理された420時間以上の日本語教師養成講座を修了している、またはその見込みであること。	大学及び研修の実施機関が発行する、当該養成講座を修了している、またはその見込みであることが確認できる証明書等

（7）看護師免許所有者又は取得見込み者への加点

養護教諭区分の受験者で、看護師免許を所有又は取得見込みの者に対し、3点を加点します。（看護師免許の写し又は取得見込みであることを証明する書類の提出が必要です。）

12. 正規教員における採用候補者名簿への登載

第２次選考において正規教員として合格した者は、神戸市立学校園教員採用選考試験の採用候補者名簿に登載されます。

名簿の有効期間は名簿登載の日から令和７年３月 31 日までです。ただし、選考を受ける資格を欠いていることが明らかとなった場合や、選考の受験の申込み等において虚偽若しくは不正の行為をし、又はしようとしたことが明らかとなった場合、その者の合格を取り消し、名簿から削除することがあります。

採用は、原則として令和６年４月１日付としますが、令和５年度中に採用することがあります。

なお、**選考区分に必要な免許状等の提出がない場合は採用できません。**（失効した免許状を保有する者は、免許状が授与された都道府県教育委員会に再授与申請手続を行い、有効期限のない免許状を必ずご準備ください。）

13. 補欠合格者について

第２次選考において不合格となった受験者のうち、**次点合格者を「補欠合格」**として、対象者に通知します。採用候補者の中から辞退が生じた場合等には、**「補欠合格」対象者の上位から順に繰り上げ合格**とし、採用候補者名簿に登載します。

※補欠合格の対象者は第２次選考不合格者のうち、上位１割程度を想定しています。

また、補欠合格の有効期限は令和６年３月 31 日までとなります。

14. 大学院進学予定者等に対する特例

専修免許状を取得可能な「大学院修士課程」又は「教職大学院の教職修士課程」に、令和５年４月以降に進学した者、もしくは令和６年４月以降に進学することが、令和５年 12 月 31 日までに決定している者で、**以下の（1）から（4）のすべての要件に該当する場合**に、**所定の申請書を提出※**することにより（第２次選考時に申し出た者のうち、第２次選考正規合格者のみに配布します）採用候補者名簿登載期間を最大２年間（令和９年３月 31 日まで）延長します。

（1）一般区分で出願していること。（大学等推薦区分は対象外）

（2）令和６年度神戸市立学校園教員採用選考試験の第２次選考において、大学院在学又は進学を理由として採用の猶予を申し出ること。（第２次選考後の申し出は認めません。）

（3）令和６年度神戸市立学校園教員採用選考試験で合格した校種・教科と同じ校種・教科の専修免許状を取得すること。

（4）延長する採用候補者名簿登載期間内に大学院修士課程等を修了し、専修免許状を取得すること。

※申請書提出期限：令和５年 12 月末日（大学院合格通知の写しを添付すること）

15. 条件付採用期間について

採用後、一定の期間は**条件付採用**（養護・栄養教諭は６か月間、その他の教諭は１年間）となっており、この期間に職務を良好な成績で遂行したときにはじめて「正式採用」になります。

条件付採用期間中に教員として不適切な行為で懲戒処分を受けた場合や無断欠勤（遅刻を含む）、職務懈怠等、**勤務実績が良くないと判断された場合は、正式採用とならない場合があります。**

16. 選考結果(個人の成績)の開示について

第１次選考および第２次選考結果の通知において、不合格者に対しては、不合格者中の順位を通知します。また、試験結果の開示を希望する方には、結果発表の後に個別の開示を予定しております。詳細については、選考結果の通知とともにお知らせしますので、ご参照ください。

17. 問い合わせ先

書類送付先　**〒６５０－００４４　神戸市中央区東川崎町１丁目３番３号**
神戸ハーバーランドセンタービル　ハーバーセンター４階
神戸市教育委員会事務局　総務部教職員課（任用担当）
※提出締切に余裕を持って**簡易書留**で送付ください。
※封筒の表に「教員採用選考試験志願書類在中」と**赤字で記載**ください。

電話問い合わせ先　**０７８－９８４－０６３６**

神戸市立学校園教員採用選考試験ホームページ（採用ホームページ）
https://www.city.kobe.lg.jp/a55153/shise/shokuinsaiyou/kyouiku/saiyou.html
※各選考試験結果発表は発表日の14時にこのページで発表します。（合格者の受験番号を掲載）

採用ホームページ

教員採用選考試験に関する最新情報や、結果発表、悪天候による日程変更など、試験に関する緊急情報は、採用ホームページや電子メールにて随時お知らせします。

18. 特例措置区分「大学等推薦区分」について

神戸市立学校教員を第一志望とし、小学校（英語コース含む）、中学校・高等学校（国語、数学、理科、美術、技術又は家庭）、特別支援学校のそれぞれの校種・教科の出願に必要な普通免許状取得の課程認定を受けている大学、大学院、教職大学院の学長又は学部長、研究科長が推薦する者を対象とした出願区分です。

（1） 大学等推薦区分の対象となる選考区分（教科）

小学校教諭、小学校教諭（英語コース）、
中学校・高等学校教諭（国語、数学、理科、美術、技術、家庭）※中学校・高等学校は一括採用、
特別支援学校教諭

（2） 推薦が可能な大学等

推薦を希望する選考区分・教科の出願に必要な普通免許状取得の課程認定を受けている大学、大学院、教職大学院

（3） 被推薦者の要件

以下の(1)から(4)までのすべての要件を満たす者

(1) **神戸市立学校教員を第一志望とし、令和６年４月１日より勤務可能な者**
（本制度による合格者は大学院進学予定者等に対する特例を使用できません。）

(2) 神戸市が求める人物像にふさわしい資質・能力を有する者で学業成績が優秀な者
（取得単位のうち、**「良以上、または100点満点で70点以上相当のスコア」が８割以上の者**に限ります。）

(3) 上記の大学等に出願時に在籍し、令和６年３月31日までに卒業（修了）見込みである者
（科目等履修生(聴講生)は除く。）

(4) 推薦対象の普通免許状を現に所有する者又は令和６年４月１日までに取得できる見込みの者

（4） 推薦人数

大学、大学院、教職大学院それぞれにつき、**選考区分・教科ごとに３名以内**とします。
※小学校教諭は、小学校教諭と小学校教諭（英語コース）それぞれで３名以内の推薦が可能。
※中学校・高等学校教諭は、教科ごとに３名以内の推薦が可能。
※特別支援学校教諭は、受験校種（小学校、中学・高等学校）それぞれで３名以内の推薦が可能。

（5） 推薦方法

推薦者は、被推薦者が在籍する大学等の学長又は学部長、研究科長とし、大学等で被推薦者全員のⅠ.提出物を取りまとめのうえ、Ⅱ.提出期限にある期限までに封筒の表側に「推薦書類在中」と朱書きのうえ、P. 19「17. 問い合わせ先」に記載の書類送付先まで簡易書留で郵送してください。

Ⅰ. 提出物

① 推薦書（神戸市の様式による。採用ホームページよりダウンロードすること）
② 成績証明書（大学等の様式による。大学院在学中の者は、大学及び大学院の成績証明書を提出すること。）

Ⅱ. 提出期限

令和５年４月19日（水）から５月19日（金）必着

（6） 出願手続

P. 9「7. 出願手続き」を参照のうえ、被推薦者自身が行います。

（7） 選考方法等

・推薦書類の内容を総合的に判断し、大学等推薦区分の対象者（第１次選考の筆記試験を免除し、面接試験を実施する者。以下、「対象者」という。）を選考します。なお、対象者と認められなかった者は、神戸市立学校園教員採用選考試験の一般区分の受験者とみなします。
・**選考結果は、令和５年５月30日（火）に大学等に通知を発送します。**大学等から被推薦者に周知してください。また、対象者へは大学等推薦区分による第１次選考筆記試験免除の旨を記載した「受験票」を、それ以外の者には第１次選考筆記試験の「受験票」を、６月６日（火）にそれぞれ被推薦者が電子申請の際に登録したメールアドレス宛に通知します。
・第１次選考結果について、令和５年８月上旬に大学等及び対象者に通知を発送します。
・第２次選考を有効に受験した対象者の選考結果については、10月上旬に大学等及び対象者に通知を発送します。
・被推薦者は、他の出願区分について重ねて出願することはできません。重複出願を行ったときには、いずれの推薦・出願も無効とします。
・大学等推薦区分と障害者特別選考は、同時に利用することができます。その場合、障害者特別選考の募集枠（全校種で若干名）の中で判定を行います。
・大学等推薦区分は、被推薦者による出願（電子申請）が、令和５年５月19日（金）17時までに申請完了し、且つ推薦者が提出する推薦書類（推薦書及び成績証明書）が、令和５年５月19日（金）までに教育委員会事務局まで到達していることが必須です。推薦書類が欠けている場合は、自動的に一般区分での出願とみなします。

19. 育児休業代替任期付教員採用選考試験について

（1） 育児休業代替任期付教員の概要

育児休業代替任期付教員は育児休業を取得する教員の代替として勤務する職員で、正規教員と同様の職務に従事します。任期が決められていること、及び育児休業を取得することができないこと以外、**勤務条件（給与、勤務時間、休暇、服務等）については、原則として正規教員と同様の扱い**になります。また、育児休業代替任期付教員採用候補者名簿に登載された直後の４月１日から３年間は原則として任用されます。（任期が３年未満で発令された場合でも、任期満了の翌日から再度発令され、任用期間に空白は生じません。）

（2） 育児休業代替任期付教員の利点

育児休業代替任期付教員採用候補者名簿登載期間中（最大３年間）は第１次選考が免除されます。
（第１次選考免除の詳細については、P. 8「６．選考概要」を確認してください。）
また、上記「（1）育児休業代替任期付教員の概要」に記載のとおり、正規教員と同様の職務、勤務条件で神戸市の教員経験を積むことができます。

（3） 募集人員

P. 7「５．募集人員」に記載のとおり募集します。

（4） 採用選考の資格要件

正規教員同様、P. 4「３．採用選考の資格要件」に記載のとおりです。ただし、**中学校・高等学校教諭区分の志願者で育児休業代替任期付教員を希望される場合、中学校教諭普通免許状を所有していない者または取得見込みのない者**については、**育児休業代替任期付教員を希望できません。**

（5） 出願手続き

育児休業代替任期付教員の採用選考は、正規教員の選考と併せて実施します。**育児休業代替任期付教員への採用を希望しない場合は、電子申請による出願の際に「希望しない」を選択してください。**

（6） 選考結果の発表

令和5年 10 月上旬に正規教員の選考結果発表と併せて採用ホームページに掲載します。育児休業代替任期付教員に合格した者には、同日付で結果を発送する予定です。

（7） 育児休業代替任期付教員における採用候補者名簿への登載

第2次選考において育児休業代替任期付教員として合格した者は、神戸市立学校園育児休業代替任期付教員採用選考試験の採用候補者名簿に登載されます。

名簿の有効期間は名簿登載の日から令和9年3月 31 日までです。ただし、選考を受ける資格を欠いていることが明らかとなった場合、または、選考の受験の申込み等において虚偽若しくは不正の行為をし、又はしようとしたことが明らかとなった場合、名簿登載期間中に**育児休業代替任期付教員（臨時的任用教員含む）の採用を辞退**した場合は、その者の合格を取り消し、名簿から削除することがあります。

（8） 注意事項

- 任期は原則として1年を超え3年未満で、教員の育児休業期間等に応じて設定され、育児休業期間が短縮された場合等には、人事異動を行うことがあります。
- 名簿登載者が勤務可能な体調でない場合や、教員の育児休業の取得状況によっては、名簿に登載されても採用されない場合や、臨時的任用教員として任用される場合があります。
- 日本国籍を有しない者を採用する場合は、「任期付講師」等と発令します。
- 育児休業代替任期付教員への**希望の有無は、正規教員の選考の合否には影響しません。**

20. よくある質問

Ⅰ. 募集人員・採用選考の資格要件について

Q1 小学校教諭の英語コースはどのような役割を学校で担うのでしょうか。

A 校内で英語教育の中心的な役割を担っていただく可能性があります。採用当初は他の教諭と同様に担任等の業務を行っていただきます。

Q2 日本国籍を有していない場合でも受験はできるのでしょうか。

A 受験できます。採用する場合には「任用の期限を附さない常勤講師」等として発令します。給与、休暇、福利厚生、研修等の制度は、教諭と同じです。

Ⅱ．選考区分・出願区分について

Q1　小学校教諭と小学校教諭英語コースの選考区分の試験内容はどのような違いがあるのでしょうか。

A　英語コースの受験者は、第２次選考で英語による実技試験を行う予定です。また、専門筆記試験の英語問題数が、小学校教諭の選考区分より数問増えます。それ以外の試験内容は、小学校教諭の選考区分と同じ内容となります。

Q2　特別支援学校教諭の選考区分での受験を希望しています。第１次選考の筆記試験で「特別支援学校」の専門教科となっていますが、小学校又は中学校・高等学校の出願教科の筆記試験は受験しなくてもいいのですか。

A　特別支援学校教諭の専門筆記試験は、「特別支援学校」の専門教科のみの受験となります。しかし、実技試験については、中学校・高等学校教諭の出願教科の実技試験を受験していただく必要があります。

Q3　特例措置区分（現職教員・社会人経験者）の出願要件にある「継続して３年以上（休職、育児休業等により勤務実態のない期間を除く）」とは、どのように期間を考えればよいでしょうか。

A　「継続」とは同一の団体または法人に一日も途切れることなく正規雇用が続いている状態のことです。（人事異動で所属や配属校が変わっても「継続」となります。）「（休職、育児休業等により勤務実態のない期間を除く）」とは、正規雇用期間から休職及び育児休業等で休んでいる期間を除くことであり、「継続」する期間がリセットするわけではありません。また、「継続」する期間の最初の月と最後の月は一日でも正規雇用期間があれば、その月は「継続」する期間に含め、「休職及び育児休業等で休んでいる期間」は、一日でも勤務した日がある月を除いた期間とします。

【例】正規雇用期間：令和２年４月 30 日～令和６年３月１日
育児休業期間：令和３年５月２日～令和４年１月 30 日

上記の期間の場合、令和２年４月と令和６年３月は「継続」期間の月数に含めます。令和３年５月、令和４年１月は各１日勤務した日があり、「休職及び育児休業等で休んでいる期間」にはなりませんので、正規雇用期間 48 か月から「休職及び育児休業等で休んでいる期間」７か月を除いた 41 か月（３年５か月）が「継続」した期間となります。

Q4　社会人経験者の特例措置区分の要件で、「JICA 海外協力隊として２年以上の派遣経験を有する者」とありますが、派遣期間の合計期間が２年以上であれば要件を満たすのでしょうか。

A　満たします。経験した時期に関しても制限は特にありません。なお、独立行政法人国際協力機構（JICA）が実施している JICA 海外協力隊（青年海外協力隊、海外協力隊、シニア海外協力隊、日系社会青年海外協力隊、日系社会海外協力隊、日系社会シニア海外協力隊）としての派遣経験が該当するのはもちろんのことですが、その他、文部科学省から派遣された日本人学校又は補習授業校の教員としての経験（現地採用は含みません。）を有する場合も該当します。

Q5　現職教員の特例措置区分について、私立や海外の学校で勤務していた場合でも対象となるのでしょうか。

A　私立学校勤務の場合でも対象となります。また、海外の学校の場合は対象となりませんが、日本人学校については、日本国内の学校からの派遣により勤務されている場合は対象となります。

Q6　現職教員の特例措置区分で特別支援学校教諭を受験する場合は、現在、特別支援学校に勤務している必要がありますか。

A　原則、特別支援学校に勤務している必要があります。（例外については Q7 を参照）

Q7　他都市で現職の経験があり、特別支援学校に勤務することを前提に採用され実際に勤務していましたが、現在は人事異動で小学校に勤務しています。特例措置区分の現職教員区分で特別支援学校教諭の選考区分で受験することは可能ですか。

A　現在、所属している団体の判断により、他校種へ配属された場合は特例措置区分の対象となる場合があります。詳しくは実施要項に記載している P.19「17. 問い合わせ先」までご相談ください。

Q8　現在、特別支援学校の小学部に勤務していますが、現職教員の特例措置区分で小学校教諭を受験することはできますか。

A　現職教員の特例措置区分で小学校教諭を受験することはできません。特別支援学校教諭を受験する場合のみ、特例措置区分の対象となります。（例外についてはＱ７を参照）

Q9　現職教員の特例措置区分の要件で、「受験する選考区分及び教科と同一の教職経験に限る」とありますが、特別支援学校教諭の選考区分での出願をする場合に、たとえば、小学部、中学部又は高等部のいずれの経験もあるとき、出願できる選考区分及び教科はどのように考えればよいのでしょうか。

A　特別支援学校の各学部をまたぐ形での教職経験のある方が、現職教員の特例措置区分で受験するときは、その所有する基礎免許の選考区分及び教科での教職経験があるものとして取扱います。

なお、単一の学部での教職経験のみの場合で複数の免許を有する方については、その経験のある学部に応じた選考区分及び教科で受験することができます。

Q10　臨時的任用教員の特例措置区分の要件①において、「通算２年以上の勤務経験」とありますが、非常勤講師としての勤務の場合、勤務年数はどのように通算すればよいのでしょうか。

A　常勤・非常勤に関わらず、神戸市教育委員会の交付した辞令の期間の範囲内で実際に勤務した期間を暦月で通算することになります。たとえば、４月２日～９月30日及び10月１日～翌年３月30日の期間であれば、４月～翌年３月は勤務した月としてカウントします（通算12か月）。また、４月21日～７月３日であれば、４月・７月はそれぞれ勤務した月としてカウントします（通算４か月）。

Q11　臨時的任用教員の特例措置区分の要件②において、「令和５年度末まで勤務の見込みがある者」とありますが、現在、臨時的任用教員として発令されている辞令の期間が「令和５年４月１日～令和５年９月30日」の場合でも、出願することはできるのでしょうか。

A　辞令に記載されている期間に関わらず、令和５年度末まで勤務する意思のある者であれば出願することは可能です。ただし、出願時に臨時的任用教員であり、教員採用選考試験に臨時的任用教員区分として有効に受験し、合格した者であっても、令和５年度末の段階で臨時的任用教員でなくなった者は、合格を取り消す可能性があります。

Q12　現在、神戸市立の特別支援学校で常勤講師として勤務しており、小学校教諭普通免許のみを所有しています。令和６年３月に特別支援学校教諭普通免許を取得予定ですが、臨時的任用教員の特例措置区分で特別支援学校教諭の選考区分を受験できるのですか。

A　各選考区分に必要な普通免許状については、取得見込みの方も受験できます。既に小学校教諭普通免許を取得済みで、特別支援学校教諭普通免許取得予定の場合も出願できます。また、臨時的任用教員として特例措置区分の要件を満たしていますので、臨時的任用教員の特例措置区分で特別支援学校教諭の選考区分を受験できます。

Q13　この３月末に大学を卒業していますが、大学等推薦区分で受験することは可能ですか。

A　受験できません。大学等推薦区分の対象者は、推薦対象教科の普通免許状取得の課程認定をうけている大学等の在籍者に限っており、すでに大学等を卒業している方は対象外となります。

Q14　障害者特別選考で受験すると、一般選考と何が違うのでしょうか。また、第１次選考免除や大学等推薦で障害者特別選考を利用することは可能でしょうか。

A　障害者特別選考の主な特徴として、①一般選考の募集人数とは別枠で募集しており（若干名）、合否判定も一般の選考とは別で行うこと、②志願時の申請があった場合、障害の程度に応じて、実技試験の免除がされる場合があることが挙げられます。障害等を理由に、試験時に配慮が必要な場合（例：面接試験での手話通訳を希望するなど）は、当該選考での受験に関わらず可能な範囲で対応しますので、電子申請時、受験会場において配慮すべきこととして、該当欄に入力ください。また、任期付合格者区分・直近２か年１次合格者区分・大学等推薦区分の利用者も、障害者特別選考で受験することができます。

Ⅲ．出願手続きについて

Q1　インターネットの環境がなく電子申請ができないのですが、どうすればよいですか。

A　電子申請は、私物のパソコンでなくても構いません。インターネット接続が可能であれば、大学等のパソコンからも申請が可能です。

Q2　電子申請の項目について質問したいのですが、どこに問い合わせをすればよいですか。

A　出願受付開始に伴い、採用ホームページの「申請の入力要領」を掲載します。そちらに各項目について詳細に案内していますので、参照ください。

Q3　「兵庫県電子申請共同運営システム」のＩＤとパスワードを忘れてしまい、ログインできません。

A　電子申請は兵庫県が運用主体となるシステムを利用しており、ＩＤやログインに関する問い合わせは本市で対応できません。当該システム内の「よくある質問」「お問合せ」をご参照ください。なお、問い合わせた結果、新たにＩＤとパスワードを再取得し、再度電子申請する必要がある場合は、必ず実施要項の問い合わせ先まで速やかにご連絡ください。

Q4　現在、実家を離れて親族の家に間借りをしているのですが、現住所（あるいは受験票送付先）はどう入力すればよいのでしょうか。

A　こちらからの送付物が確実に届けられる住所を記載してください。

もし、現在お住まいのご親族宅への送付をご希望の場合は、そのお宅の表札にある名義で、「○○様方」という記載をすることも忘れないようにお願いします。記載がない場合、住所に該当者がいないものとして、送付物が届かないことがあります。

Q5　部活動では目立った成績を残せなかったのですが、電子申請システムの該当欄に入力すべきですか。むしろ、校外で活動したことを入力したいのですがどうすればよいですか。

A　面接試験の参考資料とするものですので、活動実績をありのまま記載してください。クラブチームやボランティアなどでの活動を記載してもかまいません。記載内容によって有利不利になるということはありませんので、成績にかかわらず事実をそのまま記載してください。

Q6　聴覚に不安があり、試験官の説明などが聞こえにくいことがあるかもしれないので、筆記試験の際の座席の配慮をしてもらいたいのですが、どうすればいいのでしょうか。

A　受験会場での配慮を要することがあれば、電子申請時、受験会場において配慮すべきこととして、該当欄に自身の状況と配慮してほしい内容を具体的に入力ください。可能な限り配慮します。

Q7　電子申請の受付結果連絡（5月19日（金）21時以降）を受けた後に、受験者本人の基本情報（現住所、受験票送付先、名前、電話番号等）が変更になりましたが、どうすればよいでしょうか。

A　速やかに実施要項のP.19「17. 問い合わせ先」に電話連絡したのち、受験番号（第1次選考筆記試験の受験票が届く前であれば、記載不要）、名前、志願する校種・教科、連絡のつく電話番号、変更前の情報、変更後の情報を明記した文書を任意の様式で作成し、書類送付先へ郵送してください。

なお、選考に関する情報（選考の種別、選考区分、教科、加点制度等）の変更は、出願受付締切の5月19日（金）17時まで可能です。それ以降は一切受け付けませんのでご注意ください。

Ⅳ．第1次選考について

Q1　一般選考の集団面接試験について、一般選考受験者の8～9割程度の受験を想定するとしていますが、教職・一般教養試験で何点以上が対象といった基準点のようなものはあるのでしょうか。

A　受験者平均点や得点分布、過去の得点率などを踏まえ総合的に判断しますが、一般選考受験者の8～9割が受験可能となる点数を基準として、第1次選考面接受験対象者を決定する予定です。なお、当該教養試験の点数は第1次選考試験合否判定には利用しません（専門試験及び集団面接試験の点数で1次試験の合否を決定します）。

Q2　小学校英語コース、中高英語の筆記試験でリスニングは実施しますか。

A　小学校英語コース、中高英語の筆記試験でリスニングは実施しません。第2次選考実技試験では、英語による質疑応答・授業場面のロールプレイを実施する予定です。

Q3　筆記試験の過去問題を見せてもらえますか。

A　筆記試験（適性検査除く）については、本市のホームページで公開（ただし、著作権に配慮する必要から、非公開の部分もあります。）していますので参照してください。また、市役所の市民情報サービス課にも、概ね5か年分の過去問一式を置いていますので利用してください。

Q4　面接日は、いつ知らせてもらえるのでしょうか。また、指定された日時では受験することが難しい場合、変更してもらうことは可能でしょうか。

A　面接日は、6月30日（金）に発送する面接試験日程でお知らせします。

また、指定された面接日時は、原則として変更することはできません。万一、天候不良等で交通機関のダイヤに大きな影響があり、指定日時に試験会場に到着することが困難となる場合等については、速やかにご連絡ください。

Ⅴ．第2次選考について

Q1　面接日は、いつ知らせてもらえるのでしょうか。また、指定された日時では受験することが難しい場合、変更してもらうことは可能でしょうか。

A　面接日は、8月上旬に発送する面接試験日程でお知らせします。

また、指定された面接日時は、原則として変更することはできません。万一、天候不良等で交通機関のダイヤに大きな影響があり、指定日時に試験会場に到着することが困難となる場合等については、速やかにご連絡ください。

Q2　面接において「場面指導」を実施するとありますが、どのようなことをするのでしょうか。

A　ある具体的な状況を想定した場面を受験者に示し、面接官の指示にしたがって、教員としてその状況にどのように対応するかを考えて役割を演じていただきます。

Q3　実施される模擬授業では、面接官が生徒役をするのですか。
A　昨年度実施した模擬授業では、面接官が生徒役を担いました。具体的な実施内容は、第1次選考合格通知にてご案内します。

Q4　実技試験の内容について詳しく教えてください。
A　実技試験の実施内容について、過去に実施したものは、ホームページ上で公開していますので、そちらを参照してください。

Ⅵ. 神戸市立学校園育児休業代替任期付教員採用選考試験について

Q1　「神戸市育児休業代替任期付教員」で登載されると採用はどのようになるのでしょうか。
A　任期付教員は育児休業を取得する教員の代替として配置されます。任期は、原則として1年を超え3年未満で、教員の育児休業期間等に応じて設定されます。
　育児休業を取得する職員の多くは、産前・産後休暇を取得した後に、育児休業を取得します。このような場合、教員が産前・産後休暇を取得した時点から臨時的任用教員として任用され、育児休業に切り替わった時点から任期付教員として任用されます。
　今回の選考により、任期付教員として採用候補者名簿登載された方の多くは、令和6年4月1日時点で、任期付教員もしくは臨時的任用教員として、任用する予定です。（ご本人の体調や、教員の育児休業の取得状況によっては、採用候補者名簿に登載されても採用されない場合があります）。なお、任期付教員として任用された後、育児休業期間が短縮された場合等は、他校へ転勤していただく事があります。

Q2　「育児休業代替任期付教員」と臨時的任用教員は、任用にどのような違いがあるのでしょうか。
A　①任期について、臨時的任用教員が1年（最長）に対し、任期付教員が3年（最長）であること
　②配置について、任期付教員を臨時的任用教員より優先的に配置すること
　③採用選考について、任期付教員は、登載期間の3年間、希望により第1次選考が免除となること
　④処遇等について、任期付教員は正規教員と原則同等の給与を支給し、かつ退職手当も支給されること

Q3　任期付合格した場合、任期付教員として勤務していないと第1次選考免除は利用できませんか。
A　任期付合格した場合、採用候補者名簿登載期間の間、順次任期付教員の声かけをさせていただきます。その際に断られた場合は採用候補者名簿から削除することがあります。削除された場合は、第1次選考免除は利用できません。ただし、神戸市の都合で一時的に臨時的任用教員として勤務したり、育児休業の期間が短縮されたなどの理由で神戸市での採用期間に空白が生じたなどの理由であれば、任期付教員の資格は保有したままとなり、第1次選考免除を利用できます。

Q4　「育児休業代替任期付教員」に名簿登載期間中に、神戸市の教員採用選考の正規教員に合格した場合、登載期間中でも正規教員として採用されるのでしょうか。
A　正規教員として採用されます。任期付教員の採用候補者名簿登載期間中も、正規採用選考を受験することは可能で、第1次選考試験が免除されます。なお、任期付教員の正規教員合格率は約80%です。（2019年実施選考で任期付教員に合格した者が採用候補者名簿登載期間3年間で正規教員に合格した割合）

Ⅶ. その他

Q1　適性検査の対策をしたいので、内容について教えてください。
A　適性検査の問題は非公開ですが、教育公務員としての適性を見極めるWeb受験での検査（一問一答形式）を予定しています。検査の性質上、事前の対策は不要な内容となっています。内容についてはお伝えできません。

最近3か年　採用選考試験実施状況

（単位：人）

採用年度 選考区分・教科		令和3年度				令和4年度				令和5年度			
		志願者数	受験者数	採用候補者数	任期付候補者数	志願者数	受験者数	採用候補者数	任期付候補者数	志願者数	受験者数	採用候補者数	任期付候補者数
幼稚園		104	88	1	1	64	53	1	3	51	40	9	1
小学校	小学校	832	749	105		750	696	114		689	637	218	
	英語コース	25	22	7	26	17	15	3	74	17	17	5	94
	小計	857	771	112		767	711	117		706	654	223	
中学校・高等学校	国語	75	61	19	1	73	67	14	4	69	62	29	3
	社会	121	101	10	0	112	94	9	1	110	94	6	2
	数学	94	77	11	2	74	66	11	2	81	69	23	2
	理科	72	64	10	1	66	56	11	2	62	46	22	2
	音楽	76	72	9	1	86	81	6	0	72	59	15	2
	美術	44	37	6	3	26	23	9	0	14	12	7	0
	保健体育	179	155	9	2	179	166	9	0	180	162	10	4
	技術	17	13	3	0	12	11	3	1	16	14	8	1
	家庭	22	18	4	1	23	20	4	1	19	19	6	3
	英語	123	102	13	2	112	98	14	4	118	90	28	5
	工業	21	15	1	0	21	20	2	0	24	23	2	0
	商業	11	10	2	0	13	8	2	0	18	13	2	0
	小計	855	725	97	13	797	710	94	15	783	663	158	24
特別支援学校		172	154	30	1	164	152	28	4	158	144	37	6
養護教諭		110	92	5	4	103	88	5	7	107	92	19	5
栄養教諭		31	27	2	2	36	32	1	1	31	29	5	0
計		2,129	1,857	247	47	1,931	1,746	246	104	1,836	1,622	451	130

第2章

神戸市の
公立幼稚園教諭
実施問題

令和５年度

【１】次の(1)～(5)は，法令の条文である。（　ア　）～（　オ　）にあてはまる適切な語句をそれぞれ①～④から選び，記号で答えよ。

(1)　教育基本法第４条第２項

国及び地方公共団体は，障害のある者が，その障害の状態に応じ，（　ア　）な教育を受けられるよう，教育上必要な支援を講じなければならない。

①　十分　　②　必要　　③　適切　　④　平等

(2)　学校教育法第22条

幼稚園は，義務教育及びその後の教育の基礎を培うものとして，幼児を保育し，幼児の健やかな成長のために適当な（　イ　）を与えて，その心身の発達を助長することを目的とする。

①　教具　　②　環境　　③　機会　　④　指導

(3)　学校教育法第23条

幼稚園における教育は，前条に規定する目的を実現するため，次に掲げる目標を達成するよう行われるものとする。

一　健康，安全で幸福な生活のために必要な基本的な習慣を養い，身体諸機能の調和的発達を図ること。

二　集団生活を通じて，喜んでこれに参加する態度を養うとともに家族や身近な人への信頼感を深め，自主，自律及び協同の精神並びに規範意識の芽生えを養うこと。

三　身近な社会生活，生命及び自然に対する興味を養い，それらに対する正しい理解と態度及び思考力の芽生えを養うこと。

四　日常の会話や，絵本，童話等に親しむことを通じて，言葉の使い方を正しく導くとともに，相手の話を理解しようとする態度を養うこと。

五　音楽，身体による表現，造形等に親しむことを通じて，豊かな（　ウ　）と表現力の芽生えを養うこと。

①　言葉　　②　心　　③　情操　　④　感性

(4)　幼稚園設置基準第５条第４項

幼稚園に置く教員等は，（　エ　）必要と認められる場合は，他の学校の教員等と兼ねることができる。

①　安全上　　②　管理上　　③　教育上　　④　制度上

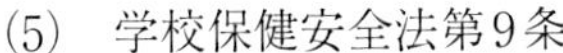

(5)　学校保健安全法第9条

養護教諭その他の職員は，相互に連携して，健康相談又は児童生徒等の健康状態の日常的な(　オ　)により，児童生徒等の心身の状況を把握し，健康上の問題があると認めるときは，遅滞なく，当該児童生徒等に対して必要な指導を行うとともに，必要に応じ，その保護者(学校教育法第16条に規定する保護者をいう。第24条及び第30条において同じ。)に対して必要な助言を行うものとする。

①　指導　　②　生活　　③　行動　　④　観察

(6)　次の(カ)～(コ)の各法令に関する内容として適切なものを①～⑨から選び，記号で答えよ。

(カ)　教育基本法　　　　(キ)　学校教育法
(ク)　学校教育法施行規則　　(ケ)　地方公務員法
(コ)　学校保健安全法

①　全て児童は，児童の権利に関する条約の精神にのつとり，適切に養育されること，その生活を保障されること，愛され，保護されること，その心身の健やかな成長及び発達並びにその自立が図られることその他の福祉を等しく保障される権利を有する。

②　幼児期の教育は，生涯にわたる人格形成の基礎を培う重要なものであることにかんがみ，国及び地方公共団体は，幼児の健やかな成長に資する良好な環境の整備その他適当な方法によって，その振興に努めなければならない。

③　学校には，その学校の目的を実現するために必要な校地，校舎，校具，運動場，図書館又は図書室，保健室その他の設備を設けなければならない。

④　幼稚園においては，第22条に規定する目的を実現するための教育を行うほか，幼児期の教育に関する各般の問題につき，保護者及び地域住民その他の関係者からの相談に応じ，必要な情報の提供及び助言を行うなど，家庭及び地域における幼児期の教育の支援に努めるものとする。

⑤　職員は，政党その他の政治的団体の結成に関与し，若しくはこれらの団体の役員となつてはならず，又はこれらの団体の構成員となるように，若しくはならないように勧誘運動をしてはならない。

⑥　学校，児童福祉施設，病院，都道府県警察，婦人相談所，教育委

員会，配偶者暴力相談支援センターその他児童の福祉に業務上関係のある団体及び学校の教職員，児童福祉施設の職員，医師，歯科医師，保健師，助産師，看護師，弁護士，警察官，婦人相談員その他児童の福祉に職務上関係のある者は，児童虐待を発見しやすい立場にあることを自覚し，児童虐待の早期発見に努めなければならない。

⑦　すべて国民は，法律の定めるところにより，その能力に応じて，ひとしく教育を受ける権利を有する。

⑧　学校においては，児童生徒等の安全の確保を図るため，児童生徒等の保護者との連携を図るとともに，当該学校が所在する地域の実情に応じて，当該地域を管轄する警察署その他の関係機関，地域の安全を確保するための活動を行う団体その他の関係団体，当該地域の住民その他の関係者との連携を図るよう努めるものとする。

⑨　国民は，基本理念にのっとり，こども施策について関心と理解を深めるとともに国又は地方公共団体が実施するこども施策に協力するよう努めるものとする。

【2】次の(1)～(10)は，「幼稚園教育要領」(平成29年3月　文部科学省)における「第2章　ねらい及び内容」に述べられている5領域の「ねらい」に関する記述の一部である。(　ア　)～(　コ　)にあてはまる語句を①～⓪から選び，番号で答えよ。

(1)　明るく伸び伸びと行動し，(　ア　)を味わう。

(2)　生活の中で(　イ　)を豊かにし，様々な表現を楽しむ。

(3)　幼稚園生活を楽しみ，自分の力で(　ウ　)することの充実感を味わう。

(4)　社会生活における望ましい(　エ　)を身に付ける。

(5)　身近な環境に親しみ，(　オ　)と触れ合う中で様々な事象に興味や関心をもつ。

(6)　日常生活に必要な言葉が分かるようになるとともに，絵本や物語などに親しみ，言葉に対する(　カ　)を豊かにし，先生や友達と心を通わせる。

(7)　自分の気持ちを言葉で表現する(　キ　)を味わう。

(8)　自分の体を十分に動かし，進んで(　ク　)しようとする。

(9)　感じたことや考えたことを自分なりに(　ケ　)して楽しむ。

(10)　身近な(　コ　)に自分から関わり，発見を楽しんだり，考えたりし，それを生活に取り入れようとする。

① 感覚　② 楽しさ　③ 環境　④ 行動　⑤ 習慣や態度
⑥ 自然　⑦ 充実感　⑧ 運動　⑨ 表現　⓪ イメージ

【3】次の文は,「幼稚園教育要領解説」(平成30年2月　文部科学省)における幼稚園教育において育みたい資質・能力及び「幼児期の終わりまでに育ってほしい姿」に関する内容である。適切なものを①～⑨から5つ選び，番号で答えよ。

① 幼稚園教育において育みたい資質・能力である「知識及び技能の基礎」「思考力，判断力，表現力等の基礎」「学びに向かう力，人間性等」は，それぞれ個別に指導していくことが大切である。

② 幼稚園の教師は，遊びの中で幼児が発達していく姿を,「幼児期の終わりまでに育ってほしい姿」を念頭に置いて捉え，一人一人の発達に必要な体験が得られるような状況をつくったり必要な援助を行ったりするなど，指導を行う際に考慮することが求められる。

③ 「幼児期の終わりまでに育ってほしい姿」を，幼稚園教育の到達目標として指導することが大切である。

④ 小学校の教師と「幼児期の終わりまでに育ってほしい姿」を手掛かりに子供の姿を共有するなど，幼稚園教育と小学校教育の円滑な接続を図ることが大切である。

⑤ 幼稚園においては，幼稚園生活の全体を通して，幼児に生きる力の基礎を育むことが求められている。

⑥ 「幼児期の終わりまでに育ってほしい姿」は5歳児になってからみられるものなので，3，4歳児の時期から意識して指導することがないように留意する必要がある。

⑦ 「知識及び技能の基礎」とは，具体的には，発達に必要な内容を教師が系統的に教える中で，幼児が知ったり，できるようになったりすることである。

⑧ 「学びに向かう力，人間性等」とは，具体的には，心情，意欲，態度が育つ中で，よりよい生活を営もうとすることである。

⑨ 「幼児期の終わりまでに育ってほしい姿」は，幼稚園教育を通した幼児の成長を幼稚園教育関係者以外にも，分かりやすく伝えることにも資するものであり，各幼稚園での工夫が期待される。

【4】次の文は,「幼稚園教育要領解説」(平成30年2月　文部科学省)における特別な配慮を必要とする幼児への指導に関する記述の一部である。(　ア　)～(　オ　)にあてはまる語句の適切なものを①～④から選び，記号で答えよ。

障害のある幼児などには，視覚障害，聴覚障書，知的障害，肢体不自由，病弱・身体虚弱，言語障害，情緒障害，自閉症，ADHD(注意欠陥多動性障害)などのほか，行動面などにおいて困難のある幼児で発達障書の可能性のある者も含まれている。このような障害の種類や(　ア　)を的確に把握した上で，障害のある幼児などの「(　イ　)」に対する「指導上の工夫の意図」を理解し，個に応じた様々な「(　ウ　)」を検討し，指導に当たっていく必要がある。その際に，幼稚園教育要領のほか，文部科学省が作成する「教育支援資料」(平成25年10月　文部科学省　初等中等教育局　特別支援教育課)などを参考にしながら，(　エ　)が障害に関する知識や配慮等についての正しい理解と認識を深め，障害のある幼児などに対する(　オ　)な対応ができるようにしていくことが重要である。

ア　①　分類　②　特性　③　原因
　　④　程度
イ　①　困り感　②　気持ち　③　困難さ
　　④　心情
ウ　①　対応　②　支援　③　手立て
　　④　関わり
エ　①　養護教諭　②　園長や管理職　③　担任する教師
　　④　全ての教師
オ　①　包括的　②　組織的　③　効果的
　　④　実質的

【5】次の文は,「教育・保育施設等における事故防止及び事故発生時の対応のためのガイドライン【事故防止のための取組み】～施設・事業者向け～」(平成28年3月　内閣府)の重大事故が発生しやすい場面ごとの注意事項に関する一部である。(　ア　)～(　オ　)にあてはまる語句の適切なものを①～④から選び，記号で答えよ。

プール活動・水遊び

○　プール活動・水遊びを行う場合は，監視体制の(　ア　)が生じないように専ら監視を行う者とプール指導等を行う者を分けて配置し，また，その役割分担を明確にする。

○ 事故を未然に防止するため，プール活動に関わる職員に対して，子どものプール活動・水遊びの監視を行う際に見落としがちなリスクや注意すべきポイントについて(　イ　)を十分に行う。

誤嚥(食事中)

○ 職員は，子どもの食事に関する情報(咀嚼・嚥下機能や食行動の発達状況，喫食状況)について共有する。また，食事の前には，保護者から聞き取った内容も含めた当日の子どもの(　ウ　)等について情報を共有する。

○ 子どもの年齢月齢によらず，普段食べている食材が窒息につながる可能性があることを認識して，食事の介助及び観察をする。

○ 食事中に誤嚥が発生した場合，迅速な(　エ　)と観察，救急対応が不可欠であることに留意し，施設・事業者の状況に応じた方法で，子ども(特に乳児)の食事の様子を観察する。特に食べている時には継続的に観察する。

○ 過去に，誤嚥，窒息などの事故が起きた食材(例：白玉風のだんご，丸のままのミニトマト等)は，誤嚥を引き起こす可能性について(　オ　)に説明し，使用しないことが望ましい。

ア	① 空白	② 不足	③ 欠落	④ 不備
イ	① 情報共有	② 研修	③ 事前教育	④ 周知徹底
ウ	① 心理状況	② 体調	③ 機嫌	④ 健康状態
エ	① 対処	② 気付き	③ 注意喚起	④ 指導
オ	① 栄養教諭	② 保護者	③ 栄養士	④ 職員

【6】次の文は,「環境教育指導資料［幼稚園・小学校編］」(平成26年10月　国立教育政策研究所)に述べられているものである。幼稚園における環境教育について適切なものを①～⓪の中から5つ選び，番号で答えよ。

① 幼児期の子供は，環境について言葉で理解したり表現したりすることができる。

② 園の環境や教育課程を見直し，園生活全体を通して自然や環境を学ぶことができる機会を十分に確保していくことが重要である。

③ 子供が自らを取り巻く環境と関わる中で得られる感動や疑問，満足感，充実感を大切にする。

④ 自然の中で諸感覚を働かせることを通して，自然に身を置くことの厳しさを体感させる。

⑤　領域「環境」の内容よりも，他の領域を優先してねらいを達成する指導を考えていく必要がある。

⑥　「身近な動植物に親しみをもち，いたわったり世話をしたりする」など，動植物と関わる経験は幼児期に欠かせない。

⑦　子供が身近な環境に興味や関心を持ち，受動的に関わることが重要である。

⑧　環境教育を進めるに当たっては，まず，地域や園の実態，子供の実態等を把握し，それに基づいて指導計画を作成する。

⑨　保護者にも啓発し，家庭でも取り組めることなどを知らせ，家庭と連携しつつ進める。

⓪　よりよい実践を生み出していくために，作成した指導計画の通りに進めることが重要である。

【7】次の(ア)～(コ)の説明について，適切でないものをそれぞれ①～④から選び，番号で答えよ。

(ア)　イネ

①　根元でくきが枝分かれしている。

②　4月～5月の半ばにかけて発芽する。

③　穂がたれて黄色くなってきたら少しずつ水を切る。

④　イネが実ると，花びらがもみがらになり，内側に玄米ができる。

(イ)　ナス

①　高温多湿に強く，生育適温は23℃～30℃である。

②　果皮の紫色は紫外線にあたることできれいに発色する。

③　収穫期間は短く，1ヶ月程度である。

④　皮が柔らかく傷がつきやすいので，支柱に誘引するとよい。

(ウ)　オクラ

①　株は1.2m～1.5mに成長する。

②　暑さに弱いので，気温が低い時期に植え付ける。

③　開花から約1週間で収穫するのがよい。

④　若いさやの部分を食する。

(エ)　ヒマワリ

①　種をまいてから50日～70日で開花する。

②　大きな花からは1000粒以上の種がとれる。

③　発芽したら，水やりは頻繁にする。

④　つぼみのうちは太陽の方向を向き，花が咲くと一定の方向しか向かない。

（オ）　タンポポ

①　都会で見られるのは，ほとんどセイヨウタンポポである。

②　花びらのように見える一つ一つの花がたくさん集まり，一つの花のように見える。

③　花が咲いたあとは，いったんしおれて倒れるが，ふたたび立ち上がる。

④　冬の間は葉を枯らし，春になると葉をのばして花を咲かせる。

（カ）　アメリカザリガニ

①　腹脚が長いのがオスである。

②　はさみにはさまれないように，すばやく背中をつかむ。

③　5月～6月と9月～10月にたまごを産む。

④　脱皮する時は，まず頭と腹の間のからが離れる。

（キ）　カタツムリ

①　陸にすむ巻貝の仲間である。

②　大触角の先にある目で，明るさを感じることができる。

③　オスはメスに比べて体が大きい。

④　飼育ケースで飼う時は，涼しい場所に置くとよい。

（ク）　セミ

①　卵は木の幹の中などに産みつけられる。

②　卵から孵った幼虫は土の中にもぐり，草や木の根の汁を吸う。

③　アブラゼミの成虫は，体が黒っぽく，緑や水色の模様がある。

④　終齢幼虫は夜の間に土の中から出てきて木などに登り，成虫になる。

（ケ）　オオカマキリ

①　成虫は8月～11月にかけて見られる。

②　成虫の大きさは，頭の先から腹の先まで70mm～95mmほどである。

③　卵は明るい茶色で，細長いご飯粒のような形をしている。

④　幼虫の状態で冬を越す。

（コ）　ツバメ

①　オスは体の上の面が黒色で，胸に赤い帯のもようがある。

②　子が巣立つまでの期間は約20日～24日である。

③　主な食べ物は昆虫である。

④　春になると日本に渡ってきて巣を作る。

【8】次の(ア)～(オ)の絵本の一節をA群の①～⑤から，作者名をB群の⑥～⓪から，それぞれ選び，番号で答えよ。

(ア)　ともだちや

(イ)　しろいうさぎとくろいうさぎ

(ウ)　ラチとらいおん

(エ)　しんせつなともだち

(オ)　すてきな三にんぐみ

A群

①「つよくなるのには，まず　たいそうを　するんだよ。こんなふうにね」

②「おや，こんなところに　かぶが　ふたつも　あった」
　こうさぎは　よろこんで，ひとつだけ　たべて　ひとつは　のこしました。

③「いや，はや。よるも　ひるも　ききみみを　たてているというのは……」
　ミミズクのじいさんは，つかれた　くびを　まわしました。

④　さて，あくるあさ。ティファニーちゃんは，めを　さますなり，たからの　やまに　きがついた。「まぁぁ，これ，どうするの？」

⑤　そして，こころをこめて　いいました。
「これからさき，いつも　きみといっしょに　いられますように！」

B群

⑥　作：方軼羣　　　　　　　訳：君島久子

⑦　作：トミー・アンゲラー　　訳：今江祥智

⑧　作：ガース・ウィリアムズ　訳：松岡享子

⑨　作：内田麟太郎　　　　　絵：降矢なな

⓪　作：マレーク・ベロニカ　　訳：徳永康元

【9】次の楽譜について，以下の(1)～(5)の問いに答えよ。

(1)　この曲は何分の何拍子か，①～⑤から選び，記号で答えよ。

①　4分の4拍子　　②　4分の3拍子　　③　4分の2拍子

④　8分の6拍子　　⑤　8分の3拍子

(2)　楽譜の[ア]の記号の意味を①～⑤から選び，番号で答えよ。

①　少し強く　　②　特に強く　　③　とても強く

④　少し弱く　　⑤　弱く

(3)　楽譜[イ]にあてはまる伴奏を①～⑤の中から選び，番号で答えよ。

① ② ③

④ ⑤

(4) 楽譜の[ウ]にあてはまる和音を①～⑤の中から選び，番号で答えよ。

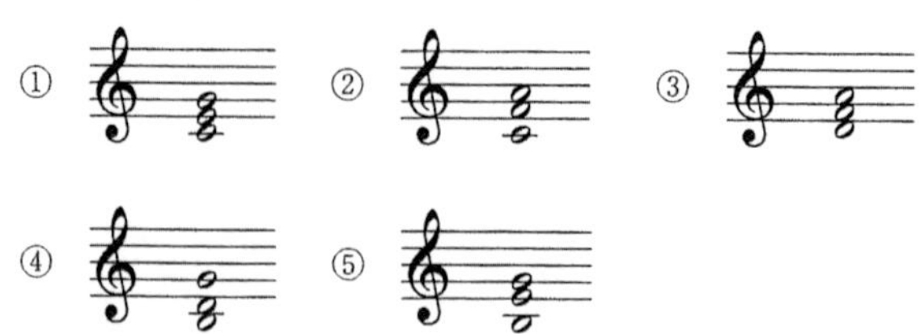

(5) 楽譜の[エ]，[オ]，[カ]に入るコードを①～⑤から選び，番号で答えよ。

	エ	オ	カ
①	D	C	F
②	A	C	G
③	F	C	G
④	A	G	C
⑤	F	G	C

【10】造形に用いる材料や用具について，次の問いに答えよ。

(1) ハサミを使う上での，幼児への指導上留意すべきことについて述べた次の(ア)～(エ)について，適切なものは①，適切でないものは②を選び，番号で答えよ。

(ア) 牛乳パックなど厚いものを切る時は，刃の先で切ると容易に切れる。

(イ) 梃子(てこ)の原理を使った上下の歯による剪断(せんだん)で物を切るので，少ない力できれいに切れる。

(ウ) 片方の刃で物を削ったり，穴を開けたりするのにも使う。

(エ) 複雑な形を切る場合は，2度切りをしたり，切り込む方向を変えて切るとよい。

(2) 次の作品は，同じ技法を使って表現されたものである。この技法についてあてはまる最も適切なものを①～⑤から選び，番号で答えよ。

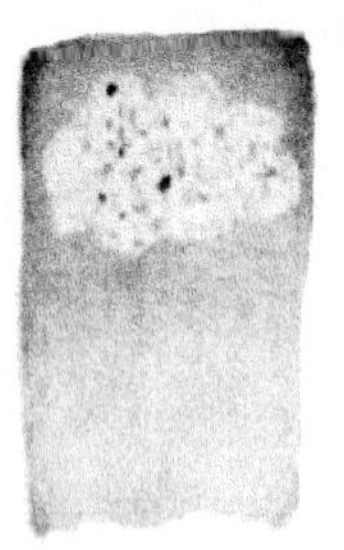

[技法の説明]
ロウや油が水と反発する性質を利用して，クレヨン・パス・ロウソクで描いた後に水彩絵の具を重ね，絵の具がロウや油にはじかれた表現を楽しむことができる。

① ローラー　② バチック　③ ウェット・イン・ウェット
④ ウォッシュ　⑤ たらし込み

【11】次の文は,「幼児期運動指針」(平成24年3月　文部科学省)の幼児期の運動の在り方に関する記述である。(ア)~(オ)にあてはまる語句を①~⓪から選び,番号で答えよ。

(1) 幼児にとって体を動かすことは(ア)が中心となる。

(2) 幼児期には体を動かす遊びなどを通して(イ)を十分経験しておくことが大切である。

(3) 発達の特性に応じた遊びをすることは,その機能を無理なく十分に使うことによってさらに発達が促進され,自然に動きを獲得することができ,(ウ)にもつながるものである。

(4) 幼児の身体諸機能を十分に動かし活動意欲を満足させることは,幼児の(エ)を育むことにもなり,体を使った遊びに意欲的に取り組むことにも結び付く。

(5) 体を動かすことが幼稚園や保育所などでの一過性のものとならないように,(オ)にも情報を発信し,共に育てる姿勢をもてるようにすること。

① スポーツ　② けがの予防　③ 多様な動き　④ 遊び
⑤ 小学校　⑥ バランス感覚　⑦ 家庭や地域　⑧ 有能感
⑨ 単一な動き　⓪ 敏捷性

【12】次の(ア)~(オ)の幼児教育に関する文章と関係の深い人物として適切なものを①~⓪から選び,番号で答えよ。

(ア) スイスのジュネーブで生まれ,フランスで活躍した思想家である。著者『エミール』は,近代教育思想に大きな影響を与えた。それ以前の子どもの見方をあらため,子どもは大人とは異なる存在であるとし,子ども期の発達の固有性を見出したことは,「子どもの発見」として知られる。また,自然に先立って教育してはならないとし,消極教育を説いた。

(イ) 大正期に活躍した児童文学者であり,童話集『湖水の女』を出版,『世界童話集』を発行している。1918年(大正7年)には,児童雑誌『赤い鳥』を創刊し,芸術性の高い童話,童謡を発表した。『赤い鳥』では,投稿欄を通して綴り方,児童自由詩,児童自由画の運動を推進し,児童文学や児童文化に大きな功績を果たした。

(ウ) アメリカの心理学者で，自然科学教育のカリキュラム改訂運動に大きな役割を果たした人物である。子ども自らが知識の構造を発見するとともに，学習の仕方を発見する学習指導法である発見学習を提唱した。発見学習では，発見の促進力となる内発的動機づけが重視された。著書に『教育の過程』がある。

(エ) 1875年(明治8年)，東京女子師範学校創設とともに英語教師として招かれ，その翌年，日本で初めての幼稚園となる東京女子師範学校附属幼稚園の初代園長に就任した。翻訳書『幼稚園記』や，『幼稚園創立法』，『幼稚園法二十遊嬉』などの著作がある。日本の幼児教育の基礎づくりに貢献した。

(オ) リトミックの創始者ダルクローズに師事し，日本で初めてリトミックを幼児教育に導入した。1937年(昭和12年)には，トモエ学園を創設し，リズムを重視した教育方法を展開した。『幼な児の為のリズムと教育』などの著書がある。日本のリトミック教育の基礎を築いた人物である。

① 関信三　② 松野クララ　③ ルソー
④ 小林宗作　⑤ 東基吉　⑥ 鈴木三重吉
⑦ ヴィゴツキー　⑧ 西條八十　⑨ ブルーナー
⓪ ヘルバルト

解答・解説

【1】(1) ①　(2) ②　(3) ④　(4) ③　(5) ④
(6) (カ) ②　(キ) ④　(ク) ③　(ケ) ⑤　(コ) ⑧

〈解説〉(1) 教育基本法は，教育を受ける権利を国民に保障した日本国憲法に基づき，日本の公教育の在り方を全般的に規定する法律で，第4条は教育の機会均等を定めている。 (2) 学校教育法は1947年に制定された，日本の学校制度の根幹を定める法律で，第22条は幼稚園教育の目的を定めている。 (3) 学校教育法第23条は幼稚園教育の目標を定めている。
(4) 幼稚園設置基準は，幼稚園を設置するために必要な最低基準を定めた文部省令で，第5条は教職員について定めている。 (5) 学校保健安全法は学校における児童生徒等及び職員の健康の保持増進を図るため，学校における保健管理に関し必要な事項を定めた法律で，保健指導について定めている。 (6) ①は児童福祉法第1条，②は教育基本法第11条，③は学校教育法第1条，④は学校教育法第24条，⑤は地方公務員法第36条第1項，⑥は児童虐待の防止等に関する法律第5条第1項，⑦は日本国憲法第26条第1項，⑧は学校保健安全法第30条，⑨はこども基本法第7条である。（なお，⑥では，その後の法律の改正により，「婦人相談所」が「女性相談支援センター」，「婦人相談員」が「女性相談支援員」と改められている）

【2】ア ⑦ イ ⓪ ウ ④ エ ⑤ オ ⑥ カ ①
キ ② ク ⑧ ケ ⑨ コ ③

〈解説〉幼稚園の教育課程5領域にはそれぞれにねらいと内容が示されている。そのうち領域「健康」の観点は「健康な心と体を育て，自ら健康で安全な生活をつくり出す力を養う」，領域「人間関係」の観点は「他の人々と親しみ，支え合って生活するために，自立心を育て，人と関わる力を養う」，領域「環境」の観点は「周囲の様々な環境に好奇心や探究心をもって関わり，それらを生活に取り入れていこうとする力を養う」，領域「言葉」の観点は「経験したことや考えたことなどを自分なりの言葉で表現し，相手の話す言葉を聞こうとする意欲や態度を育て，言葉に対する感覚や言葉で表現する力を養う」，領域「表現」の観点は「感じたことや考えたことを自分なりに表現することを通して，豊かな感性や表現する力を養い，創造性を豊かにする」で，(1)(8)が領域「健康」，(2)(9)が領域「表現」，(3)(4)が領域「人間関係」，(5)(10)が領域「環境」，(6)(7)が領域「言葉」のねらいである。

【3】②，④，⑤，⑧，⑨

〈解説〉「幼稚園教育要領解説」（平成30年2月 文部科学省）において，①は「実際の指導場面においては，『知識及び技能の基礎』『思考力，判断力，表現力等の基礎』『学びに向かう力，人間性等』を個別に取り出して指導するのではなく，遊びを通した総合的な指導の中で一体的に育むよう努めることが重要である」，③は「実際の指導では，『幼児期の終わりまでに育ってほしい姿』が到達すべき目標ではないことや，個別に取り出されて指導されるものではないことに十分留意する必要がある」，⑥は「『幼児期の終わりまでに育ってほしい姿』は5歳児に突然見られるようになるものではないため，5歳児だけでなく，3歳児，4歳児の時期から，幼児が発達していく方向を意識して，それぞれの時期にふさわしい指導を積み重ねていくことに留意する必要がある」，⑦は「『知識及び技能の基礎』とは，具体的には，豊かな体験を通じて，幼児が自ら感じたり，気付いたり，分かったり，できるようになったりすること」とされている。

【4】ア ④ イ ③ ウ ③ エ ④ オ ②

〈解説〉「幼稚園教育要領」(平成29年3月 文部科学省)「第1章 総則」「第5 特別な配慮を必要とする幼児への指導」「1 障害のある幼児などへの指導」についての「幼稚園教育要領解説」(平成30年2月 文部科学省)からの出題。この部分にある問題にある「教育支援資料」は，障害のある児童生徒等への支援の充実のため文部科学省初等中等教育局特別支援教育課が平成25(2013)年に作成した「教育支援資料〜障害のある子供の就学手続と早期からの一貫した支援の充実〜」のことである。またその後の環境変化を踏まえ，文部科学省初等中等教育局特別支援教育課は，「障害のある子供の教育支援の手引〜子供たち一人一人の教育的ニーズを踏まえた学びの充実に向けて〜」を令和3(2021)年6月に出しているので，こちらを学習しておきたい。

【5】ア ① イ ③ ウ ④ エ ② オ ②

〈解説〉「教育・保育施設等における事故防止及び事故発生時の対応のためのガイドライン」は，重大事故が発生しやすい場面ごとの注意事項や，事故が発生した場合の具体的な対応方法等について，各施設・事業者，地方自治体における事故発生の防止等や事故発生時の対応の参考となるよう平成28(2016)年に作成されたもので，施設・事業者向け，自治体向け，発生時対応の3種類あり，現在は，令和5(2023)年4月に設置されたこども家庭庁が所管している。

【6】②，③，⑥，⑧，⑨

〈解説〉「環境教育指導資料[幼稚園・小学校編]」は，日本の環境教育に関する最新の動向を踏まえつつ，学校教育において環境教育の取組の一層の充実が図られるよう作成したものであり，指導のポイントや留意点などを実践事例とともに具体的に紹介したもので，文部科学省のシンクタンク国立教育政策研究所が作成した。その中では①は「幼児期の子供は，環境について言葉で理解したり表現したりすることはうまくできない」，④は「幼児期においては，自然の中で諸感覚を働かせることを通して，自然に身を置くことの心地よさを体感させ，自然を感じる心を育てることが大切である」，⑤は「領域『環境』の内容を中心としながらも，他の領域との関連を考えて，総合的にねらいを達成する指導を考えていく必要がある」，⑦は「幼児期では，特に子供が身近な環境に興味や関心をもち，主体的に働き掛けていくことが重要である」，⓪は「よりよい実践を生み出していくためには，あくまでも指導計画は仮説であり，実践してみると，いくつかの反省点や課題が生ずることを踏まえておかねばならない」とされている。

【7】(ア)　④　　(イ)　③　　(ウ)　②　　(エ)　③　　(オ)　④
(カ)　①　　(キ)　③　　(ク)　③　　(ケ)　④　　(コ)　①

〈解説〉(ア)　イネの実がもみとなり，内側に玄米ができる。　(イ)　ナスの収穫時期は6～10月までと長めである。　(ウ)　オクラは気温が低いと発芽しないので5～6月に植え付ける。またオクラは暑さを好む。　(エ)　ヒマワリは発芽してからは土が乾燥したときに水やりをすればよい。
(オ)　タンポポは冬の間は葉を地面に張り付けるようにして過ごす。
(カ)　アメリカザリガニは腹脚が長いほうがメスである。　(キ)　カタツムリは雌雄同体でオスとメスの区別がない。　(ク)　アブラゼミの体は全体的に黒っぽく茶色い羽根をもつ。体が黒っぽく水色や緑の模様があるのはミンミンゼミである。　(ケ)　オオカマキリは卵の状態で冬を越す。
(コ)　ツバメのオスとメスの違いは尾羽の長さで，長いほうがオスである。

【8】(A群，B群の順)(ア)　③，⑨　　(イ)　⑤，⑧　　(ウ)　①，⓪
(エ)　②，⑥　　(オ)　④，⑦

〈解説〉(ア)　ともだちや(作：内田麟太郎　絵：降矢なな)…1時間100円で，ひとりぼっちでさびしい人のともだちになってあげる「ともだちや」という商売を思いついたキツネ。物語はミミズクのじいさんの独り言から始まる。
(イ)　しろいうさぎとくろいうさぎ(作：ガース・ウイリアムズ　訳：松岡享子)…毎日一緒に仲良く遊ぶ，しろいうさぎとくろいうさぎ。くろいうさぎはときどき考え込んで，願い事をしている。願い事とは「いつも，きみ(しろいうさぎ)といっしょにいられますように」というものだった。
(ウ)　ラチとらいおん(作：マレーク・ベロニカ　訳：徳永康元)…世界で一番弱虫のラチのところに，小さなライオンがやってきた。ラチとライオンは一緒に体操をしたり，外に出かけたりする。ライオンと一緒だから，少しずつ自信と勇気をもてたラチ。そしてライオンがいなくても，がんばれるようになったラチの成長の物語。　(エ)　しんせつなともだち(作：方軼羣　訳：君島久子)…食べ物が少なくなった寒い冬。こうさぎはふたつのかぶを見つけ，ひとつは食べて，もうひとつはろばに届ける。ともだちを思うやさしさが繰り返されて，かぶは再びこうさぎのもとに戻ってくる。
(オ)　すてきな三にんぐみ(作：トミー・アンゲラー　訳：今江祥智)…三人組の大泥棒が，ある日宝物ではなく，みなしごのティファニーちゃんをさらってしまった。ティファニーちゃんに，これまでに盗んだ宝物をどうするのかと尋ねられた三人は，みなしごを集めて，お城を買って，みんなで一緒に暮らし始める。

【9】(1)　③　　(2)　①　　(3)　②　　(4)　④　　(5)　⑤

〈解説〉(1)　1小節に4分音符2つ分の音が入っていることから「4分の2拍子」だと分かる。　(2)　「***f***（フォルテ）」は「強く」演奏することを意味する。「***m***（メゾ）」は意味を弱める働きがあるので「***mf***」は「少し強く」という意味になる。　(3)　「C」は「ドミソ」，「D」は「レファ♯ラ」を表すコードである。コードの和音を使った音が伴奏となる。　(4)　「G_7」はソを根音とする属七の和音で「ソシレファ」から構成されている。メロディにもこの音が含まれている。　(5)　右手と左手の音で三和音ができていることに注目する。エはファ（左）ドラ（右）でF，オはソ（左）レシ（右）でG，カはドソ（左）ミド（右）でCとなる。

【10】(1)　(ア)　②　　(イ)　①　　(ウ)　②　　(エ)　①　　(2)　②

〈解説〉(1)　(ア)　厚いものを切るときは刃の付け根に近いところを使ったほうが切りやすい。　(イ)　ハサミは梃子の原理を用いている。梃子の原理では支点から力点までの距離が長く，支点から作用点までの距離が短いほど小さい力でものを動かすことができる。したがって作用点（切るものと接する刃の部分）と支点（刃が交差している部分）の距離が短くなる，刃の付け根に近いところを使ったほうが小さい力で厚いものを切ることができる。(ウ)　ハサミはあくまで二枚の刃ではさんでものを切る道具であるため，それ以外の用途では使わない。正しく使わないと思わぬけがをすることもある。正しい持ち方，渡し方，使い方を身につけ，安全性を最優先する。(2)　①のローラーはローラーを使って絵の具を塗る技法。②のバチックはクレヨンやロウなどの水分をはじく性質を持つ画材で描いた上から水彩絵の具を置き，先に描いた画材が浮き出るという色合いや効果を得る技法。③のウェット・イン・ウェットは水や絵の具で塗らした画用紙などに他の色を置いてにじませる技法。④のウォッシュは薄く溶いた絵の具を大きめの筆や刷毛で，一定の方向に線を引くように塗りつぶしていく技法。⑤のたらし込みは③と同様濡れた紙に濃い絵の具を置いてにじませる技法。

【11】ア　④　　イ　③　　ウ　②　　エ　⑧　　オ　⑦

〈解説〉「幼児期運動指針」は，文部科学省が平成19(2007)年度から平成21(2009)年度に「体力向上の基礎を培うための幼児期における実践活動の在り方に関する調査研究」において，幼児期に獲得しておくことが望ましい基本的な動き，生活習慣及び運動習慣を身に付けるための効果的な取組などについての実践研究を行い，その成果を踏まえ，「幼児期運動指針策定委員会」を設置し，幼児期における運動の在り方についての指針の策定作業を行い，取りまとめたものである。「幼児期運動指針」を踏まえ，平成29(2017)年の幼稚園教育要領改訂において，多様な動きを経験する中で，体の動きを調整するようにすることが領域「健康」の「内容の取扱い」に新たに示された。

【12】(ア) ③　(イ) ⑥　(ウ) ⑨　(エ) ①　(オ) ④

〈解説〉松野クララ(1853～1941年)は，日本の幼児教育においてフレーベル教育思想の導入とその方法・技術の実践に貢献した人物。ヴィゴツキー(1896～1934年)は，教育はすでに達成された発達水準ばかりでなく，大人の指導・援助のもとに達成可能な問題解決の水準との間に横たわる「発達の最近接領域」を考慮に入れなければならないと主張したロシアの心理学者。東基吉(1872～1958年)は日本最初の体系的保育論の書『幼稚園保育法』を著した教育学者。西條八十(1892～1970年)は詩人で，童謡の作品も多い。ヘルバルト(1776～1841年)は教育の目的を倫理におき，教授法を段階づけるなどして体系的教育を確立したドイツの教育学者・哲学者。

令和４年度

【1】次の(1)～(5)は，法令条文である。(　ア　)～(　オ　)にあてはまる適切な語句を①～⑤から選び，記号で答えよ。

(1)　教育基本法第1条

教育は，(　ア　)を目指し，平和で民主的な国家及び社会の形成者として必要な資質を備えた心身ともに健康な国民の育成を期して行われなければならない。

①　生きる力の形成　②　人格の完成
③　子どもの健全な成長　④　十分な学力の形成
⑤　学びに向かう力の育成

(2)　教育基本法第13条

学校，家庭及び地域住民その他の関係者は，教育におけるそれぞれの(　イ　)を自覚するとともに，相互の連携及び協力に努めるものとする。

①　役割と責任　②　責任と使命　③　立場と役割
④　立場と関わり方　⑤　役割の分担

(3)　学校教育法第25条

幼稚園の教育課程その他の保育内容に関する事項は，第22条及び第23条の規定に従い，(　ウ　)が定める。

①　教育長　②　都道府県知事　③　文部科学大臣　④　園長
⑤　各園の教職員

(4)　学校教育法施行規則第37条

幼稚園の毎学年の教育週数は，特別の事情のある場合を除き，(　エ　)週を下つてはならない。

①　69　②　59　③　49　④　39　⑤　29

(5)　学校保健安全法第19条

校長は，感染症にかかつており，かかつている疑いがあり，又はかかるおそれのある児童生徒等があるときは，政令で定めるところにより，(　オ　)ことができる。

①　治療を指示する　②　医療機関への情報を提供する
③　児童相談所と協議する　④　保健所への通報する
⑤　出席を停止させる

(6)　次の(カ)～(コ)の各法令に関する内容として適切なものを①～⑧から選び，記号で答えよ。

(カ) 教育基本法　(キ) 学校教育法　(ク) 児童福祉法
(ケ) 地方公務員法　(コ) 学校保健安全法

① 職員は，その職の信用を傷つけ，又は職員の職全体の不名誉となるような行為をしてはならない。
② 校長及び教員は，教育上必要があると認めるときは，文部科学大臣の定めるところにより，児童，生徒及び学生に懲戒を加えることができる。ただし，体罰を加えることはできない。
③ 何人も，児童に対し，虐待をしてはならない。
④ 学校においては，児童生徒等及び職員の心身の健康の保持増進を図るため，児童生徒等及び職員の健康診断，環境衛生検査，児童生徒等に対する指導その他保健に関する事項について計画を策定し，これを実施しなければならない。
⑤ 教育は，不当な支配に服することなく，この法律及び他の法律の定めるところにより行われるべきものであり，教育行政は，国と地方公共団体との適切な役割分担及び相互の協力の下，公正かつ適正に行われなければならない。
⑥ 子どもの貧困対策は，子どもの貧困の背景に様々な社会的な要因があることを踏まえ，推進されなければならない。
⑦ 全て国民は，児童が良好な環境において生まれ，かつ，社会のあらゆる分野において，児童の年齢及び発達の程度に応じて，その意見が尊重され，その最善の利益が優先して考慮され，心身ともに健やかに育成されるよう努めなければならない。
⑧ 子ども・子育て支援は，父母その他の保護者が子育てについての第一義的責任を有するという基本的認識の下に，家庭，学校，地域，職域その他の社会のあらゆる分野における全ての構成員が，各々の役割を果たすとともに，相互に協力して行われなければならない。

【2】次の(1)～(10)は,「幼稚園教育要領」(平成29年3月　文部科学省)における5領域の内容に関する記述の一部である。(　ア　)～(　コ　)にあてはまる適切な語句を①～⓪から選び，番号で答えよ。

(1) 生活の中で必要な(　ア　)が分かり，使う。
(2) 幼稚園における(　イ　)を知り，自分たちで生活の場を整えながら見通しをもって行動する。

(3)　感じたこと，考えたことなどを(　ウ　)などで表現したり，自由にかいたり，つくったりなどする。

(4)　友達と楽しく生活する中で(　エ　)の大切さに気付き，守ろうとする。

(5)　季節により(　オ　)や人間の生活に変化のあることに気付く。

(6)　いろいろな(　カ　)に親しみ，工夫して遊ぶ。

(7)　いろいろな(　キ　)の中で十分に体を動かす。

(8)　生活の中で言葉の楽しさや(　ク　)に気付く。

(9)　身近な物や(　ケ　)に興味をもって関わり，自分なりに比べたり，関連付けたりしながら考えたり，試したりして工夫して遊ぶ。

(10)　友達と楽しく活動する中で，(　コ　)を見いだし，工夫したり，協力したりなどする。

①　遊具　　②　音や動き　　③　きまり　　④　美しさ
⑤　言葉　　⑥　遊び　　⑦　自然　　⑧　素材
⑨　共通の目的　　⓪　生活の仕方

【3】次の文は，「幼稚園教育要領解説」(平成30年3月　文部科学省)における教育課程に係る教育時間の終了後に行う教育活動などに関する記述の一部である。適切なものを①～⑨から5つ選び，番号で答えよ。

①　幼稚園が活動する時間は，4時間を超えてはならない。

②　教育課程に係る教育時間外の教育活動は，通常の教育時間の前後や長期休業期間中などに，幼稚園内の実態に応じて，幼稚園が必要と考える幼児を対象に行う教育活動である。

③　教育課程に係る教育時間の終了後等に行う教育活動は，職業などはもっているが，子供を幼稚園に通わせたいという保護者に対する必要な支援策である。

④　教育課程に係る教育時間の終了後等に行う教育活動を行うに当たっては，教育活動であることから，学校教育法第22条，第23条によって示されている幼稚園教育の目的及び目標と，幼稚園教育要領第1章第1に示す幼稚園教育の基本を踏まえた活動とする必要がある。

⑤　幼稚園運営に当たっては，教育課程に基づく活動と，教育課程に係る教育時間の終了後等に行う教育活動とを切り離して考えることが大切である。

⑥　保護者が安定した気持ちで幼児を育てていくことは，幼児の健やかな成長にとってもとても重要なことである。

⑦　幼児が主体的に活動を展開するためには，保護者との温かなつながりに支えられて幼児の心が安定していなければならない。

⑧　保護者の子育てに対する不安やストレスを解消し，その喜びや生きがいを取り戻して，子供のよりよい育ちを実現する方向となるよう子育ての支援を行うことが大切である。

⑨　幼稚園は，地域における幼児期の教育のセンターではないので，地域に施設や機能を開放するのではなく，園内の保育に専念することが大切である。

【4】次の文は,「発達障害を含む障害のある幼児児童生徒に対する教育支援体制整備ガイドライン～発達障害等の可能性の段階から，教育的ニーズに気付き，支え，つなぐために～」(平成29年3月　文部科学省)の一部である。(　ア　)～(　オ　)にあてはまる適切な語句をそれぞれ①～⑤から選び，記号で答えよ。

このように各学校において行う特別支援教育の対象は，特別支援学級はもとより，通常の学級を含む，全ての教育上特別の支援を必要とする児童等であり，特別支援教育は，学校教育法第81条第2項各号に記載されている障害種のみならず，あらゆる障害による学習上又は生活上の困難を(　ア　)するための教育を指します。法律上は，障害による学習上又は生活上の困難を(　ア　)するための教育を行うものとされていますが，これは必ずしも，医師による障害の診断がないと特別支援教育を行えないというものではなく，児童等の教育的ニーズを踏まえ，後述の校内委員会等により「障害による困難がある」と判断された児童等に対しては，適切な指導や必要な支援を行う必要があります。

特に小・中学校の通常の学級に，6.5％の割合で，学習面又は行動面において困難のある児童等が在籍し，この中には発達障害のある児童等が含まれている可能性があるという推計結果(平成24年文部科学省調査)もあり，(　イ　)が，特別支援教育に関する一定の知識や技能を有することが求められます。

また，特別支援教育を基盤として，障害の有無にかかわらず，全ての児童等が互いの(　ウ　)や(　エ　)を認め合う学校・学級作り，そして，全ての児童等の成長を促進する基盤的な環境整備が進められることが，ひいては(　オ　)社会の実現につながります。

ア ① 軽減 ② 緩和 ③ 解消 ④ 低減
⑤ 克服

イ ① 全ての教員 ② 園長や校長 ③ 学級担任 ④ 養護教諭
⑤ 特別支援教育コーディネーター

ウ ① 意見 ② 違い ③ 良さ ④ 思い
⑤ 考え

エ ① 特性 ② 存在 ③ 個性 ④ 人権
⑤ 尊厳

オ ① 平和な ② 共生する ③ 差別のない ④ 共存できる
⑤ 平等な

【5】次の文は，「学校の危機管理マニュアル作成の手引」(平成30年2月　文部科学省)の一部である。(　ア　)～(　オ　)にあてはまる適切な語句をそれぞれ①～⑤から選び，記号で答えよ。

○　危機管理マニュアルは，学校管理下で事故等が発生した際，教職員が的確に(　ア　)し円滑に対応できるよう，教職員の役割等を明確にし，児童生徒等の安全を確保する体制を確立するために必要な事項を全教職員が共通に理解するために作成するものです。このため，作成した後も，(　イ　)等の結果を踏まえた検証・見直しをすることが必要です。あわせて，学校のみならず保護者や地域，関係機関に周知し，地域全体で安全確保のための体制整備を行うことが重要です。

また，学校を取り巻く安全上の課題は，時代や社会の変化に伴って変わっていくものであり，従来想定されなかった新たな安全上の課題の出現などに応じて，柔軟に見直していかなければなりません。

○　学校における危機管理に関する組織体制については，各学校の(　ウ　)に応じて，想定される危険等を明確にし(外部機関に相談することも考えられます。)，事前，発生時及び事後の危機管理に応じた体制を，家庭・地域・関係機関等と連携し，必要に応じて教育委員会のサポートを受けながら整備しておく必要があります。特に，危険等発生時の体制整備は，児童生徒等の生命や身体を守るために最も重要な部分であり，教職員等の役割分担及び(　エ　)・伝達方法など，全教職員の理解を図り，各自の適切な行動に結びつけられるよう，形式的なものではなく機能的で(　オ　)なものが求められます。

ア	① 行動	② 判断	③ 状況把握
	④ 避難	⑤ 危険を察知	
イ	① 災害	② 安全点検	③ 訓練
	④ 消防署からの指摘	⑤ 避難	
ウ	① 実情	② 立地	③ 環境
	④ 理念	⑤ 経験	
エ	① 情報収集	② 現状認識	③ 対処手順
	④ 行動手順	⑤ 避難経路確認	
オ	① 現実的	② 効果的	③ 理念的
	④ 理想的	⑤ 実践的	

【6】次の文は,「幼児の思いをつなぐ指導計画の作成と保育の展開」(令和3年2月　文部科学省)に関する記述である。指導計画の作成と保育の展開について適切なものを①～⓪から5つ選び，番号で答えよ。

① 幼児にとっての環境は，幼児が受動的に関わり，そこで得られる体験を通して，一人一人の発達を促すものである。

② 計画的な環境の構成には，教師が状況の変化に即して環境を再構成する視点が大切である。

③ 指導計画は幼児が望ましい方向に向かって発達することを援助するために作成する。

④ 「幼児期の終わりまでに育ってほしい姿」を到達目標に，教育課程や指導計画を編成しなければならない。

⑤ カリキュラムマネジメントとは，園の教育方針や特色等，園経営の概念を家庭や地域と共有することを意味する。

⑥ 指導計画の作成に当たっては，幼稚園は多様な活動の場であること，多様な幼児同士の触れ合いを通して共に成長していく場であることに留意する。

⑦ 幼児期の教育ではその後の教育の方向づけが重視され，小学校教育では具体的な目標への到達が重視されるという違いがある。

⑧ 指導計画作成の手順や形式には一定のものがあり，各幼稚園はそれに従うことが求められる。

⑨ 幼稚園教育における指導については，教師が幼児に知識や技能を与えることを指導と呼んでいる。

⓪　長期の指導計画は教師全員，短期の指導計画は学級担任が中心となって作成するが，その作成過程において教師全員で話し合い，検討を重ねることが大切です。

【7】次の(ア)～(コ)の説明について，それぞれ適切でないものを①～⑤から選び，番号で答えよ。

(ア)　サツマイモ

①　つるは2～3mになり，多くの葉をつける。

②　ほりたてのイモは甘みが少なく，1週間ほどおいてから食べるとよい。

③　ヒルガオ科のつる性一年草である。

④　切り口から出る白い液体は腸の働きを活発にする。

⑤　根がふくらんで大きくなり，デンプンを蓄えたものである。

(イ)　キュウリ

①　皮の表面についている粉には鮮度を保つ働きがある。

②　ウリ科のつる性一年草である。

③　1つの株に雄花と雌花がつく。

④　断面をみると4室にわかれている。

⑤　花が咲いたら約1週間で収穫できる。

(ウ)　ソラマメ

①　マメ科のため，元肥を多くほどこす必要がある。

②　種はおはぐろと呼ばれる黒い部分を斜め下に向けてまくとよい。

③　アブラムシの防除を心がける。

④　さやが下に垂れてくる頃が収穫に適している。

⑤　生育の適温は15～20度で冷涼な気候を好む。

(エ)　マリーゴールド

①　キク科の植物で，春から秋にかけて次々と花を咲かせ続ける。

②　窒素過多は花つきを悪くするため，むやみに追肥を行わない。

③　花がらは摘みとらず，草丈も切り戻さない方がよい。

④　花色は黄，橙，赤，花形は一重咲き，八重咲きなど様々である。

⑤　挿し芽で簡単に殖やすことができる。

(オ)　フウセンカズラ

①　つる性でグリーンカーテンに適している。

②　開花のあと，細い茎に直径3センチほどの袋状の果実をつける。

③　4月下旬から5月上旬に種子をまく。
④　非耐寒性で日当たりの良い環境を好む。
⑤　種の採取は，果実が緑色の時に行う。

(カ)　テントウムシ
①　ナナホシテントウは主に樹上，ナミテントウは草地に多く暮らしている。
②　アブラムシを主食とするが，果実や花なども食す。
③　春から初夏にかけて繁殖する。
④　約1ヶ月かけて，卵から成虫に成長する。
⑤　ナミテントウの幼虫は3回脱皮をする。

(キ)　クワガタムシ
①　オスには大きな大アゴがある。
②　幼虫は，キノコの菌によって分解された木を食べて成長する。
③　幼虫は15度前後で飼育するのが理想的である。
④　幼虫期間が長く，成虫も数年生きる種類が多い。
⑤　成虫を飼育する際はあし場となる枝を配置し，ひっくり返っても起き上がれるようにする。

(ク)　オタマジャクシ
①　田んぼ，沼，小川など流れの少ない水中で見つかる。
②　まず後ろ足が生え，やがて前足が生えてくる。
③　フィルターとエアポンプがなくとも飼うことができる。
④　成長とともにえら呼吸から肺・皮ふ呼吸に変わる。
⑤　飼育する際は，直射日光の当たる所に水そうを置く。

(ケ)　ウサギ
①　雄と雌を一緒に飼うと繁殖するため，基本的には仕切りを設け，雄と雌を分けて飼う。
②　寿命は10年から13年ぐらいである。
③　夜行性なので昼間は十分に休ませる必要がある。
④　暑さに弱く，夏には水分を十分与え，日陰で飼うようにする。
⑤　怖がりなので，おどろかさないように扱い方には十分注意する。

(コ)　トンボ
①　夏にヤゴから成虫になり，秋になると卵を産む。
②　羽化は6月中頃から7月にかけて，雨や風のない夜にする。

③ ヤゴの餌はメダカやオタマジャクシ，ミミズなどである。
④ 幼虫の入った水槽は暗い場所に置くとよい。
⑤ アキアカネは夏になると山や高原に移動し，秋になると帰って来る。

【8】次の(ア)～(オ)の絵本の一節をA群の①～⑤から，作者名をB群の⑥～⓪からそれぞれ選び，番号で答えよ。

(ア) そらいろのたね
(イ) はじめてのおつかい
(ウ) まあちゃんのながいかみ
(エ) ぐるんぱのようちえん
(オ) どうぞのいす

A群

① こどもたちは　おおよろこび。
うたを　きいて，あっちからも　こっちからも
こどもが　あつまってきます。
② とうとう　おしろのように　りっぱな　いえが　できあがりました。
「ぼくも　いれて！」「わたしも　いれて！」
③ みいちゃんは　きゅうに　ほっとして，
ぽろんと　ひとつ，がまんしていた　なみだが　おっこってしまいました。
④ きつねさんの　つぎには　じっぴきの　りすさんが　やってきました。
くりを　いっぱいひろって　もっていました。
⑤ そのあいだに　あたしは　ほんを　10さつ　よんで
「おてつだい　ありがとう」って　おかあさんに　いわれるの。

B群

⑥ 作：筒井頼子　　絵：林明子
⑦ 作：香山美子　　絵：柿本幸造
⑧ 作：たかどのほうこ
⑨ 作：なかがわりえこ　　絵：おおむらゆりこ
⓪ 作：西内ミナミ　　絵：堀内誠一

【9】次の楽譜について，以下の(1)～(5)の問いに答えよ。

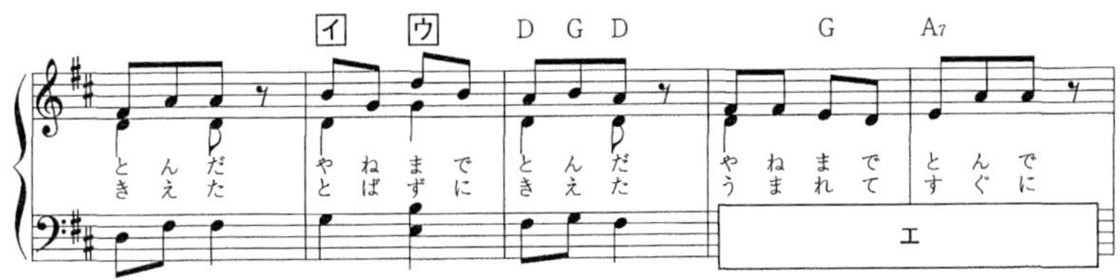

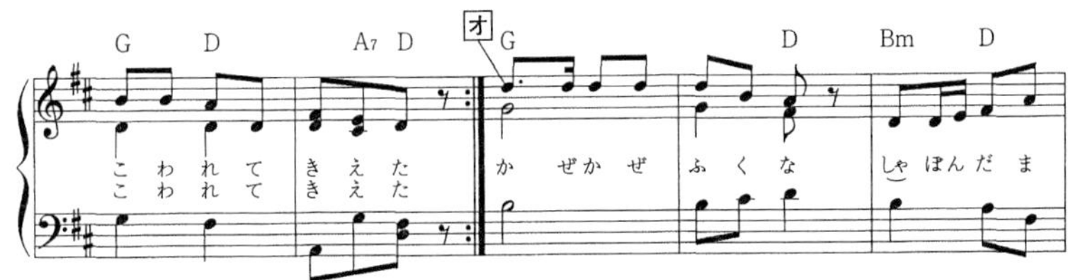

(1)　この曲は何分の何拍子か，①～⑤から選び，番号で答えよ。

①　4分の2拍子　　②　4分の3拍子　　③　4分の4拍子

④　8分の6拍子　　⑤　8分の3拍子

(2)　ア の記号の意味についてあてはまるものを①～⑤の中から選び，番号で答えよ。

①　その音を短く切って

②　その音の長さをじゅうぶんに保って

③　その音を目立たせて，強調して

④　なめらかに

⑤　その音符をほどよく延ばして

(3) 楽譜の[イ], [ウ]に入るコードの組合せとして適切なものを①～⑤から選び，番号で答えよ。

① [イ] Bm [ウ] Em_7
② [イ] C [ウ] D_7
③ [イ] C [ウ] Em_7
④ [イ] G [ウ] Em_7
⑤ [イ] G [ウ] D_7

(4) 楽譜の[エ]にあてはまる伴奏を①～⑤の中から選び，番号で答えよ。

⑤

(5) 楽譜の[オ]の音符の長さは4分音符を1拍とすると何拍か，①～⑤の中から選び，番号で答えよ。

① $\frac{1}{4}$拍 ② $\frac{1}{2}$拍 ③ $\frac{3}{4}$拍 ④ 1拍 ⑤ $1\frac{1}{4}$拍

【10】造形に用いる材料や用具について，次の問いに答えよ。

(1) クレヨンについての説明として適切でないものを①～④から選び，番号で答えよ。

① ロウを多く含む棒状の画材である。
② 艶がなく，面描と混色に向いている。
③ 水彩絵の具と組み合わせることでバチックに用いられる。
④ パスに比べて硬く，画面への定着がよい。

(2) 幼児期にふさわしい指導を行うためにも，幼児の発達の実情ことを理解することは大切だ。次の①～④の記述について，一般的な絵の表現の発達の順に並び替えよ。

(絵の表現の発達の順)

Ⅰ → Ⅱ → Ⅲ → Ⅳ

① 丸や形にかくなど，形が独立し，象徴的にかきはじめている。
② 基底線や空か表れ画面上に，空間設定ができる。
③ 紙の上を叩くようにして点や短線をかく。その運動感覚を楽しんでいる。

④　単なる手の動きを楽しむのではなく，頭の中でイメージを描いて，つぶやきながらそれをかいている。

【11】次の文は，「幼児期運動指針」(平成24年3月　文部科学省)に述べられているものである。幼児期の運動の意義や発達等についての記述として適切なものを①～⑨から5つ選び，番号で答えよ。

①　幼児にとって体を動かすことは遊びが中心となるが，散歩や手伝いなど生活の中での様々な動きを含めてとらえておくことが大切である。

②　幼児期は，神経機能の発達が著しく，タイミングよく動いたり，力の加減をコントロールしたりするなどの運動を調整する能力が顕著に向上する時期である。

③　すばやい方向転換などの敏捷な身のこなしや状況判断・予測などの思考判断を要する全身運動は，脳の運動制御機能や知的機能の発達促進に効果はないと考えられる。

④　幼児期の運動は，一人一人の幼児の興味や生活経験に応じた遊びの中で，幼児自らが体を動かす楽しさや心地よさを実感することが大切である。

⑤　4歳から5歳ごろは，基本的な動きが未熟な初期の段階から，日常生活や体を使った遊びの経験をもとに，次第に動き方が上手にできるようになっていく時期である。

⑥　5歳から6歳ごろは，特に全身のバランスをとる能力が発達し，身近にある用具を使って操作するような動きも上手になっていく。

⑦　幼児にとって体を動かす遊びなど，思い切り伸び伸びと動くことは，健やかな心の育ちを促す効果がある。

⑧　「動きの多様化」とは，同時にいくつもの動きが可能になることである。

⑨　幼児の興味や関心，意欲など運動に取り組んでいく過程を大切にしながら，幼児期に早急な結果を求めるのではなく，小学校以降の運動や生涯にわたってスポーツを楽しむための基盤を育成することを目指すことが重要である。

【12】次の(1)～(5)は，幼児教育に関係の深い人物について述べたものである。(　ア　)～(　コ　)にあてはまる語句として適切なものを①～⓪から選び，番号で答えよ。

(1)　及川平治は，日本の(　ア　)を牽引した教育思想家であり，実践家でもある。主著に，(　イ　)がある。カリキュラムを子どもの生活経験の総体と再定義し，生活単位に基づく独自のカリキュラム改造論を展開した。

(2)　豊田芙雄は，日本で最初に創設された東京女子師範学校附属幼稚園において，主任保姆松野クララのもと，日本人初の幼稚園保姆として保育に携わった人物である。自ら翻訳した『風車』や(　ウ　)は宮内庁式部寮の人々により曲がつけられ，子どもたちによって歌われた。『保育の栞』，(　エ　)などの手記が残されている。

(3)　キルパトリック(Kilpatrick, William Heard)は，アメリカの教育学者であり，活動主義や生活主義教育を唱えた。あらゆる学習に適応しうる一般的な方法として，(　オ　)を確立し，「なすことによって学ぶ」という活動重視の方法論を見出した。(　カ　)教育運動の指導者として，(　カ　)的保育にも大きな影響を与えた。

(4)　岸辺福雄は，幼児教育者であり，1903(明治36)年に東洋幼稚園を設立し，(　キ　)による保育に尽力した人物である。「喃々会」を主宰し，(　キ　)の指導も努めた。また，北原白秋らとともに(　ク　)にも参加している。

(5)　ホイジンガ(Huizinga, Johan)は，オランダの歴史家であり，人間の本質を(　ケ　)に見いだした。法律や戦争，知識，詩，哲学，芸術などのあらゆる人間の行為が(　ケ　)そのものであり，(　ケ　)によって生じたものとした。(　ケ　)は自由なものであり，仮の世界を構築する性質をもつとし，(　コ　)として論じている。

①　口演童話　　②　遊び　　③　新教育運動
④　プロジェクト・メソッド　　⑤　芸術教育運動
⑥　『分団式動的教育法』　　⑦　『家鳩』
⑧　『恩物大意』　　⑨　進歩主義　　⓪　精神的創造

解答・解説

【1】(1) ② (2) ① (3) ③ (4) ④ (5) ⑤

(6) (カ) ⑤ (キ) ② (ク) ⑦ (ケ) ① (コ) ④

〈解説〉(1) 教育基本法第1条は教育の目的を定めている。 (2) 教育基本法第13条は学校，家庭及び地域住民等の相互の連携協力を定めている。 (3) 学校教育法第25条は幼稚園の教育課程について定めており，これが文部科学大臣が告示する幼稚園教育要領の法的根拠の一つである。 (4) 学校教育法施行規則第37条は，幼稚園の毎学年の教育週数を定めている。なお学校教育法施行規則は文部省令である。 (5) 学校保健安全法第19条は感染法予防のための出席停止について校長(園長)に権限を与えている。なお感染症予防のための臨時休業は学校教育法第20条で，学校の設置者の権限とされている。 (6) (カ)～(コ) ①は信用失墜行為の禁止を定めた地方公務員法第33条。②は校長及び教員に懲戒権を認めるとともに体罰の禁止を定めた学校教育法第11条。③は児童虐待を禁止した児童虐待の防止等に関する法律第3条。④は学校保健計画の策定等を定めた学校保健安全法第5条。⑤は教育行政について定めた教育基本法第16条第1項。⑥は基本理念を定めた子どもの貧困対策の推進に関する法律第2条第3項。⑦は児童福祉法第2条第1項。⑧は基本理念を定めた子ども・子育て支援法第2条第1項である。なお子ども・子育て支援法は2016年成立，翌年施行の幼児期の学校教育・保育，地域の子ども・子育てを支援するための法律である。

【2】(1) ⑤ (2) ⓪ (3) ② (4) ③ (5) ⑦ (6) ⑧

(7) ⑥ (8) ④ (9) ① (10) ⑨

〈解説〉幼稚園の教育課程5領域で構成され,「幼稚園教育要領」にはそれぞれにねらいと内容が示されている。領域「健康」の観点は「健康な心と体を育て，自ら健康で安全な生活をつくり出す力を養う」，領域「人間関係」の観点は「他の人々と親しみ，支え合って生活するために，自立心を育て，人と関わる力を養う」，領域「環境」の観点は「周囲の様々な環境に好奇心や探究心をもって関わり，それらを生活に取り入れていこうとする力を養う」，領域「言葉」の観点は「経験したことや考えたことなどを自分なりの言葉で表現し，相手の話す言葉を聞こうとする意欲や態度を育て，言葉に対する感覚や言葉で表現する力を養う」，領域「表現」の観点は「感じたことや考えたことを自分なりに表現することを通して，豊かな感性や表現する力を養い，創造性を豊かにする」である。これらの観点を押さえておくと，簡単に内容を選ぶことができるようになる。

【3】③，④，⑥，⑦，⑧

〈解説〉「幼稚園教育要領解説」(2018年3月　文部科学省) において，①は「幼稚園が活動する時間は，必ずしも4時間に限られるものではない」，②は「教育課程に係る教育時間外の教育活動は，通常の教育時間の前後や長期休業期間中などに，地域の実態や保護者の要請に応じて，幼稚園が，当該幼稚園の園児のうち希望者を対象に行う教育活動であり，従来から幼稚園が行ってきた活動でもある」，⑤は「幼稚園運営に当たっては，教育課程に基づく活動との関連を図りつつ，幼稚園の開園時間から閉園時間までを視野に入れた1日の幼稚園生活を見通す必要がある」，⑨は「地域における幼児期の教育のセンターとしてその施設や機能を開放し，子育ての支援に努めていく必要がある」と解説している。

【4】ア　⑤　　イ　①　　ウ　②　　エ　③　　オ　②

〈解説〉文部科学省は，2004年に「小・中学校におけるLD (学習障害)，ADHD (注意欠陥／多動性障害)，高機能自閉症の児童生徒への教育支援体制の整備のためのガイドライン(試案)」を作成した。出題の「発達障害を含む障害のある幼児児童生徒に対する教育支援体制整備ガイドライン～発達障害等の可能性の段階から，教育的ニーズに気付き，支え，つなぐために～」はその後の状況の変化や，これまでの間に培ってきた発達障害を含む障害のある児童等に対する教育支援体制の整備状況を踏まえ，2004年のガイドラインが見直されて2017年3月に策定されたものである。なお文部科学省の「通常の学級に在籍する特別な教育的支援を必要とする児童生徒に関する調査結果について」(2022年12月) によると，通常学級に在籍する小・中学生の8.8%に学習面や行動面で著しい困難を示す発達障害の可能性があるとされている。

【5】ア　②　　イ　③　　ウ　①　　エ　①　　オ　⑤

〈解説〉「学校の危機管理マニュアル作成の手引」(2018年　文部科学省) は，学校や児童生徒等を取り巻く様々な安全上の課題や，「学校事故対応に関する指針」(2016年3月)，「第2次学校安全の推進に関する計画」(2017年3月閣議決定) 等を踏まえ，2002年の「学校への不審者侵入時の危機管理マニュアル」，2007年の「学校の危機管理マニュアル～子どもを犯罪から守るために～」を作成するとともに，2012年の「学校防災マニュアル (地震・津波災害) 作成の手引き」を大幅に追記して改訂し作成したものである。その「1章　危機管理マニュアルについて」，「2章　事前の危機管理」からの引用出題。なお学校保健安全法第29条において，各学校に危険等発生時対処要領の作成等が義務付けられている。

【6】②，③，⑥，⑦，⓪

〈解説〉「幼児の思いをつなぐ指導計画の作成と保育の展開」(2021年2月文部科学省）は，指導計画作成にあたっての基本的な考え方や方法などを解説するもので，2017年3月に告示の幼稚園教育要領において，幼稚園教育において育みたい資質・能力と「幼児期の終わりまでに育ってほしい姿」が新たに示されたことや，カリキュラム・マネジメントの充実，幼児の発達に即した主体的・対話的で深い学びの実現，幼稚園教育と小学校教育との円滑な接続等の観点から改訂が行われたことを踏まえ，記述内容が見直されている。その中では，①は「幼児が主体的に関わり，そこで得られる直接的，具体的な体験を通して，幼児一人一人の発達を促す意味のある環境のことを指しています」，④は「『幼児期の終わりまでに育ってほしい姿』は目標や目的としたり，教育課程や指導計画に位置付けたりするものではありません」，⑤は「カリキュラム・マネジメントとは，各幼稚園の教育課程に基づき，全教師の協力体制の下，組織的・計画的に教育活動の質の向上を図ることです」，⑧は「指導計画作成の手順や形式などに一定のものはありません」，⑨は「幼児の生活の流れや発達などに即した具体的なねらいや内容にふさわしい環境をつくり出し，幼児の展開する活動に対して必要な助言・指示・承認・共感・励ましなど，教師が行う援助の全てを総称して，指導と呼んでいます」とされている。

【7】(ア) ③　(イ) ④　(ウ) ①　(エ) ③　(オ) ⑤　(カ) ①　(キ) ③　(ク) ⑤　(ケ) ②　(コ) ④

〈解説〉(ア)　サツマイモはヒルガオ科のつる性多年草なので③は誤り。(イ)　キュウリの断面は分かれていないので④は誤り。(ウ)　ソラマメは元肥が多いと虫がつきやすくなるので①は誤り。(エ)　マリーゴールドの花がらはこまめに摘み取ると次の花が咲きやすくなる。また草丈を切り戻すと秋に再び開花する。よって③は誤り。(オ)　フウセンカズラの種の採取は実が茶色になってから行うので⑤は誤り。(カ)　ナミテントウもナナホシテントウも草地で暮らしているので①は誤り。(キ)　クワガタの幼虫は20℃前後で飼育するのがよいので③は誤り。(ク)　水槽を直射日光の当たるところに置くと，水温が上がりすぎてオタマジャクシが死んでしまうので⑤は誤り。(ケ)　ウサギの寿命は7～8年ほどなので②は誤り。(コ)　トンボの幼虫（ヤゴ）の入った水槽は直射日光の当たらない明るい場所に置くのがよいので④は誤り。

【8】(ア) A ② B ⑨ (イ) A ③ B ⑥ (ウ) A ⑤ B ⑧ (エ) A ① B ⓪ (オ) A ④ B ⑦

〈解説〉(ア) 「そらいろのたね」(作) なかがわりえこ, (絵) おおむらゆりこ：ゆうじは宝物の模型飛行機を, キツネが持っていたそらいろのたねと交換。ゆうじがたねをまいて水をやると, そらいろの家が出てきて, やがてお城のように大きくなり, 子どもたちや動物たちが「いれて！」とやってくる。 (イ) 「はじめてのおつかい」(作) 筒井頼子, (絵) 林明子：小さなみいちゃんの初めてのおつかい。ママに頼まれて, 初めてひとりで牛乳を買いに行く。 (ウ) 「まあちゃんのながいかみ」(作) たかどのほうこ：短いおかっぱ頭のまあちゃんは, 友だちと髪を長くのばすことについて話している。長いお下げ髪を木に結べば, 洗濯物を干せる, お母さんに「お手伝いありがとう」と言われる, などの空想が広がっていく。 (エ) 「ぐるんぱのようちえん」(作)西内ミナミ, (絵)堀内誠一：独りぼっちで寂しい, 大きなゾウのぐるんぱ。働きに出たが何を作っても大きすぎて,「もうけっこう」と言われてしまう。でもぐるんぱが幼稚園を開くと, 子どもたちが集まってきた。 (オ) 「どうぞのいす」(作) 香川美子, (絵) 柿本幸造：うさぎは小さないすを作って,「どうぞのいす」という立て札を立てて野原の大きな木の下においた。そこにロバがやってきて, いすにドングリをおいて昼寝をする。ロバが寝ている間に, ドングリははちみつに, はちみつはパンに, さらに栗に置き換わっていく。

【9】(1) ① (2) ③ (3) ④ (4) ② (5) ③

〈解説〉(1) 1小節に4分音符2つ分の音が入っていることから「4分の2拍子」だと分かる。 (2) アはアクセント記号である。同じ小節にはスタッカート(その音を短く切って)も使われている。基本的な音楽用語や音符の種類は確認しておくこと。 (3) 音の重なりを確認すると, イ「ソ, シ, レ」, ウ「ミ, ソ, シ, レ」である。根音がコードネームになっている。 (4) コードはD→G→A7の順で進んでいる。右手の旋律と重ねた時,「レ, ファ♯, ラ」「ソ, シ, レ」「ラ, ド♯, ミ, ソ」の和音になるように音を補うと良い。 (5) 8分音に付点が付いた音の長さは, 8分音符の1.5倍の長さを表す。8分音符3つ分の長さは4分音符3/4拍分の長さである。

【10】(1) ② (2) Ⅰ ③ Ⅱ ④ Ⅲ ① Ⅳ ②

〈解説〉(1) クレヨンはパラフィンに顔料を混ぜ蠟などで固めた画材で, 硬質なため線描に向くが，重ね塗りや混色には適さない。 (2) 幼児は一般に歩けるようになり手が自由になると，なぐりがきをするようになる。これは無意識的な表現で，目的や表現の意図がまったくない，偶然の線や点などを描く段階である。次に手の動きを目で追えるようになり，描いた線に言葉で意味づけをしはじめるようになる。さらに体が発達し手の動きを制御できるようになると，閉じた丸をはじめとした形のある線を描けるようになる。その後,「頭足人(頭足人間)」と呼ばれる，頭(顔)に直接手足をつけた絵を描く段階や，商品見本のカタログのように描きたいことや物を互いに関連なしに羅列的に描く段階などを過ぎたのち，物と物との関連づけができるようになると空間を区切る基底線が出現しはじめ,「場面」を描けるようになっていく。

【11】①，②，④，⑦，⑨

〈解説〉「幼児期運動指針」(2012年　文部科学省) は，文部科学省が2007年度から2009年度に「体力向上の基礎を培うための幼児期における実践活動の在り方に関する調査研究」において，幼児期に獲得しておくことが望ましい基本的な動き，生活習慣及び運動習慣を身に付けるための効果的な取組などについての実践研究を行い，その成果を踏まえ,「幼児期運動指針策定委員会」を設置し，幼児期における運動の在り方についての指針の策定作業を行い，取りまとめたものである。その中では，③は「運動を行うときは状況判断から運動の実行まで，脳の多くの領域を使用する。すばやい方向転換などの敏捷な身のこなしや状況判断・予測などの思考判断を要する全身運動は，脳の運動制御機能や知的機能の発達促進に有効であると考えられる」，⑤は5歳から6歳ごろについての記述で，4歳から5歳ごろは「それまでに経験した基本的な動きが定着しはじめる」である。⑥は4歳から5歳ごろの記述で，5歳から6歳ごろは「全身運動が滑らかで巧みになり，全力で走ったり，跳んだりすることに心地よさを感じるようになる」である。⑧は「『動きの多様化』とは，年齢とともに獲得する動きが増大することである」とされている。

【12】ア ③　イ ⑥　ウ ⑦　エ ⑧　オ ④　カ ⑨
キ ①　ク ⑤　ケ ②　コ ⓪

〈解説〉1921年の東京高等師範学校の講堂において大日本学術協会が主催して開かれた講演会での八大教育主張講演会で，及川平治 (1875～1935年) は子どもの自律性を尊重する『分団式動的教育法』を唱えた。豊田芙雄 (とよだふゆ　1845～1941年) は東京女子師範学校付属幼稚園の教諭となり，保母養成の手引書とされる『保育の栞』，フレーベルが主張した恩物の解説書『恩物大意』を執筆した。岸辺福雄（1873～1958年）は兵庫師範学校卒業後，数年間，小学校教師をつとめた後，上京し，東洋幼稚園を設立し，昔話や児童文学の作品を子どもたちに話して聞かせる口演童話による保育を進めた。キルパトリック（1871～1965）はアメリカの教育学者で，初めてプロジェクト・メソッドを提唱した。ホイジンガ（1872～1945年）はオランダの歴史家で，人間の本質を遊びに見出した。

令和３年度

【1】次の(1)～(3)は，法令の条文である。(　ア　)～(　オ　)にあてはまる適切な語句をそれぞれ①～④から選び，記号で答えよ。

(1)　教育基本法第10条第2項

国及び地方公共団体は，家庭教育の(　ア　)を尊重しつつ，保護者に対する学習の機会及び情報の提供その他の家庭教育を支援するために必要な施策を講ずるよう努めなければならない。

①　自主性　　②　独自性　　③　自律性　　④　方針

(2)　学校教育法第22条

幼稚園は，義務教育及びその後の教育の(　イ　)を培うものとして，幼児を保育し，幼児の健やかな成長のために適当な環境を与えて，その心身の発達を助長することを目的とする。

①　基礎　　②　素地　　③　意欲　　④　関心

(3)　学校教育法第23条

幼稚園における教育は，前条に規定する目的を実現するため，次に掲げる目標を達成するよう行われるものとする。

一　健康，安全で幸福な生活のために必要な基本的な(　ウ　)を養い，身体諸機能の調和的発達を図ること。

二　集団生活を通じて，喜んでこれに参加する態度を養うとともに家族や身近な人への信頼感を深め，自主，自律及び協同の精神並びに(　エ　)の芽生えを養うこと。

三　身近な社会生活，生命及び自然に対する興味を養い，それらに対する正しい理解と態度及び思考力の芽生えを養うこと。

四　日常の会話や，絵本，童話等に親しむことを通じて，言葉の使い方を正しく導くとともに，相手の話を理解しようとする態度を養うこと。

五　音楽，身体による表現，造形等に親しむことを通じて，豊かな(　オ　)と表現力の芽生えを養うこと。

(ウ)　①　意欲　　②　技能　　③　知識　　④　習慣

(エ)　①　社会性　　②　自立心　　③　協調性　　④　規範意識

(オ)　①　心　　②　感情　　③　情緒　　④　感性

(4)　次の(カ)～(コ)の各法令に関する内容として適切なものを①～⑨から選び，記号で答えよ。

(カ)　教育基本法

（キ） 学校教育法
（ク） 学校教育法施行規則
（ケ） 教育公務員特例法
（コ） 学校保健安全法

① 全て児童は，児童の権利に関する条約の精神にのつとり，適切に養育されること，その生活を保障されること，愛され，保護されること，その心身の健やかな成長及び発達並びにその自立が図られることその他の福祉を等しく保障される権利を有する。

② 法律に定める学校の教員は，自己の崇高な使命を深く自覚し，絶えず研究と修養に励み，その職責の遂行に努めなければならない。

③ 一学級の幼児数は，35人以下を原則とする。

④ 国民は，個々の発達障害の特性その他発達障害に関する理解を深めるとともに，基本理念にのっとり，発達障害者の自立及び社会参加に協力するように努めなければならない。

⑤ すべての児童は，心身ともに健やかにうまれ，育てられ，その生活を保障される。

⑥ 幼稚園の教育課程その他の保育内容については，この章に定めるもののほか，教育課程その他の保育内容の基準として文部科学大臣が別に公示する幼稚園教育要領によるものとする。

⑦ この法律は，教育を通じて国民全体に奉仕する教育公務員の職務とその責任の特殊性に基づき，教育公務員の任免，人事評価，給与，分限，懲戒，服務及び研修等について規定する。

⑧ 学校においては，児童生徒等の安全の確保を図るため，当該学校の施設及び設備の安全点検，児童生徒等に対する通学を含めた学校生活その他の日常生活における安全に関する指導，職員の研修その他学校における安全に関する事項について計画を策定し，これを実施しなければならない。

⑨ 幼稚園に入園することのできる者は，満3歳から，小学校就学の始期に達するまでの幼児とする。

【2】次の（ア）～（コ）は，「幼稚園教育要領」（平成29年3月　文部科学省）「第2章　ねらい及び内容」に述べられている5領域の「内容」の一部である。それぞれどの領域に属するかを①～⑤から選び，番号で答えよ。ただし，同

じ選択肢を複数回使用してもよい。

(ア) 自然に触れて生活し，その大きさ，美しさ，不思議さなどに気付く。

(イ) 日常生活の中で，文字などで伝える楽しさを味わう。

(ウ) 進んで戸外で遊ぶ。

(エ) 友達との関わりを深め，思いやりをもつ。

(オ) 絵本や物語などに親しみ，興味をもって聞き，想像をする楽しさを味わう。

(カ) 様々な出来事の中で，感動したことを伝え合う楽しさを味わう。

(キ) 健康な生活のリズムを身に付ける。

(ク) 友達のよさに気付き，一緒に活動する楽しさを味わう。

(ケ) 自分のイメージを動きや言葉などで表現したり，演じて遊んだりするなどの楽しさを味わう。

(コ) 身近な物を大切にする。

① 健康　② 人間関係　③ 環境　④ 言葉　⑤ 表現

【3】次の文は，「幼稚園教育要領解説」(平成30年3月　文部科学省)の指導計画の作成上の留意事項に関する記述である。適切なものを①～⑨から5つ選び，番号で答えよ。

① 長期の指導計画は，各学級の生活に応じた計画であることから，学級担任が自分の学級について単独で作成する。

② 幼児の一つ一つの体験は独立しており，他の体験と関連付けたりせず，一つ一つ丁寧に関わっていくことが大切である。

③ 教師が幼児一人一人にとって豊かな言語環境となることを教師自身が自覚する必要がある。

④ 学級全体の話し合いについては，型どおりに行われるのではなく幼児の必要感を伴ったものであることが大切である。

⑤ 行事は，幼稚園生活に積極的に取り入れ，保護者の期待に添うようにし，結果やできばえを重視して幼児を指導する。

⑥ 視聴覚教材や，テレビ，コンピュータなどの情報機器を有効に活用するには，その特性や使用方法等を考慮した上で，幼児の直接的な体験を生かすための工夫をしながら活用していくようにする。

⑦ 集団における幼児の活動がどのような意味をもっているのかを捉えるには，時間の流れと空間の広がりを理解することが大切である。

⑧　幼稚園の教職員全員による協力体制を築き，教職員の誰もが，園児全員の顔や性格などが分かるように努めることが大切である。

⑨　幼児は教師の行動に影響を受けやすいので，憧れを形成するモデルとなるようなことは控え，できるだけ目立たぬようにすることが大切である。

【4】次の文は，「発達障害を含む障害のある幼児児童生徒に対する教育支援体制整備ガイドライン～発達障害等の可能性の段階から，教育的ニーズに気付き，支え，つなぐために～」(平成29年3月　文部科学省) の一部である。(　ア　)～(　オ　) にあてはまる適切な語句をそれぞれ①～④から選び，記号で答えよ。

○発達障害をはじめとする見えにくい障害については，通常の学級に在籍する教育上特別の支援を必要とする児童等のつまずきや困難な状況を(　ア　) 発見するため，児童等が示す様々な(　イ　) に気付くことや，その(　イ　)を見逃さないことが大切です。

○児童等の行動等の背景にある障害の特性について正しく理解し，教育的ニーズに応じた適切な指導や必要な支援につなげていくために，特別支援教育(　ウ　)やスクールカウンセラー等に相談してください。その後，必要に応じて，対象の児童等の対応について校内委員会やケース会議で検討し，(　エ　)支援を得られるようにしていくことが大切です。

○集団指導において，一人一人の障害等の特性に応じた適切な指導や必要な支援を行う際は，学級内の全ての児童等に「特別な支援の必要性」の理解を進め，互いの特徴を認め合い，(　オ　)関係を築きつつ行うことが重要です。

ア　①　早期に　②　効率的に　③　効果的に
　　④　確実に

イ　①　表情　②　サイン　③　所作
　　④　言動

ウ　①　支援員　②　指導主事　③　サポーター
　　④　コーディネーター

エ　①　秘密保持に留意した　②　個別の　③　継続的な
　　④　組織的な

オ　①　助け合う　②　分かり合う　③　話し合える
　　④　支え合う

【5】次の文は,「学校安全資料『生きる力』をはぐくむ学校での安全教育【改訂2版】」(平成31年3月　文部科学省)の一部である。(　ア　)～(　オ　)にあてはまる適切な語句をそれぞれ①～④から選び,記号で答えよ。

安全な社会を実現することは,全ての人々が生きる上で最も基本的かつ不可欠なことである。安全とは,心身や物品に危害をもたらす様々な危険や災害が防止され,万が一,事件や事故,災害等が発生した場合には,被害を最小限にするために適切に対処された状態である。人々が自他の安全を確保するためには,個人だけではなく社会全体として(　ア　)を高め,全ての人々が安全な社会を築いていくために必要な取組を進めていかなければならない。

とりわけ,学校は,児童生徒等が集い,人と人との触れ合いにより,(　イ　)の形成がなされる場であり,「生きる力」を育む学校という場において,児童生徒等が生き生きと活動し,安全に学べるようにするためには,児童生徒等の安全の確保が保障されることが不可欠の前提となる。

さらに,児童生徒等は守られるべき対象であることにとどまらず,(　ウ　)を通じ,自らの安全を確保することのできる基礎的な資質・能力を(　エ　)に育成していくことが求められており,自他の(　オ　)尊重の理念を基盤として,生涯にわたって健康・安全で幸福な生活を送るための基礎を培うとともに,進んで安全で安心な社会づくりに参加し貢献できるような資質・能力を育てることは,学校教育の重要な目標の一つである。

ア　①　危険を回避するための身体能力　②　危険回避能力
　　③　安全を確保するための思考力　④　安全意識

イ　①　性格　②　学力　③　人格　④　社会性

ウ　①　経験　②　防災訓練　③　学校教育活動全体　④　講話

エ　①　個別　②　自主的　③　継続的　④　集中的

オ　①　生命　②　自主性　③　人権　④　意見

【6】次の文は,幼稚園教育指導資料第5集「指導と評価に生かす記録」(平成25年7月改訂　文部科学省)に述べられているものである。教師の専門性を高め,指導と評価の実際に生かす記録について適切でないものを①～⓪から5つ選び,番号で答えよ。

①　記録は,教師自身の考えていたことやかかわり方についてではなく,幼児についてのみ行う必要がある。

② 保育の評価は，教師集団で行うのではなく，保育記録に基づいた教師一人一人の省察を基に，幼児理解や指導のあり方の検討を個人で行うことが望ましい。

③ 言動の意図が理解困難な幼児については，より一層意識的に記録を取り省察する必要がある。

④ 幼児の心の動きや発達は，一定の期間の記録をまとめるのではなく，一つの場面や行動のみで捉えることが大切である。

⑤ 遊ぶ姿を具体的に捉えた記録を基にして一人一人の幼児にとっての遊びの意義を捉えることが必要である。

⑥ 教師は，持続的に記録し，それを読み返すことによって，幼児の行動の傾向を把握し，直接幼児にかかわらなくても言動の展開を予測することができる。

⑦ 記録は保護者の幼児観や保育観を改めて自覚するためのものでもある。

⑧ 園全体で保育の質の向上と改善に向けて取り組む上で，複数の教師で記録を見たり書いたりすることが重要である。

⑨ 保育や幼児の様子を保護者に伝える手段として，写真や動画などの媒体はなるべく避けることが重要である。

⓪ 日々の生活や遊びの記録は，過去から現在へ，そして未来へと幼児の発達や学びを連続的に捉えることを可能にする。

【7】次の(ア)～(コ)の説明について，適切でないものをそれぞれ①～④から選び，番号で答えよ。

(ア) エダマメ

① 大豆の若い果実のことである。

② 夏にマメ科の植物に特有な，チョウのような形の花を咲かせる。

③ 種まきから1ヶ月ほどで発芽する。

④ 種は4月から5月にまき，8月に収穫する。

(イ) ジャガイモ

① 地下茎の先端にイモができる。

② 収穫は，霜の降りる前の10～11月頃に行う。

③ 種イモを土に植えつけて育てる。

④ 芽が出る部分にはアルカロイド系の毒素が含まれている。

（ウ） アサガオ

① 春に種をまき，秋に種を残して枯れる一年草である。

② 双葉が出て，本葉が1～2枚になったところで鉢に移植する。

③ 毎日の平均気温が20度になる5月上旬に種をまくと，7月中旬に花をつける。

④ 採取した種は，翌年の栽培に使用することができない。

（エ） ヒヤシンス

① 容器に球根の底がひたるくらいの水をいれ，明るくて暖かいところに置く。

② 球根をセットして2ヶ月ほどで，根が容器いっぱいにひろがる。

③ 葉の中央から花の茎が出る。

④ 水栽培ができる球根植物には，他にスイセンやムスカリなどがある。

（オ） アリ

① 黒い大形のアリはクロオオアリ，赤褐色の小形のアリはアミメアリである。

② 幼虫やサナギの採集は，巣を大きくしている1月下旬から2月に行うとよい。

③ 女王アリは産卵のみに専念し，働きアリが巣の拡大や幼虫の世話，餌集めなどを行う。

④ 他の巣のアリを同じ飼育容器に入れるとかみ合う。

（カ） ダンゴムシ

① 1年を通して，落ち葉の下や植木鉢の下で数匹が集まる様子が見られる。

② 節足動物門甲殻綱に属し，カニやエビと同じ仲間である。

③ ワラジムシとは異なり，完全に丸くはならない。

④ 飼育する際は落ち葉を餌にして，分解される様子を観察するとよい。

（キ） モンシロチョウ

① 林の縁など日陰混じりの場所を好む。

② 幼虫は脱皮を繰り返して大きくなり，サナギを経て1ヶ月で成虫になる。

③ 卵は細かなシワ模様のある1mmほどの細長い形である。

④ 幼虫はアブラナ科の植物を食べる。

(ク) コオロギ

① 鳴くのは雄のみである。

② 2枚の前翅を擦り合わせて鳴く。

③ 縄張りを主張して嶋く「ひとり鳴き」やけんかをする「争い鳴き」などが見られる。

④ 共食いをしない。

(ケ) モルモット

① 寿命は5年から7年ぐらいである。

② 生まれてすぐは歯がなく，目も閉じている。

③ 雄同士にするとけんかをし，雄と雌を一緒に飼うと繁殖するため，単独で飼育する。

④ 跳躍力が低いため，囲いの高さが40cmあれば逃げることはない。

(コ) メダカ

① かつては童謡にも歌われるほど多く見られたが，最近は数が減っている。

② ヒトと同じ脊椎動物である。

③ 水そうは直射日光の当たる場所に置くのがよい。

④ プランクトンや小さな昆虫などを食べる。

【8】次の(ア)～(オ)の絵本の一節をA群の①～⑤から，作者名等をB群の⑥～⓪からそれぞれ選び，番号で答えよ。

(ア) こんとあき

(イ) てぶくろ

(ウ) めっきらもっきらどおんどん

(エ) もりのなか

(オ) どろんこハリー

A群

① かんたは　ひとりで　つきを　みているうちに，
たまらなく　こころぼそくなってきた。
とうとう，がまんができず，
よぞらに　むかって　おおごえで——

② 「うおー　うおー。のっそりぐまだ。わしも　いれてくれ」
「とんでもない。まんいんです」

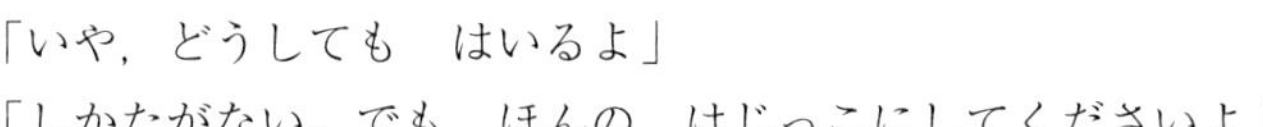

「いや，どうしても　はいるよ」

「しかたがない。でも，ほんの　はじっこにしてくださいよ」

③　せきに　つくまえに，きしゃが　うごきだしました。

「そこが　ぼくたちのせきだ」

④　もっといっぱい　あそびたかったけど，

うちのひとたちに，ほんとに

いえでをしたとおもわれたら　たいへんです。

⑤　ぼくは，らっぱを　ふきました。らいおんは　ほえました。ぞうは，はなをならし，おおきな　くまは，うなりました。

B群

⑥　作：ジーン・ジオン

絵：マーガレット・ブロイ・グレアム

訳：わたなべしげお

⑦　作：ウクライナ民話

絵：エウゲーニー・M・ラチョフ

訳：うちだりさこ

⑧　作：マリー・ホール・エッツ

絵：マリー・ホール・エッツ

訳：まさきるりこ

⑨　作：長谷川摂子

絵：ふりやなな

⑩　作：林明子

絵：林明子

【9】次の楽譜について，以下の(1)～(5)の問いに答えよ。

(1)　この曲の題名は何か，①～⑤から選び，番号で答えよ。

①　たきび　　②　もみじ　　③　まっかなあき　　④　あかとんぼ

⑤　まつぼっくり

(2)　この曲は何分の何拍子か，①～⑤から選び，番号で答えよ。

①　4分の4拍子　　②　4分の3拍子　　③　4分の2拍子

④　8分の6拍子　　⑤　8分の3拍子

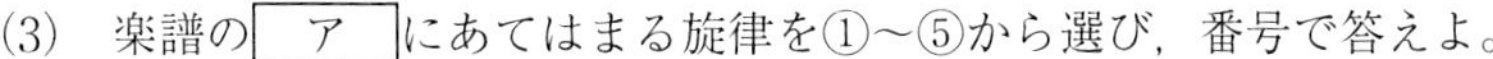
(3) 楽譜の[ア]にあてはまる旋律を①～⑤から選び，番号で答えよ。

(4) 楽譜の[イ]，[ウ]に入るコードを①～⑤から選び，番号で答えよ。

① [イ] B♭ [ウ] C_7

② [イ] B♭ [ウ] G_7

③ [イ] B♭ [ウ] F_7

④ [イ] Gm [ウ] C_7

⑤ [イ] Gm [ウ] F_7

(5) 楽譜の[エ]にあてはまる和音を①～⑤から選び，番号で答えよ。

【10】造形に用いる材料や用具について，次の問いに答えよ。

(1) 次の(ア)～(エ)について，記述が適切なものは①，適切でないものは②を選び，番号で答えよ。

(ア) 木工用ボンドは容器から出したときは白いが，乾くと透明になる。水に溶いても使用できる。

(イ) パスはクレヨンとパステルの特色を取り入れて開発されたもの。硬質で塗りこみやすく，混色や重色にも向いていて不透明である。

(ウ) 段ボール紙は波上の薄い紙を貼り付け加工した丈夫なボール紙。切ったり折り曲げたりする場合は波型の方向を利用すると加工しやすくなる。

(エ) 墨汁は水分量で淡い色，濃い色が出せ，水墨画のような表現もできる。マーブリングにも利用できる。

(2) 次の文は，ある技法について述べたものである。この説明にあてはまる適切なものを①～⑤から選び，番号で答えよ。

二つ折りにした紙の一方に絵の具を厚めに塗り，もう一方を押し当て写しとる版画技法。

① マーブリング　② フロッタージュ　③ ステンシル
④ デカルコマニー　⑤ スチレン版画

【11】 次の文は,「幼児期運動指針」(平成24年　文部科学省)に幼児期の運動の行い方として述べられているものである。(　ア　)～(　オ　)にあてはまる適切な語句を①～⓪から選び，番号で答えよ。

幼児期は，生涯にわたる運動全般の基本的な動きを身に付けやすく，体を動かす遊びを通して，動きが(　ア　)獲得されるとともに，動きを繰り返し実施することによって動きの(　イ　)も図られていく。また，意欲をもって積極的に周囲の環境に関わることで,(　ウ　)が相互に密接に関連し合いながら，社会性の発達や認知的な発達が促され，総合的に発達していく時期である。

そのため，幼児期における運動については，適切に構成された環境の下で，幼児が自発的に取り組む様々な遊びを中心に体を動かすことを通して，生涯にわたって心身ともに(　エ　)ための基盤を培うことが必要である。

また，遊びとしての運動は，大人が一方的に幼児にさせるのではなく，幼児が自分たちの興味や関心に基づいて進んで行うことが大切であるため，幼児が自分たちで考え工夫し(　オ　)できるような指導が求められる。なお，幼児にとって体を動かすことは遊びが中心となるが，散歩や手伝いなど生活の中での様々な動きを含めてとらえておくことが大切である。

① 子ども同士　② 確実に　③ 機能を高める　④ 洗練化
⑤ 心と体　⑥ 挑戦　⑦ 多様に　⑧ 練習
⑨ 柔軟性　⓪ 健康的に生きる

【12】 次の(ア)～(コ)の文章と関係の深い人物として適切なものを①～⓪から選び，番号で答えよ。

(ア) 明治期に活躍した教育者であり，日本の音楽教育に大きな影響を与えた。唱歌は人間形成にとって重要なものであると考え，日本で最初の唱歌教材『小学唱歌集』及び『幼稚園唱歌集』を出版した。

(イ) 世界で最初の幼稚園を創設した人物であり，各国の幼児教育に大きな影響を与えた。1826年『人間の教育』を著し，幼児期の大切さを指摘し，幼児期をあらゆる発展の基礎的段階と位置付けた。幼児のための教育遊具「恩物」を考案製作したことでも有名である。

（ウ） アメリカの哲学者，教育者である。主な著書に『学校と社会』『民主主義と教育』がある。1896年シカゴ大学に「実験学校」を開設した。子どもの興味や関心，疑問を学びの起点とすべきと考え，子ども中心主義を提唱した。子どもと環境との相互作用を経験と呼び，教育の過程は経験の再構成であると捉えた。

（エ） ドイツの哲学者であり，主著に『自由の哲学』，『神智学』がある。人智学的教育理論を基盤にした最初のヴァルドルフ学校を1919年に設立した。教育の特徴として，12年間の一貫教育や，エポック授業，オイリュトミーなどが挙げられる。1920年以降は，治療教育，医学，農法，キリスト者共同体などの分野にも活動を展開した。

（オ） イギリスの児童精神医学者であり，愛着理論を提唱した人物である。乳幼児期に愛情深い母親あるいはそれに代わる人との関わりをもつことが，その後の人格形成に大きな影響を与えることを主張した。

（カ） 童謡作家として，明治，大正，昭和に活躍した人物である。代表作に「赤い鳥小鳥」や「待ちぼうけ」，「ペチカ」などがある。数々の名曲を世の中に送り出すとともに，伝承童謡の収集や，童謡詩人の育成，児童自由詞創作指導などを精力的に推進し，日本の童謡史上に大きな功績を残した。

（キ） スイスの心理学者であり，子どもの思考や道徳性の発達などについて研究した人物である。子どもの思考は大人と異なるとし，子どもの自己中心的なものの見方や考え方について説明した。また，子どもの発達段階は，感覚運動期，前操作期，具体的操作期，形式的操作期の4つの段階があるとした。

（ク） スイスの作曲家，音楽教育家である。聴取した音楽を身体の動きとして反応させることで音楽的な能力を発達させ，精神と身体の一致調和を目指す「リトミック」を創案した。音楽や舞踏，体操，演劇等の多様な分野に大きな影響を与えた。

（ケ） 貴族や有産階級のみに開かれた幼児教育を，貧困家庭の子どもたちにも施す必要性を感じ，アメリカで幼稚園について学んできた森島峰とともに，1900（明治33）年，東京の麹町に二葉幼稚園を開設した。二葉幼稚園では，フレーベルの精神を基本とする保育を行った。

（コ） スイスの教育実践家であり，主著に『隠者の夕暮れ』，『リーンハントとゲルトルート』がある。人の本性の道徳的，知的，身体的諸能力を調和的に自然の本性に従って発展させる「基礎陶冶」の考えを教育の理念としている。その基礎として，母と子の関係を重視し，母親の役割の重要性を説いている。

① 伊沢修二　② ペスタロッチ　③ 野口幽香
④ フレーベル　⑤ 北原白秋　⑥ ダルクローズ
⑦ ボウルビィ　⑧ ピアジェ　⑨ デューイ
⓪ シュタイナー

解答・解説

【1】(ア) ①　(イ) ①　(ウ) ④　(エ) ④　(オ) ④
(カ) ②　(キ) ⑨　(ク) ⑥　(ケ) ⑦　(コ) ⑧

〈解説〉(1) 教育基本法第10条第2項は，保護者の家庭教育における役割を十分に果たせるように，家庭教育に対する国・地方公共団体の役割を定めたものである。「家庭教育の自主性を尊重すること」と明記されていることに注意したい。 (2) 学校教育法第22条は幼稚園教育の目的を定めている。同条文にあるように「環境を通して行うこと」が幼稚園教育の基本である。
(3) 「幼稚園教育要領」(平成29年3月　文部科学省)「総則」では「生きる力の基礎を育成するよう学校教育法第23条に規定する幼稚園教育の目標の達成に努めなければならない」とされている。 (4) ①は「児童福祉法」第1条，②は「教育基本法」第9条第1項，③は「幼稚園設置基準」第3条，④は「発達障害者支援法」第4条，⑤は「児童憲章」，⑥は「学校教育法施行規則」第38条，⑦は「教育公務員特例法」第1条，⑧は「学校保健安全法」第27条，⑨は「学校教育法」第26条である。

【2】(ア) ③　(イ) ④　(ウ) ①　(エ) ②　(オ) ④
(カ) ⑤　(キ) ①　(ク) ②　(ケ) ⑤　(コ) ③

〈解説〉幼稚園の教育課程は心身の健康に関する領域「健康」，人との関わりに関する領域「人間関係」，身近な環境との関わりに関する領域「環境」，言葉の獲得に関する領域「言葉」及び感性と表現に関する領域「表現」の5つで構成されている。また領域「健康」の観点は「健康な心と体を育て，自ら健康で安全な生活をつくり出す力を養う」，領域「人間関係」の観点は「他の人々と親しみ，支え合って生活するために，自立心を育て，人と関わる力を養う」，領域「環境」の観点は「周囲の様々な環境に好奇心や探究心をもって関わり，それらを生活に取り入れていこうとする力を養う」，領域「言葉」の観点は「経験したことや考えたことなどを自分なりの言葉で表現し，相手の話す言葉を聞こうとする意欲や態度を育て，言葉に対する感覚や言葉で表現する力を養う」，領域「表現」の観点は「感じたことや考えたことを自分なりに表現することを通して，豊かな感性や表現する力を養い，創造性を豊かにする」である。観点を押さえておくと，内容も容易に選ぶことができる。

【3】③，④，⑥，⑦，⑧

〈解説〉幼稚園教育要領解説（平成30年3月　文部科学省）第1章　総説　第4節　3　指導計画の作成上の留意事項からの出題である。　①「長期の指導計画は，幼稚園生活の全体を視野に入れて，学年や学級の間の連携を十分図りながら作成する必要があり」と記述されている。　②「一つ一つの体験は独立したものではなく，他の体験と関連性をもつことにより，体験が深まり，その結果，幼稚園生活が充実したものとなるのである」と記述されている。　⑤「行事そのものを目的化して，幼稚園生活に行事を過度に取り入れたり，結果やできばえに過重な期待をしたりすることは，幼児の負担になるばかりでなく，ときには幼稚園生活の楽しさが失われることにも配慮し，幼児の発達の過程や生活の流れから見て適切なものに精選することが大切である」と記述されている。　⑨「（教師は）憧れを形成するモデルとしての役割や遊びの援助者としての役割も大切である」と記述されている。

【4】ア　①　　イ　②　　ウ　④　　エ　④　　オ　④

〈解説〉文部科学省は，平成16（2004）年1月に「小・中学校におけるLD（学習障害），ADHD（注意欠陥／多動性障害），高機能自閉症の児童生徒への教育支援体制の整備のためのガイドライン（試案）」を作成した。出題の「発達障害を含む障害のある幼児児童生徒に対する教育支援体制整備ガイドライン～発達障害等の可能性の段階から，教育的ニーズに気付き，支え，つなぐために～」（平成29年3月）はその後の状況の変化や，これまでの間に培ってきた発達障害を含む障害のある児童等に対する教育支援体制の整備状況を踏まえ，平成16（2004）年のガイドラインが見直されて平成29（2017）年3月に策定されたもので，その「通常の学級の担任・教科担任用」の部分からの引用出題である。なお特別支援教育コーディネーターとは，子どもの障害に対する教職員の理解を高め，一人ひとりの子どものニーズに応じた教育を実施するために，それぞれの園内を中心に校内研修の企画・運営や教育相談の窓口などの役割を担う者のことである。

【5】ア　④　　イ　③　　ウ　③　　エ　③　　オ　①

〈解説〉「学校安全資料『生きる力』をはぐくむ学校での安全教育」は，安全教育，安全管理，組織活動の各内容を網羅して解説した総合的な資料として，平成13(2001)年11月に作成され，その後の学校保健法の改正，幼稚園教育要領の改訂を踏まえて平成22(2010)年3月に改訂されている。また平成29(2017)年に閣議決定された「第2次学校安全の推進に関する計画」において，国は安全教育に関する各種参考資料の作成等に当たって，学校安全に関する変化や新たな状況などの現代的課題を踏まえる必要があるとされており，児童生徒等を取り巻く安全に関する状況が変化してきていることや，「学校事故対応に関する指針」(平成28年3月)の策定や幼稚園教育要領の改訂等を踏まえ，平成31(2019)年3月に出題の資料が改訂2版として発刊された。その「第1章総説」「第1節　学校安全の意義」からの引用出題である。

【6】①，②，④，⑦，⑨

〈解説〉幼稚園教育資料第5集「指導と評価に生かす記録」(平成25年7月改訂　文部科学省)からの出題である。　①「教師は幼児だけでなく，教師自身の考えていたことやかかわり方などについても記録する必要があります」と記述されている。　②「保育の評価は，記録に基づいた教師一人一人の省察を基に，幼児理解や指導の在り方の検討を各人で行うだけではなく，教師集団で行うことが非常に効果的です」と記述されている。　④「幼児の心の動きや発達を一つの場面や行動のみで捉えるのではなく，一定の期間の記録をまとめることで捉えるということも大切です」と記述されている。　⑦「記録は教師の幼児観や教育観を改めて自覚するためのものでもあるといえます」と記述されている。　⑨「保育や幼児の様子を保護者に伝える手段として写真や動画などの様々な媒体を利用することが有効です」と記述されている。　なおこの資料は平成29(2017)年3月に告示された幼稚園教育要領において，育みたい資質・能力と幼児期の終わりまでに育ってほしい姿が新たに示されたことや，カリキュラム・マネジメントの充実，幼児の発達に即した主体的・対話的で深い学びの実現，幼稚園教育と小学校教育との円滑な接続等の観点から改訂が行われたことを踏まえ，令和3(2021)年10月に記述内容が見直されている。常に最新の資料にあたっておきたい。

【7】(ア)　③　　(イ)　②　　(ウ)　④　　(エ)　①　　(オ)　②
(カ)　③　　(キ)　①　　(ク)　④　　(ケ)　②　　(コ)　③

〈解説〉(ア)　エダマメは種まきから4～6日で発芽する。　(イ)　春に植えたジャガイモは6月頃，秋に植えたジャガイモは11～12月頃に収穫する。

(ウ) 採取したアサガオの種は，翌年の栽培に使用できる。 (エ) ヒヤシンスは涼しい場所に置く。 (オ) アリは冬になると巣穴を閉じ，巣の深いところで過ごすため，冬に幼虫やサナギを採集するのは難しい。 (カ) ダンゴムシに触れると丸くなるが，ワラジムシに触れても丸くならない。 (キ) モンシロチョウは原野などの明るい場所を好む。 (ク) コオロギは餌が不足すると共食いをする。 (ケ) モルモットは生まれた時から目も開いており，歯も生えている。 (コ) メダカを飼育する際，水そうは直射日光の当たらない明るい場所に置く。

【8】(A群，B群の順) (ア) ③，⓪ (イ) ②，⑦ (ウ) ①，⑨ (エ) ⑤，⑧ (オ) ④，⑥

〈解説〉それぞれの絵本の概要は以下の通り。おおまかな話のあらすじに関しては作者名と合わせて覚えておきたい。 (ア) こんとあき(林明子作・絵)…あきが生まれたときにおばあちゃんがつくってくれた，きつねのぬいぐるみのこん。あきが大きくなったある日，ほころびたこんを直してもらうため,ふたりで汽車に乗ってあばあちゃんの家に向かう。 (イ) てぶくろ(ウクライナ民話，エウゲーニー・M・ラチョフ絵，うちだりさこ訳)…雪の森のなか。おじいさんが落とした片方のてぶくろに，森の動物たちが住み始める。ネズミ，カエル，ウサギ，キツネ，オオカミ，イノシシ。そしてクマ！ (ウ) めっきらもっきらどおんどん(長谷川摂子作，ふりやなな絵)…遊ぶ友達を探してお宮にきたかんた。めちゃくちゃな歌を歌っていると，三人の妖怪が登場。夢中になって一緒に遊んだあと，心細くなったかんたが「おかあさん」と叫ぶと…。 (エ) もりのなか(マリー・ホール・エッツ作・絵，まさきるりこ訳)…ラッパを持って森にでかけた男の子。森でライオン，ゾウ，クマなどの動物たちに出会う。かくれんぼをしていると動物たちはみんないなくなって,お父さんが立っていた…。 (オ) どろんこハリー(ジーン・ジオン作，マーガレット・ブロイ・グレアム絵，わたなべしげお訳)…黒ぶち模様の白い犬，ハリー。何でも好きなハリーだが，お風呂に入ることだけは大嫌い。ある日お風呂がいやで逃げ出して，真っ黒になって遊んで帰ると，家の人はハリーだと気付かない。なんとか自分がハリーだとわかってもらいたくて，ハリーは知っている芸をしてみるが…。

【9】(1) ③ (2) ① (3) ③ (4) ② (5) ⑤

〈解説〉(1) 伴奏ではなく，旋律に着目すると分かりやすい。選択肢の曲はいずれも秋の曲で迷いやすいため，冒頭を歌えるように確認しておくこと。

(2)　1小節に4分音符4つ分の音が入っていることから,「4分の4拍子」だと分かる。　(3)「まっかなほっぺたの」の部分の旋律からの出題である。伴奏で使われている音と旋律でも使われている音は，同じである場合が多い。
(4)　左手の音の重なりは，イ「シ♭，レ，ファ」，ウ「ソ，シ，レ，フォ」であることから,コードが分かる。　(5)　左手の和音が「ファ,ド」であること,旋律が「ファ，ラ」であることから,「ファ，ラ，ド」の和音であることが分かる。

【10】(1)　(ア)　①　(イ)　②　(ウ)　①　(エ)　①　　(2)　④

〈解説〉(1)　(イ)　パスは硬質ではなく軟質。パステルは粉末の顔料を粘着剤で固めた画材，クレヨンは顔料を固形ワックスで練り固めた画材。それぞれの描画上の長所を兼ね備えているのがパスである。　(2)　デカルコマニーは「転写法」の意で，紙に絵の具を塗り二つ折りにする，または別の紙を押しつけてはがすときに生じる偶然の形態の効果に注目した技法。紙を二つ折りにした場合，対称性を持つ図柄になる。ほかの選択肢に関する説明は次の通り。　①　マーブリングは水面に水よりも比重の軽い絵の具などを垂らし，紙に染め移す技法。　②　フロッタージュは凹凸のあるものに紙をあて，上から鉛筆やコンテなどで擦ることで紙の下の凹凸を写し取る技法。　③　ステンシルは孔版の一種，型紙。　⑤　スチレン版画はスチレン板を使った版画。彫刻刀を使わずに制作することができる。

【11】ア　⑦　　イ　④　　ウ　⑤　　エ　⓪　　オ　⑥

〈解説〉「幼児期運動指針」(平成24年　文部科学省）は，子どもの体力の現状については「走る」,「跳ぶ」,「投げる」といった基本的な運動能力の低下が指摘されている中，文部科学省が平成19(2007)年度から平成21(2009)年度に「体力向上の基礎を培うための幼児期における実践活動の在り方に関する調査研究」において，幼児期に獲得しておくことが望ましい基本的な動き,生活習慣及び運動習慣を身に付けるための効果的な取組などについての実践研究を行い，その成果を踏まえ,「幼児期運動指針策定委員会」を設置し,幼児期における運動の在り方についての指針の策定作業を行い，取りまとめたもの。その「4　幼児期の運動の在り方　(2)運動の行い方」からの引用出題である。

【12】(ア)　①　　(イ)　④　　(ウ)　⑨　　(エ)　⓪　　(オ)　⑦
(カ)　⑤　　(キ)　⑧　　(ク)　⑥　　(ケ)　③　　(コ)　②

〈解説〉選択肢の人物の中で,特に幼児教育の発展に貢献したのが,フレーベル,野口幽香，ピアジェである。フレーベル(1782～1852年)はドイツの教育家で，世界最初の幼稚園を創設した。野口幽香（1866～1950年）と森島峰は貧児にも華族幼稚園の子どもたちと同じ様に保育したいと願い，1900年東京麹町に麹町の借家で6人の子どもたちを集めて二葉保育園を開園した。創立当時から貧民子女のための慈善幼稚園として歩み始め，1906年に麹町より四谷鮫河橋(明治の三大貧民窟のひとつ)に移転し，200名以上の児童を入園させ，親への働きかけも行い，地域の向上に尽くした。ピアジェ(1896～1980年)はスイスの児童心理学者で，実験的臨床法により児童の知能や思考の発達過程を研究し，知的操作の構造を明らかにした。

令和２年度

【１】次の(1)～(5)は，法令の条文である。（　ア　）～（　オ　）にあてはまる適切な語句をそれぞれ①～⑤から選び，番号で答えよ。

(1)　教育基本法第９条

法律に定める学校の教員は，自己の崇高な（　ア　）を深く自覚し，絶えず研究と修養に励み，その職責の遂行に努めなければならない。

①　使命　　②　目標　　③　役割　　④　職務　　⑤　精神

(2)　日本国憲法第26条

すべて国民は，法律の定めるところにより，その能力に応じて，ひとしく教育を受ける（　イ　）を有する。

①　権利　　②　機会　　③　義務　　④　支援　　⑤　使命

(3)　学校教育法第22条

幼稚園は，義務教育及びその後の教育の（　ウ　）を培うものとして，幼児を保育し，幼児の健やかな成長のために適当な環境を与えて，その心身の発達を助長することを目的とする。

①　意欲　　②　基盤　　③　基礎　　④　習慣　　⑤　心構え

(4)　学校教育法施行規則第38条

幼稚園の教育課程その他の保育内容については，この章に定めるもののほか，教育課程その他の保育内容の（　エ　）として文部科学大臣が別に公示する幼稚園教育要領によるものとする。

①　到達点　　②　目標　　③　標準　　④　事例　　⑤　基準

(5)　幼稚園設置基準第3条

一学級の幼児数は，（　オ　）人以下を原則とする。

①　25　　②　30　　③　35　　④　40　　⑤　45

【２】次の(1)～(5)は，幼稚園教育要領（平成29年3月告示　文部科学省）「第2章　ねらい及び内容」に述べられている5領域の「ねらい」の一部である。（　ア　）～（　オ　）にあてはまる適切な語句を①～⓪から選び，番号で答えよ。

(1)　健康，安全な生活に必要な習慣や態度を身に付け，（　ア　）をもって行動する。

(2)　身近な人と親しみ，関わりを深め，工夫したり，協力したりして一緒に活動する楽しさを味わい，愛情や（　イ　）をもつ。

(3)　身近な事象を見たり，考えたり，扱ったりする中で，物の性質や数量，文字などに対する(　ウ　)を豊かにする。

(4)　人の言葉や話などをよく聞き，自分の(　エ　)や考えたことを話し，伝え合う喜びを味わう。

(5)　いろいろなものの(　オ　)などに対する豊かな感性をもつ。

①　表現　②　感覚　③　思いやり　④　美しさ
⑤　見通し　⑥　経験したこと　⑦　知識　⑧　信頼感
⑨　意欲　⓪　気持ち

【3】次の文は，幼稚園教育要領解説(平成30年3月　文部科学省)のうち，小学校教育との接続に当たっての留意事項に関する記述である。適切なものを①～⑨から5つ選び，番号で答えよ。

①　発達や学びは連続しており，幼稚園から小学校への移行を円滑にする必要がある。

②　幼稚園から小学校への円滑な接続には，幼稚園で小学校教育の先取りをすることが大切である。

③　幼稚園教育において，幼児が小学校に就学するまでに，創造的な思考や主体的な生活態度などの基礎を培うことが重要である。

④　小学校への入学が近づく幼稚園修了の時期には，皆と一緒に教師の話を聞いたり，行動したり，きまりを守ったりすることができるように指導を重ねていくことも大切である。

⑤　共に協力して目標を目指すということにおいては，幼児期の教育から見られるものであり，小学校教育へとつながっていくものである。

⑥　幼稚園と小学校では，子供の生活や教育方法を同じくして，一貫した教育を行うことが必要である。

⑦　「幼児期の終わりまでに育ってほしい姿」を手掛かりに，幼稚園と小学校の教師が共に幼児の成長を共有することを通して，幼児期から児童期への発達の流れを理解することが大切である。

⑧　子供の発達を短期的な視点で捉え，互いの教育内容や指導方法の違いや共通点について理解を深めることが大切である。

⑨　就学前の幼児が小学校の活動に参加するなどの交流活動は，意味がなく幼児の負担になるだけである。

【4】次の文は,「発達障害を含む障害のある幼児児童生徒に対する教育支援体制整備ガイドライン」(平成29年3月　文部科学省)における個別の教育支援計画と個別の指導計画の作成に関する説明である。(　ア　)～(　オ　)にあてはまる適切な語句をそれぞれ①～⑤から選び，番号で答えよ。

教育上特別の支援を必要とする児童等の適切な指導及び必要な支援に当たっては，個別の教育支援計画に記載された一人一人の(　ア　)ニーズや支援内容等を踏まえ，当該児童等に関わる教職員が(　イ　)，学校生活や各教科等における指導の目標や内容，配慮事項等を示した計画(個別の指導計画)を作成しつつ，必要な支援を行うことが有効です。

校長は,(　ウ　)も含む全ての教員が作成する可能性があり，必要性があることを，各教員に日頃から意識させておくことが重要です。

個別の教育支援計画や個別の指導計画はあくまで児童等の支援や指導に関する関係機関との(　エ　)のためのツールであり，作成すること自体が目的ではありません。

実施,(　オ　)，改善を繰り返すことが最も重要です。

支援の実施状況については，校内委員会において，定期的に見直しを図り，変更があった場合は随時加筆，修正を行うことが大切です。

ア　①　学習上の　　②　心理的
　　③　社会的　　④　社会生活上の
　　⑤　教育的
イ　①　独立して　　②　秘密を守りながら
　　③　単独で　　④　保護者と連携し
　　⑤　協力して
ウ　①　特別支援学級担任　　②　通常の学級の担任
　　③　特別支援教育コーディネーター　　④　養護教諭
　　⑤　医師
エ　①　連絡　　②　連携
　　③　協力　　④　協働
　　⑤　意見交換
オ　①　計画　　②　検証
　　③　振り返り　　④　チェック
　　⑤　評価

【5】次の文は,「『生きる力』をはぐくむ学校での安全教育」(平成31年3月31日改定　文部科学省)の第3章　学校における安全管理　第4節　災害発生時の対応(火災,地震・津波災害,火山災害,風水(雪)害等の気象災害,原子力災害等発生時)に述べられているものである。(　ア　)～(　オ　)にあてはまる適切な語句を①～⓪から選び,番号で答えよ。

それぞれの災害の特質に応じた(　ア　)が講じられるよう,関連機関との連絡体制や情報収集体制を含めて,災害対応のための組織(学校防災本部等)を設置し,通報連絡,初期消火,避難誘導,搬出,警備,救護などの役割分担に応じて,全教職員が対応できるようにしなければならない。そのためには,防災体制の役割分担はもちろんのこと,消火器等防災設備の配置や使用法,緊急連絡方法,避難方法や避難場所,非常持ち出し物など,体制の整備及び対処法についても教職員の(　イ　)を得ておく必要がある。教職員の出張や休日中の(　ウ　)の場合などでは,あらかじめ分担している教職員が不在のことも考えられる。このため,当初人数が少ない場合には複数班に所属していくつかの役割を兼務させるなど,(　エ　)な教職員の数,被害の状況に応じて(　オ　)することが可能な緊急の応急的指揮システムの整備を図る必要がある。また,避難指示等の指揮は管理職や防災担当者が不在の場合でもできるように,代行順位を明らかにしておくことが必要である。

① 経験豊富　② 防災計画　③ 柔軟に対応　④ 合同訓練
⑤ 的確に行動　⑥ 安全措置　⑦ 対応可能　⑧ 共通理解
⑨ 非常配備　⓪ 勤務時間外

【6】次の文は,「幼児理解に基づいた評価」(平成31年3月　文部科学省)第1章　幼児理解に基づいた評価の意義　1　幼児理解と評価の考え方に述べられているものである。(　ア　)～(　オ　)にあてはまる適切な語句を①～⓪から選び,番号で答えよ。

幼児期にふさわしい教育を行う際にまず必要なことは,一人一人の幼児に対する理解を深めることです。

幼稚園における保育とは,本来,一人一人の幼児が教師や多くの幼児たちとの(　ア　)の中で,周囲の環境と関わり,発達に必要な経験を(　イ　)ていけるように援助する営みです。そのために,教師は幼児と(　ウ　)ながら,その幼児が今,何に興味をもっているのか,何を(　エ　)しようとしているのか，何を感じているのかなどを（　オ　）ていかなければならないのです。幼児が発達に必要な経験を得るための環境の構成や教師の関わり方も幼児を理解することによって，初めて適切なものとなるでしょう。すなわち，幼児を理解することが保育の出発点となり，そこから，一人一人の幼児の発達を着実に促す保育が生み出されてくるのです。

①　捉え続け　　②　自ら得　　③　学び続け
④　積み重ね　　⑤　実現　　⑥　豊かな生活
⑦　一緒に遊び　　⑧　集団生活　　⑨　生活を共にし
⓪　工夫

【7】次の（ア）～（オ）の説明について，適切でないものをそれぞれ①～④から選び，番号で答えよ。

（ア）　ラディッシュ
①　ラディッシュは，カブの仲間である。
②　種をまいて3，4日で発芽する。傷んだ葉は間引きするとよい。
③　梅雨から真夏の間は虫が発生しやすくなる。
④　5mmほどの浅い溝を作り，タネとタネの間を1cmくらい開けてすじまきにする。

（イ）　コマツナ
①　コマツナは，アブラナ科の植物である。
②　寒さ，暑さに強く1年中栽培できる。
③　排水のよい土壌にし，できるだけ乾燥させるとよい。
④　冬以外は，1～1.5ヶ月ほどで収穫できる。

（ウ）　ミニトマト
①　南米が原産のナス科の植物である。
②　1日の平均気温が20度くらいがまきどきである。
③　土は深さ30cm位まで掘り，種は一箇所に3粒ずつまき，隠れる程度に土をかぶせる。
④　できるだけ日光を避け，日陰に植えるとよい。

（エ）　トウモロコシ
①　南米が原産のイネ科の植物である。
②　土が乾いたら水をあげて育てれば，種はひと月ほどで発芽する。
③　オバナが咲いてからメバナが咲く。メバナの毛1つひとつがトウモ

ロコシの実になる。

④　茎のてっぺんに咲いているのがおしべで，もじゃもじゃのひげがめしべである。

（オ）　イチゴ

①　バラ科の多年草である。

②　実の周りにある一粒一粒が種であり，種をとって育てるのが望ましい。

③　実がデリケートなので，雨よけのカバーをつけるなどで対応し，実が熟したら次々に収穫するとよい。

④　1年中葉を茂らせ，寒さに強く越冬可能である。

【8】次の(ア)～(コ)は絵本の一節である。それぞれの題名を①～⓪から選び，番号で答えよ。

（ア）「ふんふん，いつか　おれが　くれてやった　かきのたねが　めを　だして，あんなに　まっかな　みを　つけたぞ。ふんふん，それではひとつ　ごちそうに　なろうかい」

（イ）　また　つぎのひ，かわへ　いってみると，たまげたことに，はしが　もう　ちゃんと　りっぱに　できあがっているではないか。

（ウ）　じいさまは，とんぼり　とんぼり　まちを　でて，むらの　はずれの　のはらまで　きました。　かぜが　でてきて，ひどい　ふぶき　になりました。

（エ）　すばらしい馬(うま)をてにいれたとのさまは，まったくいいきもちでした。こうなると，馬(うま)をみんなに，みせびらかしたくてたまりません。

（オ）　さけは，こはくいろの　さけ。きんの　うつわ，ぎんの　うつわに　もられた　ごちそうの　おいしさは，ほっぺたが　おちるほどだった。

（カ）　まちの　とおりも，いえの　まども，パレードを　ひとめ　みようという　ひとたちで　いっぱいでした。ふしぎな　ぬので　つくった　ふくの　うわさは，もう　まちじゅうに　ひろまっていたのです。

（キ）「おっ　とうとう　みつけたぞ　この　しょうわるおおかみめ！　おまえを　さんざん　さがしていたんだ！」かりゅうどは　さっそく　てっぽうをかまえて　うちとろうとしました。

（ク）　どろぼうたちは，この　ものすごい　さけびごえをきいて　とびあがり，ばけものが　きたのだと　おもって，びっくりぎょうてん，もり

のなかへ　にげていきました。

(ケ)　うつくしい馬車をくるみのからにいれ，月と星と，太陽のようにかがやく3まいのドレス，金のくつ，それに　かみを金色にするくしをそえ，みんな　はこにいれてくれました。

(コ)　さあ，こんどは三にんに　なって，のっしじゃんがずしん　のっしじゃがんがずっしん　と　いくと，とうとう　大きな　まちに　ついた。

①　シンデレラ　　　②　ブレーメンのおんがくたい
③　あかずきんちゃん　　④　はだかのおうさま
⑤　うらしまたろう　　⑥　スーホの白い馬
⑦　かさこじぞう　　⑧　さるかに
⑨　だいくとおにろく　　⓪　ちからたろう

【9】次の楽譜について，下の(1)～(5)の問いに答えよ。

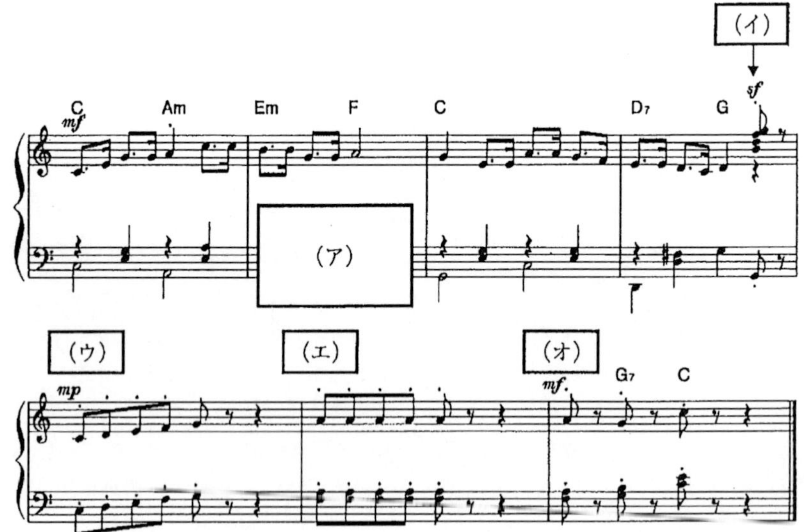

(1)　この曲の題名は何か，①～⑤から選び，番号で答えよ。

①　あめふり　　②　ゆき　　③　ことりのうた
④　おつかいありさん　　⑤　あらどこだ

(2)　この曲は何分の何拍子か，①～⑤から選び，番号で答えよ。

①　2分の2拍子　　②　4分の2拍子　　③　4分の3拍子
④　4分の4拍子　　⑤　8分の6拍子

(3) 楽譜の(ア)にあてはまる伴奏を①～⑤から選び，番号で答えよ。

(4) 楽譜の(イ)の記号の意味を①～⑤から選び，番号で答えよ。

① 特に強く　　② 強く直ちに弱く

③ 強くしながらだんだん遅く　　④ だんだん強く

⑤ やや強く

(5) 楽譜の(ウ)(エ)(オ)に適切なコードネームの組合せを①～⑤から選び，番号で答えよ。

	(ウ)	(エ)	(オ)
①	G	F	C
②	Am	C	F
③	F	C	C
④	C	F	F
⑤	C	G7	F

【10】造形活動に用いる材料や用具について，次の問いに答えよ。

(1) 粘土の種類について，次表の(ア)～(エ)にあてはまる最も適切なものを①～⑥から選び，番号で答えよ。

粘土の特徴	硬化性	粘土の種類
温めると軟らかくなり、混色も可能である。冷たいと硬くつくりにくいので、ぬるま湯などに入れるとよい。夏期は軟化しやすいので保管に注意する。	非硬化	(ア)
軽くて細かい部分もつくり込め、木やプラスチック等と組み合わせることができる。乾燥後に絵の具で着色できる。乾燥すると再度作ることが難しい。	硬化	(イ)
軟らかい感触で、低年齢児から楽しめる。また、誤って口に入れても無害である。保存ができないため、冷蔵庫で保管し、3日程度で使い切ることが必要である。	硬化	(ウ)
色彩豊かで混色可能である。自然乾燥で硬化するものもあれば、オーブンの加熱（120～130度を20～30分）で硬化するものもある。仕上がりはプラスチックのようになる。	硬化	(エ)

① 油粘土　② 小麦粉粘土　③ 紙粘土　④ 陶芸用粘土
⑤ 樹脂粘土　⑥ 蜜ろう粘土

(2) 次の用具の扱いについて，適切でないものを①～④から選び，番号で答えよ。

① カッターナイフで画用紙などを切るときは，刃を1～2目盛り程度を出して使用する。
② 両刃のこぎりの横引きの刃は，木目に平行に切る際に用いる。
③ げんのうは，打ち終わりに近づいたら膨らみのある面で打ち込む。
④ 版画を刷るときはバレンをしっかりと握り，力を入れて円を描くように滑らせる。

【11】次の文は，「幼児期運動指針」（平成24年3月　文部科学省）に述べられているものである。適切なものを①～⑨から5つ選び，番号で答えよ。

① 幼児期は，生涯にわたる運動全般の基本的な動きを身に付けやすく，体を動かす遊びを通して，動きが多様に獲得されるとともに，動きを繰り返し実施することによって動きの洗練化も図られていく。
② 幼児期における運動については，適切に構成された環境の下で，幼児が自発的に取り組む様々な遊びを中心に体を動かすことを通して，生涯にわたって心身ともに健康的に生きるための基盤を培うことが必要である。
③ 遊びとしての運動は，大人が一方的に幼児にさせるのではなく，幼児が自分たちの興味や関心に基づいて進んで行うことが大切であるが，安全の確保のため，幼児が自分たちで考え工夫し挑戦することは避けるようにすることが求められる。
④ 幼稚園，保育所などに限らず，家庭や地域での活動も含めた一日の生活全体の身体活動を合わせて，幼児が様々な遊びを中心に，毎日，合計120分以上，楽しく体を動かすことが望ましい。
⑤ 幼児期は運動機能が急速に発達し，体の基本的な動きを身に付けやすい時期であることから，多様な運動刺激を与えて，体内に様々な神経回路を複雑に張り巡らせていくことが大切である。
⑥ 友達と一緒に楽しく遊ぶ中で多様な動きを経験できるよう，幼児が自発的に体を動かしたくなる環境の構成を工夫すること。
⑦ 幼児の動きに合わせて保育者が必要に応じて手を添えたり見守っ

たりして安全を確保するとともに，固定遊具や用具などの安全な使い方や，周辺の状況に気付かせるなど，安全に対する配慮をすること。

⑧ 幼児が体を動かす経験は，家庭や地域では難しく期待できないので，幼稚園や保育所が責任をもって保障することが大切である。

⑨ 遊びを楽しく行うだけでは，多様な動きを獲得することができないので，幼児期に身に付けるべき動きを保育者が指導し練習する時間を設けることが必要である。

【12】次の(ア)～(オ)の幼児教育に関する文と関係の深い人物として適切なものを①～⓪から選び，番号で答えよ。

(ア) チェコの牧師であり，教育思想家である。著書『大教授学』は，世界最初の教育学の体系的書物であるといわれている。幼児教育を重視し，『母親学校の指針』によって幼児教育のあり方を著した。言葉で教える以前に，物そのものへ目を向けさせ，世界の多様性と普遍性を理解させることを重視し，『世界図絵』は世界で最初の絵入り教科書として知られている。

(イ) 明治から昭和初期にかけて活躍した教育者である。子供には難解な歌詞がついた歌曲に振り付けを加えた形式主義的な当時の遊戯に疑問を呈し，子供にふさわしい音楽を使用し，子供に合った振り付けをした「律動遊戯」を創作し，普及に努めた。

(ウ) 露天保育を提唱し，「家なき幼稚園」を設立した。「家なき幼稚園」は，園舎をもたず，野外で保育を行うことを特徴とした。自然環境こそが最高の保育環境と考え，自然物や子供同士の関わりの中で子供たちの遊びが生まれ，発展していくことを重視した。

(エ) イタリアで初の女性医学博士を取得し，発達遅滞児の治療に携わった。その中で，医学と教育学を統合することの重要性に着目し，独自の教育法を見出した。この方法を健常児に実践するため「子どもの家」を創設した。子供は発達する力を内部にもっているという考えに基づき，教育者は子供の環境を整え，子供をよく観察し，子供の自由な自己活動を尊重し援助することが大切であるとしている。

(オ) 著書『幼稚園保育法真諦』の中で，「誘導保育」を提唱した。子供のありのままの生活を重視し，保育者が子供の刹那的で断片的な生活に中心を与え系統づけて導くこと，つまり「誘導」することで子供の生活の充実が図られるような援助を重視した。

① 倉橋惣三　② 橋詰良一　③ 東基吉
④ 和田実　⑤ コメニウス　⑥ モンテッソーリ
⑦ シュタイナー　⑧ 土川五郎　⑨ デューイ
⓪ ペスタロッチ

解答・解説

【1】ア ①　イ ①　ウ ③　エ ⑤　オ ③

〈解説〉(1) 教育基本法第9条は教員について定めている。 (2) 日本国憲法第26条は国民の基本的人権の一つとして，教育を受ける権利を保障している。 (3) 学校教育法は，学校教育制度の根本的な仕組みを定めている。その第22条は幼稚園教育の目的を定めている。幼稚園教育の目標を定めた同法第23条からの出題も多い。 (4) 学校教育法施行規則第38条は，幼稚園教育要領に法的根拠を与えるものである。 (5) 幼稚園設置基準は学校教育法第3条「学校を設置しようとする者は，学校の種類に応じ，文部科学大臣の定める設備，編制その他に関する設置基準に従い，これを設置しなければならない」の規定に基づき定められたもので，学級編制の基準，教職員の数，必要とされる施設や設備等について基準を示している。

【2】ア ⑤　イ ⑧　ウ ②　エ ⑥　オ ④

〈解説〉幼稚園の教育課程は，心身の健康に関する領域「健康」，人との関わりに関する領域「人間関係」，身近な環境との関わりに関する領域「環境」，言葉の獲得に関する領域「言葉」，感性と表現に関する領域「表現」の5領域で構成される。それぞれの「ねらい」を暗記することは容易ではないが，それぞれの目的は必ず押さえておくこと。(1) は領域「健康」，(2) は領域「人間関係」，(3) は領域「環境」，(4) は領域「言葉」，(5) は領域「表現」に関する「ねらい」の1項目である。

【3】①，③，④，⑤，⑦

〈解説〉②については，「発達や学びは連続しており，幼稚園から小学校への移行を円滑にする必要がある。しかし，それは，小学校教育の先取りをすることではなく，就学前までの幼児期にふさわしい教育を行うことが最も肝心なことである」と記述されている。 ⑥については，「幼稚園では計画的に環境を構成し，遊びを中心とした生活を通して体験を重ね，一人一人に応じた総合的な指導を行っている。一方，小学校では，時間割に基づき，各教科の内容を教科書などの教材を用いて学習している。このように，幼稚園と小学校では，子供の生活や教育方法が異なる」とあり，幼小の一貫教育については示されていない。 ⑧については,「子供の発達を長期的な視点で捉え，互いの教育内容や指導方法の違いや共通点について理解を深めることが大切である」と示されている。 ⑨については,「円滑な接続のためには，幼児と児童の交流の機会を設け，連携を図ることが大切である。特に5歳児が小学校就学に向けて自信や期待を高めて，極端な不安を感じないよう，就学前の幼児が小学校の活動に参加するなどの交流活動も意義のある活動である」としている。

【4】ア ⑤　イ ⑤　ウ ②　エ ②　オ ⑤

〈解説〉文部科学省は，平成16(2004)年に「小・中学校におけるLD(学習障害)，ADHD(注意欠陥／多動性障害)，高機能自閉症の児童生徒への教育支援体制の整備のためのガイドライン(試案)」を作成した。出題の「発達障害を含む障害のある幼児児童生徒に対する教育支援体制整備ガイドライン」はその後の状況の変化や，これまでの間に培ってきた発達障害を含む障害のある児童等に対する教育支援体制の整備状況を踏まえ，平成16(2004)年のガイドラインが見直されて平成29(2017)年3月に策定されたものである。出題の文章は，本ガイドラインの「第3部　学校用　○校長(園長を含む)用　4 個別の教育支援計画及び個別の指導計画の作成と活用・管理」からの記述である。児童等の教育的ニーズを踏まえ，校内委員会等により「障害による困難がある」と判断された児童等に対しては，個別の教育支援計画及び個別の指導計画の作成を含む適切な支援を行う必要がある。

【5】ア ⑥　イ ⑧　ウ ⑨　エ ⑦　オ ③

〈解説〉「学校安全資料『生きる力』をはぐくむ学校での安全教育(平成31年改訂　文部科学省)」は，安全教育，安全管理，組織活動の各内容を網羅して解説した総合的な資料として，平成13(2001)年に作成された。平成22(2010)年に改訂され，その後,「学校事故対応に関する指針」(平成28年)の策定や幼稚園教育要領，学習指導要領の改訂等を踏まえ，平成31(2019)年3月に出題の資料が改訂2版として発刊された。出題された文章は,「第3章　学校における安全管理　第4節　災害発生時の対応(火災，地震・津波災害，火山災害，風水(雪)害等の気象災害，原子力災害等発生時)　2　緊急対応体制の整備」からの抜粋である。選択肢があることから，前後の文脈で読み取ることも可能である。例えば，アは特質に応じて講じることから「安全措置」，イは教職員から得ておくものであるから「共通理解」，ウは通常時以外の状況の場合であるから「非常配備」，エは人数が少ない場合であるから「対応可能」，オは被害の状況に応じての状況であるから，「柔軟に対応」を選び出すことができる。

【6】ア ⑧　イ ②　ウ ⑨　エ ⑤　オ ①

〈解説〉「幼児理解に基づいた評価（平成31年3月　文部科学省）」は平成29年3月の幼稚園教育要領の改訂を踏まえて刊行されたもので，幼稚園の教師が一人一人の幼児を理解し，適切な評価に基づいて保育を改善していくための基本的な考え方や方法などについて解説している。「1　幼児理解と評価の考え方　(1)　幼稚園教育の充実のための基本的な視点」においては，教育内容に基づいて計画的に環境をつくり出し，幼児期の教育における見方・考え方を十分に生かしながら，その環境に関わって幼児が主体性を十分に発揮し展開する生活を通して，望ましい方向に幼児の発達を促すようにすることが重要であるとし，その実現のために必要な視点を示している。その視点の一つである「幼児理解からの出発」という項目名で記述されているのが，出題の文章である。視点としてはほかに，「温かい関係を基盤に」，「一人一人の特性に応じた教育」の項目名で記述されている。

【7】(ア) ①　(イ) ③　(ウ) ④　(エ) ②　(オ) ②

〈解説〉(ア)　ラディッシュは，ハツカダイコンともよばれるダイコンの仲間である。 (イ)　コマツナは乾燥に強いが，土が乾いたときには水やりをするようにする。 (ウ)　ミニトマトは，日なたに植えるのがよい。 (エ)　トウモロコシは，種まきから約7～10日後に発芽する。 (オ)　イチゴの赤い部分はめしべの土台となる花托という部分で，その表面にある粒々が果実である。種は果実の中に入っている。

【8】(ア) ⑧　(イ) ⑨　(ウ) ⑦　(エ) ⑥　(オ) ⑤
(カ) ④　(キ) ③　(ク) ②　(ケ) ①　(コ) ⓪

〈解説〉物語の内容や登場人物を思い浮かべ，それぞれの絵本の一節から，物語のキーワードを探して考える。 (ア)は，かきのたねから「さるかに」。 (イ)は，はしができあがっている，から「だいくとおにろく」。 (ウ)は，じいさま・ふぶきから「かさこじぞう」。 (エ)は，すばらしい馬ととのさまから「スーホの白い馬」。 (オ)は，きん・ぎん・ごちそうからこの後の玉手箱の展開になる「うらしまたろう」。 (カ)は，ふしぎなぬのでつくったふくから「はだかのおうさま」。 (キ)は，おおかみとかりゅうどから「あかずきんちゃん」。 (ク)は，どろぼうたち・ばけものから「ブレーメンのおんがくたい」。 (ケ)は，馬車・ドレス・金のくつから「シンデレラ」。(コ)は，三人・のっしじゃんがずしん のっしじゃがんがずっしんから「ちからたろう」。

【9】(1) ③ (2) ④ (3) ② (4) ① (5) ④

〈解説〉(1) 旋律を覚える際は，題名も覚えるとよい。5～7小節目のリズムが特徴的である。 (2) 1小節に4分音符4つ分の音が入っていることから，「4分の4拍子」だと分かる。 (3) Emの構成音である「ミソシ」，Fの構成音である「ファラド」を用いて，伴奏の楽譜を選択すればよい。 (4) 「スフォルツァンド」である。「***f***」の「フォルテ」(強く)と似ているので注意が必要である。 (5) 和音の構成音として(ウ)は「ドミソ」，(エ)は「ファラ」，(オ)は「ファラ」が使われている。(ウ)はC「ドミソ」，(エ)，(オ)はF「ファラド」であることが分かる。

【10】(1) (ア) ⑥ (イ) ③ (ウ) ② (エ) ⑤ (2) ②

〈解説〉(1) ① 油粘土は乾燥しても硬化しにくいため，繰り返し使用することができる。非硬化。 ④ 陶芸用粘土は産出される土地によりさまざまな種類があり，その性質も多様である。焼成する必要があるので，収縮率が低く耐火性を有する。硬化。 (2) ② 両刃のこぎりは目の粗い縦びきの刃と目の細かい横びきの刃が一緒になっており，木目に沿って切るときは縦びきの刃を，木目に対して垂直や斜めに切るときは横びきの刃を使用する。

【11】①，②，⑤，⑥，⑦

〈解説〉子どもの体力の現状については，「走る」，「跳ぶ」，「投げる」といった基本的な運動能力の低下が指摘されている中，文部科学省では，幼児期に獲得しておくことが望ましい基本的な動き，生活習慣及び運動習慣を身に付けるための効果的な取組などについての実践研究を行い，その成果を踏まえて取りまとめたのが，出題の「幼児期運動指針(平成24年3月 文部科学省)」である。 ③は，「遊びとしての運動は，大人が一方的に幼児にさせるのではなく，幼児が自分たちの興味や関心に基づいて進んで行うことが大切であるため，幼児が自分たちで考え工夫し挑戦できるような指導が求められる」と記述されている。 ④については，「合計120分以上」ではなく，「合計60分以上」が正しい。 ⑧は，「体を動かすことが幼稚園や保育所などでの一過性のものとならないように，家庭や地域にも情報を発信し，共に育てる姿勢をもてるようにすること」と記述されている。 ⑨は，「幼児にとっての遊びは，特定のスポーツ（運動）のみを続けるよりも，動きの多様性があり，運動を調整する能力を身に付けやすくなる。幼児期には体を動かす遊びなどを通して多様な動きを十分経験しておくことが大切である」と記述されている。

【12】（ア） ⑤ （イ） ⑧ （ウ） ② （エ） ⑥ （オ） ①

〈解説〉③ 東基吉（1872～1958年）は，明治30年代にわが国最初の体系的保育論の書『幼稚園保育法』を著した教育者である。 ④ 和田実（1876～1954年）は，ルソー，ペスタロッチ，フレーベルの影響を受け，幼児教育の基本原理の自然主義教育を基本に，1908年に『幼児教育法』を著した教育者である。 ⑦ シュタイナー（1861～1925年）はドイツの哲学者で，感性に着目し個性尊重の教育を主張し，第一次世界大戦後シュツットガルトに自由ヴァルドルフ学校を設立した。 ⑨ デューイ（1859～1952年）はアメリカの哲学者・教育学者で，プラグマティズムの大成者として，実験主義（道具主義）の立場を確立し，児童中心主義教育を実践した。 ⑩ ペスタロッチ（1746～1827年）はスイスの教育者で，特にルソーの影響を受け，孤児教育・小学校教育に一生を捧げた。

令和元年度

【1】次の(ア)～(オ)の各法令に関する内容として適切なものを①～⑨から選び，番号で答えよ。

(ア) 学校教育法

(イ) 学校教育法施行規則

(ウ) 児童虐待の防止等に関する法律

(エ) 教育基本法

(オ) 日本国憲法

① 学校の設置者は，感染症の予防上必要があるときは，臨時に，学校の全部又は一部の休業を行うことができる。

② 国及び地方公共団体は，家庭教育の自主性を尊重しつつ，保護者に対する学習の機会及び情報の提供その他の家庭教育を支援するために必要な施策を講ずるよう努めなければならない。

③ 何人も，児童の健全な成長のために，家庭及び近隣社会の連帯が求められていることに留意しなければならない。

④ 教育並びに保育，介護その他の社会福祉，医療及び保健に関する職務に従事する者並びに教育等に関する関係機関及び関係団体は，食に関する関心及び理解の増進に果たすべき重要な役割にかんがみ，基本理念にのっとり，あらゆる機会とあらゆる場所を利用して，積極的に食育を推進するよう努めるとともに，他の者の行う食育の推進に関する活動に協力するよう努めるものとする。

⑤ 幼稚園は，義務教育及びその後の教育の基礎を培うものとして，幼児を保育し，幼児の健やかな成長のために適当な環境を与えて，その心身の発達を助長することを目的とする。

⑥ すべて国民は，法律の定めるところにより，その能力に応じて，ひとしく教育を受ける権利を有する。

⑦ 幼稚園の毎学年の教育週数は，特別の事情のある場合を除き，三十九週を下つてはならない。

⑧ 幼稚園の施設及び設備は，指導上，保健衛生上，安全上及び管理上適切なものでなければならない。

⑨ 国及び地方公共団体は，児童の保護者とともに，児童を心身ともに健やかに育成する責任を負う。

【2】次の(ア)～(コ)は,「幼稚園教育要領(平成29年3月)第2章　ねらい及び内容」に述べられている5領域の「内容」の一部である。どの領域に属するかを①～⑤から選び，番号で答えよ，但し，同じ選択肢を複数回使用してもよい。

(ア)　生活の中で, 様々な物に触れ, その性質や仕組みに興味や関心をもつ。

(イ)　生活の中で美しいものや心を動かす出来事に触れ，イメージを豊かにする。

(ウ)　よいことや悪いことがあることに気付き，考えながら行動する。

(エ)　親しみをもって日常の挨拶をする。

(オ)　身近な動植物に親しみをもって接し, 生命の尊さに気付き，いたわったり，大切にしたりする。

(カ)　身の回りを清潔にし，衣服の着脱，食事，排泄(せつ)などの生活に必要な活動を自分でする。

(キ)　かいたり，つくったりすることを楽しみ，遊びに使ったり，飾ったりなどする。

(ク)　共同の遊具や用具を大切にし，皆で使う。

(ケ)　先生や友達と触れ合い，安定感をもって行動する。

(コ)　生活に関係の深い情報や施設などに興味や関心をもつ。

①　健康　　②　人間関係　　③　環境　　④　言葉　　⑤　表現

【3】次の(1)～(3)は,「幼稚園教育要領解説(平成30年3月)」に述べられているものである。(　ア　)～(　オ　)にあてはまる語句を①～⑨から選び,番号で答えよ。

(1)　幼稚園は,(　ア　)の一環として，幼児期にふさわしい教育を行うものである。その教育が小学校以降の生活や学習の基盤ともなる。小学校においても，生活科や総合的な学習の時間が設けられており,(　ア　)全体として総合的な指導の重要性が認識されているといえる。

(2)　(　ア　)全体では，いかにして子供の(　イ　)を育むかを考えて，各学校の教育課程は編成されなければならない。幼稚園教育は，幼児期の発達に応じて幼児の(　イ　)の基礎を育成するものである。特に，幼児なりに好奇心や探究心をもち，問題を見いだしたり，解決したりする力を育てること，豊かな(　ウ　)を発揮したりする機会を提供し，それを伸ばしていくことが大切になる。

(3)　小学校への入学が近づく幼稚園修了の時期には，皆と一緒に教師の話を聞いたり，(　エ　)したり，きまりを守ったりすることができるように指導を重ねていくことも大切である。さらに，共に協力して目標を目指すということにおいては，幼児期の教育から見られるものであり，小学校教育へとつながっていくものであることから，幼稚園生活の中で(　オ　)して遊ぶ経験を重ねることも大切である。

①　行動　　②　試行錯誤　　③　学校教育　　④　協同
⑤　生きる力　　⑥　幼児教育　　⑦　創造力　　⑧　感性
⑨　学ぶ力

【4】次の文は，「発達障害を含む障害のある幼児児童生徒に対する教育支援体制整備ガイドライン」(平成29年3月　文部科学省)に述べられているものである。(　ア　)～(　オ　)にあてはまる適切な語句を①～⑨から選び，番号で答えよ。

1　教育上特別の支援を必要とする児童等については，学校生活だけでなく家庭生活や地域での生活も含め，(　ア　)に立って幼児期から学校卒業後までの一貫した支援を行うことが重要であり，その際，家庭や医療・保健・福祉・労働等の関係機関と連携し，様々な側面からの取組を示した(　イ　)を作成・活用しつつ，必要な支援を行うことが有効です。

　また，特別な支援を必要とする子供に対して提供されている「(　ウ　)」の内容については，「(　イ　)」に明記し，引き継ぐことが重要です。

2　児童等に，障害の可能性が考えられる場合は，通常の学級の担任・教科担任は，決して一人で抱え込まないことが大切です。児童等の行動等の背景にある障害の特性について正しく理解し，教育的ニーズに応じた適切な指導や必要な支援につなげていくために，(　エ　)やスクールカウンセラー等に相談してください。その後，必要に応じて，対象の児童等の対応について校内委員会やケース会議で検討し，(　オ　)な支援を得られるようにしていくことが大切です。

①　組織的
②　長期的な視点
③　短期的な視点
④　個別の教育支援計画
⑤　医療的

⑥　マニュアル
⑦　特別支援教育コーディネーター
⑧　合理的配慮
⑨　ソーシャルワーカー

【5】次の文は,「学校の危機管理マニュアル作成の手引」(平成30年2月　文部科学省)の「幼稚園等における留意点」に述べられているものである。適切なものを①～⑨から5つ選び，番号で答えよ。

①　朝や午後の預かり保育，降園後の施設開放，昼食時，プール，遠足(徒歩・バス・電車)などの様々な場面や時間帯を想定して避難訓練を行う。
②　AEDや応急処置の研修は，体力に自信のある教職員が代表して参加できる体制をつくる。
③　事故等が発生した場合の連絡の仕方・幼児の引渡しの方法については，幼児が園に慣れた1学期末に保護者と確認しておく。
④　日々の登降園や家庭生活の中で，保護者が歩行・横断・自転車のルールやマナーのモデルであることを繰り返し伝える。
⑤　バスや自転車通園の保護者には，幼児自身の目や足で交通安全や不審者対応について確認する機会を意識して設けてもらうようにする。
⑥　不審者侵入時は，複数の教職員で不審者を捕えることを最優先にする。
⑦　保育中は園内の様々な場所に年齢の異なる幼児がいるため，どの部屋にどの組が何人避難しているか，教職員はどの幼児がいるかを確認して内線などで対策本部に報告し，園の全人員の安否を確認する。
⑧　除去食の保管場所や，昼食時に座る場所に配慮する。また他児の弁当の中身を確認し，場合によっては食事をする部屋を別にするなどの対応を行う。
⑨　ビニールプールであれば，指導者とは別に監督者を配置しなくてもよい。

【6】次の文は，環境教育指導資料【幼稚園・小学校編】(平成26年　国立教育政策研究所教育課程研究センター)に述べられているものである。幼稚園における環境教育の基本的な考え方として適切なものを①～⑨から5つ選び，番号で答えよ。

①　子供は，直接的・具体的な体験から，環境について多くのことを学び，

生きるために必要なことを獲得していく。この意味で，まさに，生活の場が，環境を学ぶ場であり，学習の場である。

② 幼児期の子供は，環境について言葉で理解したり表現したりすることはうまくできないし，そのことをうまくさせようとして一方的に働き掛けても，あまり意味がない。

③ 幼児期に直接的・具体的な体験を多様に重ね，体験を通して身近な環境を学ぶことと，小学校や中学校での環境教育においての実感を伴った学習活動はつながりがない。

④ 幼児期からの環境教育の推進に当たっては，まず，園の環境や教育課程を見直し，園生活全体を通して幼児期の子供が自然や環境を学ぶことができる機会を十分に確保していくことが重要である。

⑤ 子供は自然に触れて遊ぶ中で，その大きさ，不思議さや美しさを感じ，心を揺れ動かす。自然との関わりの中で生まれる体験のみが，子供が本来もっている環境に対する感性を磨いていくことにつながる。

⑥ 幼児期からの環境教育の推進に当たっては，領域「環境」の内容のねらいのみを達成する指導を考えていく必要がある。

⑦ 生活を通した教育においては，身の回りにある様々なものが教材として活用することができる。この場合に大切なことは，子供の気付きや発見に沿って教材を工夫して，子供の環境との出会いを確保したり，関わりを深めたりすることである。

⑧ 幼稚園における環境教育の展開には，教職員が協働して園の環境を整えたり，その下での指導を共有して指導したりする，園全体の教職員の協力体制は不可欠である。園内研修において，園内外の環境の実態も把握し，環境教育の進め方を話し合い，指導の課題を整理してその解決策を練ったり，その成果や課題について話し合ったりする機会を重ね，次第に園全体の協力体制が作られていくことに留意する必要がある。

⑨ 環境教育については，子供は園生活の中で十分に学んでいるので，家庭での生活とは，切り離して取り組むべきである。

【7】次の（ア）～（オ）の飼育・栽培について，それぞれ適切でないものを①～④から1つ選び，番号で答えよ。

（ア） ウサギ

① 夏の暑さや湿気に弱いので，夏はケージを，直射日光の当たらない，

風通しのよい所に置く。

② 水をやると死んでしまうので，与えないようにする。

③ 妊娠して約1か月で子供が生まれる。子供は3～4週間で乳離れする。

④ 歯の伸び過ぎをふせいだり，遊び道具としたりするためかじり木を入れる。

（イ） シマリス

① 毎日新鮮な水を入れる。

② シマリスのしっぽは大変切れやすいが，再び生えてくる。

③ 冬眠させると，栄養不足でそのまま死んでしまうこともある。

④ 木登りが得意なので，登りやすい木の枝を入れる。

（ウ） ニホンイシガメ

① 石や岩があるところを好むため，水槽内に岩を階段状に組み上げる。

② 水のきれいな場所を好むため，水質の悪化には注意する。

③ ふ化したての子ガメは，ゼニガメと呼ばれている。

④ 水草や野草などの植物性のエサしか食べない。

（エ） チューリップ

① 低い温度を経験しないと，大きな花が咲かないため，冬の間もそのまま外に出しておく。

② 冬の間も土が乾かないように，水をきちんとやる。

③ 植木鉢に植える場合，根がよく広がるように深く植える。

④ 花が終わったら，新しい球根が育つようになるべく早く子房を摘み取る。

（オ） ヒマワリ

① 土に60～70cmの間隔で2～3cmの深さに穴を開け，種を1ヶ所に4粒ぐらいまき，葉が出てきたらよく育っているもの1本を残して，間引きをする。

② 種をまいたら，芽が出たとき鳥に食べられないように，ざるやビニールなどのおおいをかける。

③ 苗の高さが30～40cmになったら，倒れないように支柱を立てる。

④ 種ができ始めたら，茎や葉が枯れる前に種を収穫する。

【8】次の（ア）～（コ）の文は絵本の一節である。題名を①～⓪から選び，番号で答えよ。

（ア）「ひめさま，これが　おにのたからもの，うちでのこづちでございます。これを　ふれば，どんなねがいも　かなうと　いわれております。　さっそく　ふってごらんください」

（イ）　おばあさんは　おちょんに，「せんたくにいってくるから，なべののりを　とられないように　ばんを　しているんだよ。」と，いって，かわへ　でかけて　いきました。

（ウ）「さあ，おじいさん，めを　あけてください。　わたしの　うちに　きましたよ。」ねずみが　そういうので，　おじいさんは，めを　あけました。

（エ）　おはやしに　あわせて　おどる　おじいさんの，みぶり　てぶりの　しなやかな　こと。

「ほ　ほう。まてよ。こりゃ　くうには　おしい。みて　たのしもう。」おじいさんは，なにもかも　わすれて　いい　きもち。

（オ）　むすめが，「これから　はたを　おります　けれど，おっている　ところは，けっして　のぞかないで　くださいませ。」と，いいました。

（カ）　かわへ　こぎだした　きの　ふねは，ぎっちらこ。　ところが，どろの　ふねは　どろりんこ。すぐとけた。

（キ）「わん　わん。ここの　つちを　ほりなされ。」いわれるままに　じいさまが　どっこいしょと　ほったら，ぴつかぴかの　おおばん　こばんが　ざっく　ざく。

（ク）　そんな　ある　ひ，あねさまは　きこりに　いうた。「ちょっと　さとまで　いって　きますので　るすばんを　たのみます。でも，にばんめの　くらは　みないで　ほしい。

この　こと，きっと　まもって　くだされ」そう　いうと　でかけて　いった。

（ケ）（かんのんさまに　いただいた　だいじな　ものだが　あんなに　ほしがって　いるのだから……）

こころの　やさしい　わかものは，えだごと　その　こどもに　あげることに　した。

（コ）　ふたりは　もちごめを　といで　ふかして　ぺったんこ　すっこんこ，ちからもちを　つきあげました。そうして　そのばん　おぼんに　つきたての　ちからもちを　のせておいて　やりました。

①　おむすびころりん　　②　はなさかじいさん

③　したきりすずめ　　④　わらしべちょうじゃ
⑤　いっすんぼうし　　⑥　かちかちやま
⑦　こぶとりじいさん　⑧　うぐいすひめ
⑨　つるのおんがえし　⓪　ねずみのすもう

【9】次の楽譜について，下の問いに答えよ。

(1)　この曲の拍子を，①〜⑤から選び，番号で答えよ。

①　8分の3拍子　　②　8分の6拍子　　③　4分の2拍子
④　4分の3拍子　　⑤　4分の4拍子

(2)　楽譜の（ア）の音符の長さは4分音符を1拍とすると何拍か，①〜⑤から選び，番号で答えよ。

①　0.5拍　　②　1.5拍　　③　2拍　　④　2.5拍　　⑤　3拍

(3)　楽譜の(イ)の記号の意味を①〜⑤から選び，番号で答えよ。

①　その音符をほどよく延ばして
②　なめらかに
③　その音を目立たせて，強調して

④　その音の長さをじゅうぶんに保って

⑤　その音を短く切って

(4)　(ウ)にあてはまる適切な伴奏の楽譜を①～⑤から選び，番号で答えよ。

(5)　楽譜の（エ）（オ）に適切なコードネームの組合せを①～⑥から選び，番号で答えよ。

①　（エ）　A　（オ）　G_7　②　（エ）　Am　（オ）　G_7

③　（エ）　A　（オ）　C_7　④　（エ）　Am　（オ）　C_7

⑤　（エ）　A　（オ）　$B^\flat$　⑥　（エ）　Am　（オ）　$B^\flat$

【10】造形に用いる材料や用具について，次の問いに答えよ。

(1)　次の(ア)～(エ)について記述が適切なものは①，適切でないものは②を選び，番号で答えよ。

（ア）　油粘土は，手に付きにくく繰り返し使うことができる。大きなものをつくったり大量に使用したりする活動には向かない。

（イ）　アクリル絵の具は様々な材料に塗ることができ，水彩絵の具のように，にじみやぼかしの表現も可能である。耐水性であるため，屋外に展示する作品に適している。

（ウ）　パスは，クレヨンよりもロウ分が少なく油脂が多いため，軟らかく色が混ざりやすい。プラスチックなどの面にも付着する。

（エ）　はさみで円形を切る時は，刃先を使ってゆっくりと紙を回しながら切る。

(2)　次の文は，あるテープについて述べたものである。この説明にあてはまる最も適切なものを①～⑤から選び，番号で答えよ。

> 伸縮性があり，色数が多いため装飾などに使用することもできる。例えば，ペットボトルに巻いて色違いの縞模様をつくったり，細かく切ってシールにしたりできる。

① スズランテープ(P.E.テープ)　② クラフトテープ
③ 布テープ　④ ビニルテープ
⑤ メンディングテープ

【11】次の文は，「幼児期運動指針」(平成24年3月　幼児期運動指針策定委員会　文部科学省)に述べられているものである。(　ア　)～(　オ　)にあてはまる幼児期における運動の意義として適切な語句を①～⑨から選び，番号で答えよ。

(1)　(　ア　)・運動能力の向上

(　ア　)は人間の活動の源であり，健康の維持のほか，意欲や気力といった精神面の充実にも大きくかかわっており，人が生きていくために重要なものである。

特に幼児期は，(　イ　)の発達が著しく，タイミングよく動いたり，力の加減をコントロールしたりするなどの運動を調整する能力が顕著に向上する時期である。この能力は，新しい動きを身に付けるときに重要な働きをする能力であるとともに，周りの状況の的確な判断や(　ウ　)に基づいて行動する能力を含んでおり，けがや事故を防止することにもつながる。このため，幼児期に運動を調整する能力を高めておくことは，児童期以降の運動機能の基礎を形成するという重要な意味を持っている。

(2)　健康的な体の育成

幼児期に適切な運動をすると，丈夫でバランスのとれた体を育みやすくなる。特に(　エ　)を身に付けると，身体の諸機能における発達が促されることにより，生涯にわたる健康的で活動的な生活習慣の形成にも役立つ可能性が高く，肥満や痩身を防ぐ効果もあり，幼児期だけでなく，成人後も生活習慣病になる危険性は低くなると考えられる。また，体調不良を防ぎ，身体的にも精神的にも疲労感を残さない効果があると考えられる。

(3)　認知的能力の発達

運動を行うときは状況判断から運動の実行まで，脳の多くの領域を使用する。すばやい方向転換などの敏捷な身のこなしや状況判断・(　ウ　)などの思考判断を要する(　オ　)は，脳の運動制御機能や知的機能の発達促進に有効であると考えられる。

① 運動習慣　② 動作様式　③ 身体能力　④ 全身運動
⑤ 神経機能　⑥ 戸外遊び　⑦ 運動経験　⑧ 体力
⑨ 予測

【12】次の(ア)～(オ)の事項に関係の深い人物として適切なものを①～⑨から選び，番号で答えよ。

(ア)　ドイツの作家。1960年31で初の児童書『ジム・ボタンの機関車大旅行』を刊行。翌年同書がドイツ児童文学賞を受賞。1973『モモ』を刊行。翌年同書が再びドイツ児童文学賞を受賞し，注目を集める。1979年に刊行した『はてしない物語』も熱狂的な支持を得て，翌年ドイツ児童文学アカデミー賞を受賞。幻想的童話形式の中にみつめられる，時代への鋭い風刺と人生の真実に対する深く豊かな洞察が魅力となっている。

(イ)　イギリスにおける幼児学校(infantschool)の創設者である。人間の性格の大部分は幼児期につくられるものであり，さらに，環境による影響が大きいという考えに基づき，幼児学校を創設した。幼児学校では，のびのびとした環境の中で幼児の自発的で自由な活動を重視した。書物や玩具を使わず，体育遊びを多くし直観教授や集団的な音楽活動をも取り入れた。この幼児学校の理論と実践は，主著『新社会観』(1812-13)に詳述されている。

(ウ)　スイスの心理学者。子どもとおとなの思考構造の違いを研究し，子どもの思考の特徴として，まず自己中心性に基づくみかたや考え方をあげた。この特徴を示す子ども独自の世界観として，①アニミズム(あらゆるものに生命があると考える)，②実在論(あらゆるものがこの世に実在すると考える)，③人工論(あらゆるものすべてを人間がつくったものと考える)を示した。また，行動を生じさせる下敷きとなる精神構造をシェマと呼び，発達はこのシェマの変換であると考えた。

(エ)　フランスの啓蒙思想家，新教育運動の先駆者。代表的著作には『エミール』があり，これは世界的に反響を巻きおこした教育小説である。彼は合自然，「自然に従え」を教育の根本原理とし，自然主義の教育，つまり教育の目的も方法もともに自然でなくてはならないとしている。また，自然に先立って教育してはならないというのが，彼のいう消極的教育である。児童中心主義の立場に立ち，人間の自然的発達を5期に分け，注入よりは自然性を，言語よりは経験，直観を重んじている。

（オ） 二葉幼稚園を創立し，幼児教育，女子教育に尽力した。兵庫県姫路市に生まれる。1890（明治23）年，東京女子師範学校を卒業。1894（明治27）年，華族女学校附属幼稚園設立の際，保母として赴任。この時，アメリカで幼稚園について学んできた森嶋峰（のち斉藤姓）と出会う。2人は，貴族，有産階級にのみ開かれた幼児教育を，通勤途中に見かける貧しい子どもたちにも施す必要性を感じ，附属幼稚園に勤務しながら二葉幼稚園を開園した。フレーベルの精神を基本とする保育を行った。

① イソップ　② オーエン　③ フロイト，S.
④ ピーボデイ　⑤ 野口　幽香　⑥ エンデ
⑦ ピアジェ　⑧ 赤沢　鍾美　⑨ ルソー

解答・解説

【1】（ア） ⑤　（イ） ⑦　（ウ） ③　（エ） ②　（オ） ⑥

〈解説〉①は臨時休業を定めた学校保健安全法第20条，②は家庭教育について定めた教育基本法第10条第2項，③は国及び地方公共団体の責務等を定めた児童虐待等の防止に関する法律第4条第7項，④は教育関係者等及び農林漁業者等の責務を定めた食育基本法第11条第1項，⑤は幼稚園の目的を定めた学校教育法第22条，⑥は教育を受ける権利を保障した日本国憲法第26条第1項，⑦は幼稚園の教育週数を定めた学校教育法施行規則第37条，⑧は幼稚園の一般的基準を定めた幼稚園設置基準第7条第2項，⑨は国及び地方公共団体の児童育成の責任を定めた児童福祉法第2条第3項。

【2】（ア） ③　（イ） ⑤　（ウ） ②　（エ） ④　（オ） ③
（カ） ①　（キ） ⑤　（ク） ②　（ケ） ①　（コ） ③

〈解説〉本資料では，幼稚園の教育課程は，心身の健康に関する領域「健康」，人との関わりに関する領域「人間関係」，身近な環境との関わりに関する領域「環境」，言葉の獲得に関する領域「言葉」，感性と表現に関する領域「表現」の5領域から構成されている。（ア）は領域「環境」の［内容］の(2)である。「環境」では「周囲の様々な環境に好奇心や探究心をもって関わり，それらを生活に取り入れていこうとする力を養う」ことを目指している。（ケ）は領域

「健康」の[内容]の(1)である。幼児が幼稚園生活で得た安定感は心の健康を育てる上で重要であり，幼児が自立の方向に向かって行く上で欠くことが出来ないものである。

【3】(ア) ③　(イ) ⑤　(ウ) ⑧　(エ) ①　(オ) ④

〈解説〉本資料の「第1章　第3節　5 小学校教育との接続に当たっての留意事項　(1)　小学校以降の生活や学習の基盤の育成」からの出題。幼稚園教育は小学校以降の生活や学習の基盤の育成につながるので，様々な点で，幼稚園と小学校がそれぞれ指導方法を工夫し，幼稚園教育と小学校教育との円滑な接続が図られることが大切である。発達や学びは連続しており，幼稚園から小学校への移行を円滑にする必要がある。幼稚園教育は，小学校教育の先取りをするものではなく，就学前までの幼児期にふさわしい教育を行うことが最も肝心なことである。幼児が遊び，生活が充実し，発展することを援助していくことなのである。

【4】(ア) ②　(イ) ④　(ウ) ⑧　(エ) ⑦　(オ) ①

〈解説〉文部科学省は，平成16年に「小・中学校におけるLD (学習障害)，ADHD (注意欠陥／多動性障害)，高機能自閉症の児童生徒への教育支援体制の整備のためのガイドライン (試案)」を作成している。出題の「発達障害を含む障害のある幼児児童生徒に対する教育支援体制整備ガイドライン」はその後の状況の変化や，これまでの間に培ってきた発達障害を含む障害のある児童等に対する教育支援体制の整備状況を踏まえ，平成16年のガイドラインが見直されて平成29年3月策定されたものである。なお，「特別支援教育コーディネーター」は，各学校における特別支援教育の推進のため，主に，校内委員会・校内研修の企画・運営，関係諸機関・学校との連絡・調整，保護者からの相談窓口などの役割を担う者である。「個別の教育支援計画」は，障害のある子ども一人一人のニーズを正確に把握し，教育の視点から適切に対応していくという考え方のもと，長期的な視点で，乳幼児期から学校卒業後までを通じて一貫して的確な支援を行うことを目的として学校や教育委員会の教育機関が中心となって策定するものである。

【5】①，④，⑤，⑦，⑧

〈解説〉危険等発生時対処要領 (危機管理マニュアル) は，危険等が発生した際に教職員が円滑かつ的確な対応を図るため，学校保健安全法に基づき，全ての学校において作成が義務付けられている。そのため文部科学省は，事件や事故，自然災害への対応に加えて，近年の学校や児童生徒等を取り巻く様々な安全上の課題や「学校事故対応に関する指針」(平成28年3月),「第2次学校安全の推進に関する計画」(平成29年3月閣議決定) 等を踏まえ，従前の参考資料を基に,「学校の危機管理マニュアル」に基本的な対応方法や留意点等を大幅に追記して改訂を行った「学校の危機管理マニュアル作成の手引」を平成30年に作成した。その中で，②は避難訓練についてで,「AEDや応急処置の研修も非常勤職員を含めた全教職員が参加できる体制をつくる。」と述べている。③は保護者との連携についてで,「事故等が発生した場合の連絡の仕方・幼児の引渡しの方法については，年度当初に保護者と確認しておく。」と述べている。⑥は園内の避難誘導についてで,「不審者侵入時は，複数の教職員で対応し幼児誘導の時間を稼ぐ必要があるが，不審者を捕えることよりも，複数の教職員で幼児を素早く避難させることを最優先にする。」と述べている。⑨は個別指導のプールについてで,「ビニールプールであっても指導者とは別に監督者を配置し，幼児の見守りだけでなく，指導者の指導する位置についても随時指導を行う。」と述べている。

【6】①，②，④，⑦，⑧

〈解説〉本資料は,「環境の保全のための意欲の増進及び環境教育の推進に関する法律の一部を改正する法律」の施行，国連の「持続可能な開発のための教育 (ESD) の10年」の動き，学習指導要領改訂による環境教育に関する学習内容についての一層の充実など，環境教育に関する最新の動向を踏まえ，学校教育において環境教育の取組の一層の充実が図られるよう作成されたもので，指導のポイントや留意点などが実践事例とともに具体的に紹介されている。その中で，③については,「幼児期に直接的・具体的な体験を多様に重ね，体験を通して身近な環境を学ぶことは，小学校や中学校での環境教育においての実感を伴った学習活動につながっていく。」と述べている。⑤については,「子供は自然に触れて遊ぶ中で，その大きさ，不思議さや美しさを感じ，心を揺れ動かす。自然との関わりの中で生まれる体験こそが，子供が本来もっている環境に対する感性を磨いていくことにつながる。」と述べている。⑥については,「幼児期からの環境教育の推進に当たっては，幼児期の教育では，子供の生活や遊びを通して，5領域(中略)のねらいを総合的に指導することが大切であり，領域「環境」の内容を中心としながらも，他の領域との関連を考えて，総合的にねらいを達成する指導を考えていく必要がある。」と述べている。⑨については,「子供は生活を通して学んでいるので，家庭での生活や地域の自然環境等をも視野に入れ，生活全体を環境教育の場として活用していくことが大切である。」と述べている。

【7】(ア) ② (イ) ② (ウ) ④ (エ) ③ (オ) ④

〈解説〉(ア) ウサギには水を与えるようにする。 (イ) シマリスのしっぽは切れると再生されない。 (ウ) ニホンイシガメは動物性のエサを食べるものが多い。 (エ) チューリップの球根を植える深さは5～10cmくらいがよい。 (オ) ヒマワリの種の収穫は，葉の裏が黄色くなってからがよい。

【8】(ア) ⑤ (イ) ③ (ウ) ① (エ) ⑦ (オ) ⑨ (カ) ⑥ (キ) ② (ク) ⑧ (ケ) ④ (コ) ⓪

〈解説〉日本の昔話の内容は諸説ある場合も多いが，キーワードで判断するとよい。(ア)の『いっすんぼうし』は，「おにのたからもの」，「うちでのこづち」。(イ)の『したきりすずめ』は，「おちょん」，「のり」。(ウ)の『おむすびころりん』は，「おじいさん」，「ねずみ」。(エ)の『こぶとりじいさん』は，「おどる」「おじいさん」。(オ)の『つるのおんがえし』は，「はたを　おります」，「けっして　のぞかないで」。(カ)の『かちかちやま』は，「どろの　ふね」，「とけた」。(キ)の『はなさかじいさん』は，「わん　わん」，「ここの　つちを　ほりなされ」。(ク)の『うぐいすひめ』は，「にばんめの　くらは　みないで」。(ケ)の『わらしべちょうじゃ』は，「わかもの」，「あげる」。(コ)の『ねずみのすもう』は，「ちからもち」。

【9】(1) ③ (2) ② (3) ⑤ (4) ① (5) ④

〈解説〉(1) 1小節に4分音符2つ分の拍が記譜されているので，4分の2拍子であることが分かる。 (2) (ア)は「付点四分音符」である。付点が付くことで，1.5倍の長さになる。 (3) 「スタッカート」が付いている音は，短く切って演奏する。 (4) E7の構成音である「ミソ♯シレ」を用いて伴奏している楽譜を選択する。 (5) 伴奏の構成音に着目する。「ラドミ」はAm，「ドミソシ♭」はC_7である。

【10】(1) (ア) ① (イ) ① (ウ) ① (エ) ② (2) ④

〈解説〉(1) (エ) 刃先ではなく，根元まで紙を入れて切る。 (2) スズランテープ(P，E，テープ)は荷造りやポンポンなどに使用される粘着性のないテープ。なお「スズランテープ」という名称は登録商標。クラフトテープは「ガムテープ」と呼ばれることが多い茶色の粘着テープ。クラフト紙を素材としている。布を素材とした粘着テープが布テープ。メンディングテープはセロハンテープに似た粘着テープ。ただしセロハンテープとは異なり，表面につや消し加工がされており，テープの上から鉛筆で書き込むことができる，光を反射しないので目立たない，などの特徴がある。また，セロハンテープに比べて劣化しにくいので，長期的な使用にも堪える。

【11】ア ⑧　イ ⑤　ウ ⑨　エ ①　オ ④

〈解説〉子どもの体力の現状については,「走る」,「跳ぶ」,「投げる」などの基本的な運動能力の低下が指摘される中，文部科学省は，平成19年度から21年度に「体力向上の基礎を培うための幼児期における実践活動の在り方に関する調査研究」を実施し，幼児期に獲得しておくことが望ましい基本的な動き，生活習慣及び運動習慣を身に付けるための効果的な取組などについての実践研究を行った。その成果を踏まえ，幼児期運動指針策定委員会を設置し，幼児期における運動の在り方についての指針の策定作業を行い，出題の「幼児期運動指針」を平成24年に取りまとめている。問題文は「幼児期における運動の意義」ついてである。幼児期において，遊びを中心とする身体活動を十分に行うことは，多様な動きを身に付けるだけでなく，心肺機能や骨形成にも寄与するなど，生涯にわたって健康を維持したり，何事にも積極的に取り組む意欲を育んだりするなど，豊かな人生を送るための基盤づくりとなる。体力・運動能力の向上，健康的な体の育成，意欲的な心の育成，社会適応力の発達，認知的能力の発達など，様々な効果が期待できる。

【12】（ア） ⑥　（イ） ②　（ウ） ⑦　（エ） ⑨　（オ） ⑤

〈解説〉（ア）　エンデ(1929～1995年)は，南ドイツの生まれで，ドイツが誇る児童文学作家とされる。　（イ）　オーエン(1771～1858年)は，教育を権利としてとらえ，自分の経営する紡績工場に幼児学校を併設した。そこでは，10歳までの少年少女を工場労働から解放し，6歳までは保育の場を，10歳までは読み書き算，音楽，体操，裁縫，編物の学習の場を用意し内外から注目された。　（ウ）　ピアジェ(1896～1980年)は実験的臨床法により児童の知能や思考の発達過程を研究し，知的操作の構造を明らかにした。

（エ）　ルソー(1712～1778年)は，思想家・小説家で『人間不平等起源論』，『社会契約論』などで文明や社会の非人間性を批判し，また『エミール』では教育思想家としての主張を展開し，その中には近代教育思想の主要な原理が全て含まれているとされる。　（オ）　野口幽香(1866～1950年)は，社会福祉法人二葉保育園の創設者で，今日のような福祉制度がない時代，社会からはじき出され，誰からも見られることがなかった貧児やその母親らを支援し，寄り添ったとされる。

平成31年度

【1】次の1～3の文は,「教育基本法第6条, 9条, 10条」に述べられているものである。(ア)～(オ)にあてはまる適切な語句を①～⑨から選び, 番号で答えよ。

1 法律に定める学校は,(ア)を有するものであって, 国, 地方公共団体及び法律に定める法人のみが, これを設置することができる。

前項の学校においては, 教育の目標が達成されるよう, 教育を受ける者の心身の発達に応じて, 体系的な教育が組織的に行われなければならない。この場合において, 教育を受ける者が, 学校生活を営む上で必要な(イ)を重んずるとともに, 自ら進んで学習に取り組む意欲を高めることを重視して行われなければならない。

2 法律に定める学校の教員は, 自己の崇高な(ウ)を深く自覚し, 絶えず研究と修養に励み, その職責の遂行に努めなければならない。

前項の教員については, その(ウ)と職責の重要性にかんがみ, その身分は尊重され, 待遇の適正が期せられるとともに,(エ)の充実が図られなければならない。

3 父母その他の保護者は, 子の教育について第一義的責任を有するものであって, 生活のために必要な習慣を身に付けさせるとともに,(オ)を育成し, 心身の調和のとれた発達を図るよう努めるものとする。

① 規律　② 権利　③ 使命　④ 規範意識
⑤ 公の性質　⑥ 養成と研修　⑦ 自己研鑽　⑧ 精神
⑨ 自立心

【2】次の文は,「幼稚園, 小学校, 中学校, 高等学校及び特別支援学校の学習指導要領等の改善及び必要な方策等について（答申）」(平成28年12月21日 中央教育審議会)に述べられているものである。「幼稚園教育要領」(平成29年3月　文部科学省)の具体的な改訂の方向性として適切なものを①～⓪から5つ選び, 番号で答えよ。

① 安全な生活や社会づくりに必要な資質・能力を育む観点から, 状況に応じて自ら機敏に行動することができるようにするとともに, 安全についての理解を深めるようにする。

② カリキュラム・マネジメントは, 園長など管理職が幼稚園等の特色を構築していく営みであり, 園長など管理職が行っていくことが重要であ

る。また，こうしたカリキュラム・マネジメントを実施していくためには，教員が教育課程を園長など管理職の指導に従い実施していくという基本的な姿勢を持つことも重要である。

③ 「幼児期の終わりまでに育ってほしい姿」や小学校の学びを念頭に置きながら，幼児の到達度を決め，何ができるか，できないかを明確に評価し，一つ一つの項目の目標に対して，指導を行うことが必要である。

④ 幼児教育における「見方・考え方」は，幼児一人一人の発達に即するのではなく，クラス集団として落ち着き，教員が話している内容を理解できるかということが重要となる。そのために，教員は幼児に環境との関わり方や意味を教え，一つ一つの教育内容を個別に取り出して学ばせるように配慮する。

⑤ 幼児期における多様な運動経験の重要性の指摘を踏まえ，幼児が遊ぶ中で体の諸部位を使った様々な体験を重視するとともに，食の大切さに気付いたり，食に対する態度を身に付けたりすることを通じて，幼児の心身の健やかな成長の増進を図るようにする。

⑥ 学びの過程の重要性を踏まえ，具体的な活動の中で，比べる，関連付ける，総合するといった，思考の過程を示すなど，思考力の芽生えを育むようにする。

⑦ 視聴覚教材等については，幼児教育では，直接体験が重要であることを踏まえつつ，例えば，日頃の幼稚園生活では体験することが難しい体験を補完したりする場合や，幼児がより深く知りたいと思ったり，体験を深めたいと思ったりした場合の活用法を示すことを検討する。

⑧ 幼児期における言語活動の重要性を踏まえ，幼児が言葉のリズムや響きを楽しんだり，知っている言葉を様々に使いながら，未知の言葉と出合ったりする中で，言葉の獲得の楽しさを感じたり，友達や教員と言葉でやり取りしながら自分の考えをまとめたりするようにする。

⑨ 育成を目指す資質・能力については，幼児教育から高等学校教育までを通じて，見通しを持って系統的に示す必要があることから，幼稚園教育要領における領域構成を削除して，資質・能力の3つの柱に沿って，内容の見直しを図る。

⓪ 教育内容の質の向上に向けて，幼児教育においては，幼児の姿や就学後の状況，家庭や地域の現状等に基づき，教育課程を編成し，実施し，評価して改善を図る一連のPDCAサイクルの確立は必要ではない。

【3】次の（ア）～（コ）は，「幼稚園教育要領　第2章　ねらい及び内容」（平成29年3月　文部科学省）に述べられている5領域の「内容」の一部である。どの領域に属するかを①～⑤から選び，番号で答えよ。但し，同じ選択肢を複数回使用してもよい。

（ア）　自分でできることは自分でする。

（イ）　いろいろな遊びの中で十分に体を動かす。

（ウ）　人の話を注意して聞き，相手に分かるように話す。

（エ）　自然などの身近な事象に関心をもち，取り入れて遊ぶ。

（オ）　いろいろな素材に親しみ，工夫して遊ぶ。

（カ）　幼稚園における生活の仕方を知り，自分たちで生活の場を整えながら見通しをもって行動する。

（キ）　いろいろな遊びを楽しみながら物事をやり遂げようとする気持ちをもつ。

（ク）　身近な物や遊具に興味をもって関わり，自分なりに比べたり，関連付けたりしながら考えたり，試したりして工夫して遊ぶ。

（ケ）　先生や友達の言葉や話に興味や関心をもち，親しみをもって聞いたり，話したりする。

（コ）　日常生活の中で，我が国や地域社会における様々な文化や伝統に親しむ。

①　健康　　②　人間関係　　③　環境　　④　言葉　　⑤　表現

【4】次の文は，「幼稚園教育要領　第1章　総則」（平成29年3月　文部科学省）に述べられているものである。（　ア　）～（　オ　）にあてはまる適切な語句を①～⑨から選び，番号で答えよ。

1　障害のある幼児などへの指導

障害のある幼児などへの指導に当たっては，集団の中で生活することを通して全体的な発達を促していくことに配慮し，（　ア　）などの助言又は援助を活用しつつ，個々の幼児の障害の状態などに応じた（　イ　）の工夫を組織的かつ計画的に行うものとする。また，家庭，地域及び医療や福祉，保健等の業務を行う関係機関との連携を図り，（　ウ　）な視点で幼児への教育的支援を行うために，個別の教育支援計画を作成し活用することに努めるとともに，（　エ　）を的確に把握し，個別の指導計画を作成し活用することに努めるものとする。

2　海外から帰国した幼児や生活に必要な（　オ　）の習得に困難のある幼児の幼稚園生活への適応

海外から帰国した幼児や生活に必要な（　オ　）の習得に困難のある幼児については，安心して自己を発揮できるよう配慮するなど（　エ　）に応じ，（　イ　）の工夫を組織的かつ計画的に行うものとする。

① 指導内容や指導方法　② 長期的　③ 特別支援学校
④ 全体的な発達　⑤ 日本語　⑥ 障害の種類や程度
⑦ 言葉　⑧ 個々の幼児の実態
⑨ 総合的

【5】次の文は，「幼稚園教育要領　第3章　教育課程に係る教育時間の終了後等に行う教育活動などの留意事項」（平成29年3月　文部科学省）に述べられているものである。（　ア　）～（　オ　）にあてはまる適切な語句を①～⑨から選び，番号で答えよ。

1　地域の実態や保護者の要請により，教育課程に係る教育時間の終了後等に希望する者を対象に行う教育活動については，幼児の（　ア　）に配慮するものとする。また，次の点にも留意するものとする。

(1)　教育課程に基づく活動を考慮し，幼児期にふさわしい無理のないものとなるようにすること。その際，教育課程に基づく活動を担当する教師と緊密な連携を図るようにすること。

(2)　家庭や地域での幼児の生活も考慮し，教育課程に係る教育時間の終了後等に行う教育活動の（　イ　）ようにすること。その際，地域の人々と連携するなど，地域の様々な資源を活用しつつ，多様な体験ができるようにすること。

(3)　家庭との緊密な連携を図るようにすること。その際，情報交換の機会を設けたりするなど，保護者が，（　ウ　）という意識が高まるようにすること。

(4)　地域の実態や保護者の事情とともに幼児の生活のリズムを踏まえつつ，例えば実施日数や時間などについて，（　エ　）に配慮すること。

(5)　適切な責任体制と指導体制を整備した上で行うようにすること。

2　幼稚園の運営に当たっては，子育ての支援のために保護者や地域の人々に機能や施設を開放して，園内体制の整備や関係機関との連携及び協力に配慮しつつ，幼児期の教育に関する相談に応じたり，情報を提供したり，幼児と保護者との登園を受け入れたり，保護者同士の交流の機会を提供したりするなど，幼稚園と家庭が一体となって幼児と関わる取組を進め，地域における幼児期の教育のセンターとしての役割を果たすよう努めるものとする。その際，（　オ　），地域の子育て経験者等と連携・協働しながら取り組むよう配慮するものとする。

① 弾力的な運用　② 健やかな成長　③ 近隣学校
④ 幼稚園と共に幼児を育てる　⑤ 心理や保健の専門家
⑥ 心身の負担　⑦ 内容を見直す　⑧ 計画を作成する
⑨ 家庭の教育力を向上させる

【6】次の文は，幼稚園教育指導資料第3集「幼児理解と評価」（平成22年7月改訂　文部科学省）に述べられているものである。よりよい保育を展開していくための幼児理解について適切なものを①～⓪から5つ選び，番号で答えよ。

① 幼児を肯定的に見るとは，他の幼児との比較で優劣を付け，優れている面を拾い上げることである。
② 活動の意味とは，幼児自身がその活動において実現しようとしていること，そこで経験していることであり，教師がその活動に設定した目的などではない。
③ 幼児の発達する姿は，自己主張や異議申し立て，反抗やこだわりなどとして表されることはない。
④ 幼稚園における「ねらい」は育つ方向性ではなく到達目標を示したものである。
⑤ 幼児理解は，教師が幼児を一方的に理解しようとすることだけで成り立つものではなく，幼児も教師を理解するという相互理解によるものである。
⑥ 教師が身体全体で幼児に触れ，その思いや気持ちを丁寧に感じ取ろうとする姿勢をもつことが大切である。
⑦ 幼児理解は，教師の前で示す幼児の姿からのみとらえ，その姿から幼稚園という生活の場や教師をどのように見ているかを理解する。
⑧ 保育を改善することは，幼児の生活する姿からその子らしさや，経験していること，伸びようとしていることをとらえるというような，いわゆる幼児理解だけでできることではない。

⑨　親が幼稚園と一緒になって，幼児の教育について考えていこうという気持ちをもつためには，日常の教師の態度が打ち解けたものであり，安心して我が子と幼稚園の話ができるような情報を伝えることが必要である。

⓪　幼児を理解することも，評価することも，子供の育ちをとらえるためのものであり，教師が自分自身の保育を見直し，改善するためのものではない。

【7】次の文は，「学校防災マニュアル（地震・津波災害）作成の手引き」（文部科学省）に述べられているものである。（　ア　）～（　オ　）にあてはまる適切な語句を①～⑨から選び，番号で答えよ。

(1)　学校防災マニュアルは，

1. 安全な（　ア　）を整備し，災害の発生を未然に防ぐための事前の（　イ　）

2. 災害の発生時に（　ウ　）に対処し，被害を最小限に抑えるための発生時の（　イ　）

3. 危機が一旦収まった後，（　エ　）や授業再開など通常の生活の再開を図るとともに，再発の防止を図る事後の（　イ　）

の三段階の（　イ　）に対応して作成する必要があります。

(2)　地震を感知（実際に揺れを感じた場合や緊急地震速報受信時）したと同時に（　オ　）のための初期対応を図ることが必要です。

日常の指導や避難訓練等によって児童生徒等自身の判断力・行動力を養っておくことが，（　オ　）につながります。

①　計画　　②　危機管理　　③　安全確保
④　環境　　⑤　学校防災体制　　⑥　適切かつ迅速
⑦　慎重　　⑧　心のケア　　⑨　ライフラインの復旧

【8】次の（ア）～（オ）の生き物について，それぞれ適切でないものを①～④から選び，番号で答えよ。

（ア）　アゲハ

①　たまごから成虫になるまで，2週間ほどかかる。

②　幼虫は，ミカンやサンショウ，カラタチ，キハダなどの葉を食べる。

③　幼虫は，鳥などに攻撃されると，嫌なにおいのする黄色い角を出して，

身を守る。

④　羽化は，おおむね朝方に行われることが多い。

（イ）　ナナホシテントウ

①　たまごから成虫になるまでは，およそ1か月である。

②　幼虫も成虫もアブラムシを食べる。

③　成虫は，鳥などに攻撃されると，嫌なにおいや味のする黄色い汁を出して，身を守る。

④　幼虫同士は共食いしないので，一緒に飼育してもよい。

（ウ）　カマキリ

①　幼虫も成虫も，昆虫などの小動物を食べる。

②　共食いをさけるため，1匹ずつ飼うのが基本である。

③　水をよく飲む。

④　昼に活動し，夜は活動しない。

（エ）　カタツムリ

①　陸に住んでいるが，貝の仲間である。

②　歯がないので，藻類や植物の葉，腐葉土などを粘液で溶かして食べる。

③　1匹で雄・雌の両方の機能をもっている雌雄同体という生き物である。

④　真夏の暑い時期は体が乾燥してしまうので，木や草のかげで，殻の入り口に膜を張り，秋の雨が多くなる時期まで眠って過ごす。

（オ）　ニホンアマガエル

①　オタマジャクシは，1か月ほど水中でくらす。

②　オタマジャクシは，先に前足が生え，その後，後ろ足が生える。

③　両生類の仲間で，オタマジャクシのときにはえら呼吸をし，カエルになると，肺で呼吸する。

④　ニホンアマガエルの足には吸盤がある。

【9】次の楽譜について，下の問いに答えよ。

(1) この曲は何分の何拍子か，①～⑤から選び，番号で答えよ。

① 4分の2拍子　② 4分の3拍子　③ 4分の4拍子

④ 8分の3拍子　⑤ 8分の6拍子

(2) 楽譜(ア)にあてはまる伴奏を①～⑤から選び，番号で答えよ。

①

②

③

④

⑤

(3) 楽譜の イ ウ エ に入るコードを①～⑤から選び，番号で答えよ。

①	イ	E	ウ	Am	エ	G_7
②	イ	A	ウ	D	エ	G
③	イ	A	ウ	F	エ	G_7
④	イ	Am	ウ	D	エ	G_7
⑤	イ	E	ウ	A	エ	G

(4) 楽譜の(オ)の記号の意味を①～⑤から選び，番号で答えよ。

① その音を短く切って

② その音の長さをじゅうぶんに保って

③ なめらかに

④ その音符をほどよく延ばして

⑤ その音を目立たせて，強調して

(5) この曲は何調か，①～⑤から選び，番号で答えよ。

① ハ長調　② ニ長調　③ ホ長調　④ ヘ長調

⑤ ト長調

【10】造形に用いる材料や用具について，次の問いに答えよ。

(1) 次の(ア)～(エ)について，適切なものは①，適切でないものは②を選び，番号で答えよ。

(ア) 紙には縦目と横目のある物があり，折ったりやぶったりする活動では注意が必要だが，新聞紙は再生紙を原料とするため，縦目・横目はない。

(イ) 化学接着剤は付けるものを選ばないので，どんな材料でも付けることができるので便利である。

(ウ) のりを使って紙を接着する際の基本は，ムラなく，薄く，全面に手早く付けることである。

(エ) クレヨンは，ロウ分が多く含まれるので，水彩絵の具をはじくバチックなどの表現に使用できる。

(2) 水彩絵の具の使用に適さない表現を次の①～⑤から選び，番号で答えよ。

① デカルコマニー(合わせ絵)

② フロッタージュ(こすりだし)

③ フィンガーペインティング

④ にじみ

⑤ ドリッピング(吹き流し)

【11】次の(ア)～(オ)の絵本の一節をA群の①～⑤から，作者名をB群の⑥～⓪から，それぞれ選び，番号で答えよ。

(ア) いたずら　きかんしゃ　ちゅう　ちゅう

(イ) かもさん　おとおり

(ウ) はなのすきなうし

(エ) ちいさなねこ

（オ） ふらいぱん　じいさん

A群

① 「そうだ，ひろい　よのなかに　でれば，
この　わしだって，なにか
やれそうなものだ。よし，でかけよう。
あたらしい　せかいで，だれかが　わしを
まっているかもしれない。」

② ジムと　オーリーと　アーチボールドは
かけて　かけて　くたびれて，もう
これいじょうは　かけられなくなりました。

③ こうえんに　すてきないけが　あって，そのなかに
ちいさなしまが　ありました。
「こんや　やすむのに　おあつらえむきのばしょだね」と，
マラードさんが　いいました。

④ ふぇるじなんどの　おかあさんは，
ときどき，むすこの　ことが　しんぱいに　なりました。
ひとりぼっちで　さびしくは　ないかしらと，おもうのでした。

⑤ そして，また　どんどん
はしっていく。
あ，じどうしゃの　ほうへ
とびだした。
あぶない！

B群

	作	絵	訳
⑥	石井 桃子	横内 襄	
⑦	マンロー・リーフ	ロバート・ローソン	光吉 夏弥
⑧	神沢 利子	堀内 誠	
⑨	ロバート・マックロスキー	ロバート・マックロスキー	わたなべ しげお
⓪	バージニア・リー・バートン	バージニア・リー・バートン	むらおか はなこ

【12】次の（ア）～（オ）の事項に最も関係の深い人物を①～⑨から選び，番号で答えよ。

（ア） スイスの心理学者・精神医学者。人間の心の奥深くに潜む普遍的な無意識を重視し，この精神をもつ人類共通な無意識を“集合的無意識”ととらえ，フロイトの示した抑圧的無意識を“個人的無意識”として区別し

ている。この集合的無意識と個人的無意識の中心に自己を置いてとらえ，意識の中心である自我を人格の中心とは考えていない。現象としての人間存在そのものを純粋にとらえようとした。

（イ）　小説家・児童文学作家。新潟県に生まれる。早稲田大学在学中，坪内逍遙に師事。当時全盛であった自然主義に対し，新浪漫主義の立場をとって独自の道を歩んだ。1910年，童話集『赤い船』を出版。1918年『星の世界から』を刊行。つづいて「金の輪」「牛女」「赤い蝋燭と人魚」「野薔薇」を発表し，1926年に小説を捨て童話に専念することを宣言。童話を文学に高めた先駆者としての役割を果たした。

（ウ）　チェコの牧師で教育思想家。「近代教育学の父」とも呼ばれている。彼の主著『大教授学』(1657) は世界最初の教育学の体系的書物であり，この中に彼の教育思想が展開されている。教育はすべての人にとって必要なものであるとし民主的な学校制度を主張し，幼年期から青年期まで6歳ずつ4段階に区分し，発達段階に応じた教育の必要性を説いた。また，すべての学習や認識は感覚から始まるとし，感覚器官を重視した点と，子どもの内から伸びる力を認め，遊びや活動を重視した。

（エ）　アメリカの心理学者。人間の健康的な側面を重視した人間性心理学を確立した。人間はみずから進んで成長したいという欲求をもっており，最終的には健康な人間の理想である自己実現の欲求へと進む段階を，①生理的欲求，②安全の欲求，③愛情の欲求，④自尊の欲求，⑤自己実現の欲求の5つの階層的欲求理論として論じた。欲求が欠けた時には充足を求める行動が生じ，これを欠乏欲求と考えた。

（オ）　東京女子師範学校附属幼稚園の創設当時の主任保母であり，わが国における幼稚園教育の基礎を築いた先駆者。フレーベルの設立した養成学校で保育の理論と実際を学び，1876年に来日した。1878年には同校に保母師範科ができ，そこでフレーベルの二十恩物大意などを講義し，フレーベルの理論を保母たちに伝えた。幼児教育草創期のわが国への影響は大きいものがあった。

①　キルパトリック　　②　松野クララ　　③　ヴィゴツキー
④　小川未明　　⑤　キュックリヒ　　⑥　マズロー
⑦　ユング　　⑧　鈴木三重吉　　⑨　コメニウス

解答・解説

【1】ア ⑤　イ ①　ウ ③　エ ⑥　オ ⑨

〈解説〉教育基本法が制定された昭和22年から約60年が経過し，価値観の多様化，規範意識の低下，科学技術の進歩，国際化，核家族化などの教育を取り巻く環境の大幅な変化を踏まえ，教育基本法が改正され，平成18年12月公布・施行された。この改正において教育基本法第6条第2項，第10条は新設され，また第9条は旧教育基本法第6条第2項が独立条文とされたもので，その際「崇高な」,「絶えず研究と修養に励み」,「養成と研修の充実が図られなければならない。」の文言が加筆された。

【2】①，⑤，⑥，⑦，⑧

〈解説〉中央教育審議会は平成28年12月「幼稚園，小学校，中学校，高等学校及び特別支援学校の学習指導要領等の改善及び必要な方策等について（答申）」を答申し，平成30年度の幼稚園での全面実施を皮切りにして使用される新しい学習指導要領等の姿と，その理念の実現のために必要な方策等を示した。その中では選択肢②について「教育課程とは，学校教育の目的や目標を達成するために，教育の内容を子供の心身の発達に応じ，授業時数との関連において総合的に組織した学校の教育計画であり，その編成主体は各学校である。各学校には，学習指導要領等を受け止めつつ，子供たちの姿や地域の実情等を踏まえて，各学校が設定する学校教育目標を実現するために，学習指導要領等に基づき教育課程を編成し，それを実施・評価し改善していくことが求められる。これが，いわゆる『カリキュラム・マネジメント』である。」とされている。選択肢③については「各領域のねらいを相互に関連させ,『幼児期の終わりまでに育ってほしい姿』や小学校の学びを念頭に置きながら，幼児の調和の取れた発達を目指し，幼稚園等の教育目標等を踏まえた総合的な視点で，その目標の達成のために必要な具体的なねらいや内容を組織すること。」とされている。選択肢④については「幼児教育における『見方・考え方』は，幼児がそれぞれの発達に即しながら身近な環境に主体的に関わり，心動かされる体験を重ね，遊びが発展し生活が広がる中で，環境との関わり方や意味に気付き，これらを取り込もうとして，諸感覚を働かせながら，試行錯誤したり，思い巡らしたりすることであると整理できる。」とされている。選択肢⑨は「幼稚園教育要領においても，資質・能力の三つの柱について幼児教育の特質を踏まえた整理を行い,『健康』『人間関係』『環境』『言葉』『表現』という現在の領域構成を引き継ぎつつ,内容の見直しを資質・能力の三つの柱に沿って図ることが求められる。」とされている。選択肢⓪については「教育内容の質の向上に向けて，幼児の姿や就学後の状況，家庭や地域の現状等に基づき，教育課程を編成し，実施し，評価して改善を図る一連のPDCAサイクルを確立すること。」とされている。

【3】（ア） ② （イ） ① （ウ） ④ （エ） ③ （オ） ⑤
（カ） ① （キ） ② （ク） ③ （ケ） ④ （コ） ③

〈解説〉新幼稚園教育要領が平成29年3月に告示され，平成30年度から全面実施されている。その改訂の主なポイントは，「幼稚園教育において育みたい資質・能力を明確化」，「5歳児修了時までに育ってほしい具体的な姿を『幼児期の終わりまでに育ってほしい姿』として明確化するとともに，小学校と共有することにより幼小接続を推進」，「幼児一人一人のよさや可能性を把握するなど幼児理解に基づいた評価を実施。」，「言語活動などの充実を図るとともに，障害のある幼児や海外から帰国した幼児など特別な配慮を必要とする幼児への指導を充実。」であり，心身の健康に関する領域「健康」，人との関わりに関する領域「人間関係」，身近な環境との関わりに関する領域「環境」，言葉の獲得に関する領域「言葉」及び感性と表現に関する領域「表現」の5領域で構成され，それぞれに「ねらい」と「内容」が示されている。

【4】ア ③ イ ① ウ ② エ ⑧ オ ⑤

〈解説〉平成29年3月告示の「幼稚園教育要領」において障害のある幼児などへの指導に加え，海外から帰国した幼児や生活に必要な日本語の習得に困難のある幼児の幼稚園生活への対応に関して，出題の「特別な配慮を必要とする幼児への指導」が新たに示された。この部分について「幼稚園教育要領解説」は「幼稚園において障害のある幼児などを指導する場合には，幼稚園教育の機能を十分生かして，幼稚園生活の場の特性と人間関係を大切にし，その幼児の障害の状態や特性および発達の程度等に応じて，発達を全体的に促していくことが大切である。」，「一人一人の実態を的確に把握し，指導内容や指導方法の工夫を組織的かつ計画的に行うとともに，全教職員で共通理解を深め，幼児や保護者と関わる体制を整えることが必要である。」と解説している。

【5】ア ⑥ イ ⑧ ウ ④ エ ① オ ⑤

〈解説〉「幼稚園教育要領解説」（平成30年2月）は，1について「入園当初や進級当初においては，幼稚園生活に対して不安感や緊張感が大きい幼児もいるので，家庭生活との連続性を図りながら幼児一人一人の実情に合った居場所づくりを行うことが重要である。」，2については「各幼稚園においては，地域の実態や保護者の要請に応じて創意工夫し，子育ての支援活動をできるところから着実に進めることが重要である。」と解説している。

【6】②，⑤，⑥，⑧，⑨

〈解説〉幼稚園教育指導資料第3集　幼児理解と評価（平成22年7月改訂）は選択肢①については「肯定的に見るといっても特別な才能を見付けたり，他の幼児との比較で優劣を付けて，優れている面だけを拾いあげたりするということではありません。まして，幼児の行動の全てをそのままに容認したり，放任したりしてよいということではないのです。それは，教師が幼児の行動を見るときに，否定的に見ないで，成長しつつある姿としてとらえることが重要なのです。」，選択肢③については「幼児の発達する姿は，自己主張や異議申し立て，反抗やこだわりなどとして表されることもあります。」，選択肢④については「幼稚園における『ねらい』は到達目標ではなく育つ方向性を示すものですから，一人一人の幼児が『ねらい』に向けてどのように育っていくのかを見ることが必要です。」，選択肢⑦については「一人一人の幼児にとって，活動がどのような意味をもっているかを理解するためには，教師が幼児と生活を共にしながら，なぜこうするのか，何に興味があるのかなどを感じ取っていくことが必要です。目の前に起こる活動の流れだけを追うのではなく，それを周囲の状況や前後のつながりなどと関連付けて考えてみることで，その幼児の心の動きや活動の意味がだんだんと理解できるようになるでしょう。」，選択肢⓪については「幼児を理解することも，評価することも，すべて教師が自分自身の保育を見直し，改善するためのものといってよいでしょう。」とされている。

【7】ア　④　　イ　②　　ウ　⑥　　エ　⑧　　オ　③

〈解説〉「学校防災マニュアル（地震・津波災害）作成の手引き」は文部科学省が作成した，地震・津波が発生した場合の具体的な対応について参考となるような共通的な留意事項をとりまとめたもの。学校保健安全法第29条第1項において児童生徒等の安全の確保を図るため，危険等発生時に職員が講じるべき措置の内容や手順を定めた危機管理マニュアル（危険等発生時対処要領）を各学校が作成することとされており，その参考となるよう作成されたものである。

【8】（ア） ①　（イ） ④　（ウ） ④　（エ） ②　（オ） ②

〈解説〉出題されている動物や虫は，絵本や物語でも多く登場し，また日常でも目にすることができる，こどもにとってなじみの深い存在である。アゲハは，卵から成虫になるまで約1か月かかる。ナナホシテントウは，餌として多くのアブラムシを食べるが，幼虫段階で餌が不足すると共食いをする。カマキリは，基本的に明るいときにしか活動しないが，明かりがついている場所では夜も活動を行う。カタツムリは，口内に歯舌をもちすりつぶす形で餌をたべる。ニホンアマガエルのオタマジャクシは，先に後ろ足が生える。

【9】(1) ①　(2) ④　(3) ②　(4) ⑤　(5) ②

〈解説〉(1) 付点のリズムが多いので分かりにくいが，4小節目を見てみると四分音符と四分休符が1つずつ見られる。これは4分の2拍子である。4分の2拍子とは四分音符が1小節に2つ入る拍子である。 (2) （ア）のコードはEであるから構成音はミソ＃シが基本形となる。 (3) イの構成音は低音からラド＃ミであり，これはAである。ウの構成音は低音からラレファ＃であり，これはDである。エの構成音は低音からソレシであり，これはGである。和音の場合，同時に鳴る音が同一であれば音の順序は関係ないので覚えておこう。 (4) （オ）の記号はアクセントである。「その音を強調して」の意味がある。 (5) この曲は＃×2の長調であるニ長調である。

【10】(1) （ア） ②　（イ） ②　（ウ） ①　（エ） ①　(2) ②

〈解説〉(1) （ア） 新聞紙にかぎらず，紙には目があり，紙の繊維の多くは縦目（縦方向）に並んでいるので，縦方向には直線的に裂ける。一方横目（横方向）で裂くと，繊維の流れに逆らうことになるので，裂け目が曲がる。
（イ） 化学接着剤で接着できるものは比較的広範囲にわたるが，通常，ポリエチレン，ポリプロピレンなどの接着は困難。また，硬化するため布などの柔らかいものへの使用も不向き。化学接着剤にもさまざまな種類があるので，用途に合わせて使用する。 (2) フロッタージュは凹凸のあるものに紙をあて，上から画材で擦ることによって紙の下の凹凸を写し取る技法。したがって鉛筆やコンテなどが適する。

【11】A群 （ア） ②　（イ） ③　（ウ） ④　（エ） ⑤　（オ） ①
B群 （ア） ⓪　（イ） ⑨　（ウ） ⑦　（エ） ⑥　（オ） ⑧

〈解説〉（ア） いたずらきかんしゃちゅうちゅうのお話。「ちいさいおうち」などで知られる，アメリカのバージニア・リー・バートンの作品である。

(イ) 川から公園に引越したかもの一家のお話。アメリカのロバート・マックロスキーの作品である。 (ウ) フェルジナンドという花の好きな仔牛のお話。アメリカのマンロー・リーフの作品である。 (エ) ひとりで外に飛び出した小さなねこのお話。「ノンちゃん雲に乗る」などで知られる石井桃子の作品である。 (オ) 旅に出たフライパンのおじいさんのお話。「くまの子ウーフ」などで知られる神沢利子の作品である。

【12】(ア) ⑦ (イ) ④ (ウ) ⑨ (エ) ⑥ (オ) ②

〈解説〉キルパトリック (1871－1965) は米国の教育学者で，モンロー，ソーンダイク，デューイらの影響を受け，教育哲学，教育方法の理論に新しい分野を切り拓いた。ヴィゴツキー (1896－1934) はロシアの心理学者で教育はすでに達成された発達水準ばかりでなく，大人の指導・援助のもとに達成可能な問題解決の水準との間に横たわる「発達の最近接領域」を考慮に入れなければならないと主張した。キュックリヒ (1897－1976) は大正11 (1922) 年ドイツ福音教会から派遣され来日し，東京保育女学院を設立。第2次世界戦後は乳児院，老人ホームの設立につくした。鈴木三重吉 (1882－1936) は小説家・児童文学者で「千鳥」「桑の実」など繊細で浪漫的な作風で文壇に認められ，児童文学の普及と向上に努めた。

平成30年度

【1】次の文は,「学校教育法第23条」の内容である。(ア)~(オ)にあてはまる語句を①~⑨から選び, 番号で答えよ。

第23条　幼稚園における教育は, 前条に規定する目的を実現するため, 次に掲げる目標を達成するよう行われるものとする。

1　健康, 安全で幸福な生活のために必要な基本的な習慣を養い, 身体諸機能の(ア)を図ること。

2　集団生活を通じて, 喜んでこれに参加する態度を養うとともに家族や身近な人への信頼感を深め, 自主, 自律及び協同の精神並びに(イ)を養うこと。

3　身近な社会生活, 生命及び自然に対する興味を養い, それらに対する正しい理解と態度及び(ウ)を養うこと。

4　日常の会話や, 絵本, 童話等に親しむことを通じて, (エ)を正しく導くとともに, 相手の話を理解しようとする態度を養うこと。

5　音楽, 身体による表現, 造形等に親しむことを通じて, 豊かな感性と(オ)を養うこと。

①　思考力の芽生え　　②　全体的発達
③　表現力の芽生え　　④　調和的発達
⑤　規範意識の芽生え　⑥　創造力の芽生え
⑦　豊かな想像力　　　⑧　話す力・聴く力
⑨　言葉の使い方

【2】次の(ア)~(コ)は, 次期幼稚園教育要領(平成29年3月告示　文部科学省)に述べられている5領域の内容の一部である。どの領域に属するか, ①~⑤から選び, 番号で答えよ。同じ選択肢を複数回使用してもよい。

(ア)　絵本や物語などに親しみ, 興味をもって聞き, 想像をする楽しさを味わう。

(イ)　自分で考え, 自分で行動する。

(ウ)　身近な物を大切にする。

(エ)　様々な活動に親しみ, 楽しんで取り組む。

(オ)　危険な場所, 危険な遊び方, 災害時などの行動の仕方が分かり, 安全に気を付けて行動する。

(カ)　自分の思ったことを相手に伝え, 相手の思っていることに気付く。

(キ)　様々な出来事の中で，感動したことを伝え合う楽しさを味わう。
(ク)　先生や友達と食べることを楽しみ，食べ物への興味や関心をもつ。
(ケ)　自然に触れて生活し，その大きさ，美しさ，不思議さなどに気付く。
(コ)　日常生活の中で数量や図形などに関心をもつ。

①　健康　②　人間関係　③　環境　④　言葉　⑤　表現

【3】次の(1)～(3)は，「幼稚園における道徳性の芽生えを培うための事例集」(平成13年3月　文部科学省)に述べられているものである。(　ア　)～(　オ　)にあてはまる語句を①～⑨から選び，番号で答えよ。

(1)　幼児期は，まず自分自身を充実させ，その力を外に向けて広げていく時期である。そこから自分の(　ア　)が外にあふれていき，外の世界へのかかわりへと展開していく。そのかかわりが広がるにつれて，次第に外の世界にある諸々の人やものの存在に気付き，その特徴が分かっていく。自分がどうかかわると，外の世界の諸々が各々独自の特徴をもって，どう反応していくかの見当がつき，その面白さや不思議さに気付いていく。しかし，同時に，幼児は自分の思うようにならない現実にぶつかり，ものが思うように動くとは限らない，人が自分の思い通りに行動してくれるとは限らないということに気付くことが大切である。

(2)　発達の基本として自己を発揮できることが始まりにあるが，その更に根本には，(　イ　)と認められ，何をしようとその場に受け入れてもらえる安心感をもつことが必要である。受け入れてもらえるとは，悪いことをしようと何をしようと，すべて是認されるというのではない。仮によくないと叱られたとしても，その根底には受け入れてもらえるという(　ウ　)が成り立っていることである。

(3)　大勢のための社会のルールを意識する中で，(　エ　)ようになることが，道徳性の発達にとっては大切である。そのルールが自分の内面から発する思いと結びつくことに向けて，幼児期においては，いずれ社会に通用するルールに発展するその芽生えと幼児の心の思いとの結びつきができるように援助するのである。

いかなる社会のルールが重要かは，自己の発達の流れに沿いつつ，自他の関係と(　オ　)の中から理解されていくと同時に，幼児の属する家庭や幼稚園，あるいは地域などのルールに気付くことによって支えられる。

① 集団形成の経験　② 感情
③ 基本的な信頼関係　④ 自分がそこにいてよい
⑤ 心の思いや願いや力　⑥ 自己発揮する
⑦ ありのままでよい　⑧ 自らを律する
⑨ 物との関係

【4】次の(1)～(3)は,「幼稚園教育要領解説」(平成20年10月　文部科学省)に述べられているものである。(　ア　)～(　オ　)にあてはまる語句を①～⑨から選び，番号で答えよ。

(1) 障害のある幼児については，幼稚園生活だけでなく家庭生活や地域での生活も含め，長期的な視点に立って(　ア　)までの一貫した支援を行うことが重要である。このため，家庭や医療機関，福祉施設などの関係機関と連携し，様々な側面からの取組を示した計画((　イ　))を作成することなどが考えられる。

(2) 障害のある幼児の指導に当たっては，何よりも幼稚園の教師が障害のある幼児に対する理解を深め，その教育についての知識と経験を豊かにすることが大切である。そのためには，例えば，園内委員会を設置し，特別支援教育コーディネーターを指名するなど，幼稚園の教職員全体の(　ウ　)をつくりながら，計画的,(　エ　)的に取り組むことが重要である。同時に，その幼児の日常の生活に支障がないように，あるいは安全を確保する観点から，施設や設備の整備，学級編制や教職員の配置への配慮をすることも大切である。

(3) 教師は，幼児への指導と併せて，保護者が我が子の障害を(　オ　)できるようにしたり,将来の見通しについての不安を取り除くようにしたり,自然な形で幼児とのかかわりができるようにしたりするなど，保護者の思いを受け止めて精神的な援助や養育に対する支援を適切に行うように努めることが大切である。

① 組織　② 保育指導案　③ 役割
④ 受容　⑤ 幼児期から学校卒業後　⑥ 入園から卒園
⑦ 継続　⑧ 個別の教育支援計画　⑨ 協力体制

【5】次の(ア)～(オ)は，感染症の病名である。それぞれの症状・予後にあてはまる適切なものを①～⑨から選び，番号で答えよ。

(ア)　マイコプラズマ感染症

(イ)　感染性胃腸炎

(ウ)　アタマジラミ

(エ)　伝染性膿痂疹(とびひ)

(オ)　手足口病

① 紅斑を伴う水疱や膿疱が破れてびらん，痂皮をつくる。かゆみを伴うことがあり，病巣は擦過部に広がる。

② 突然の発熱（39℃以上），咽頭痛がみられる。咽頭に赤い発しんがみられ，次に水疱，間もなく潰瘍となる。

③ 咳，発熱，頭痛などのかぜ症状がゆっくりと進行し，特に咳は徐々に激しくなる。しつこい咳が3～4週持続する場合もある。

④ 頭皮に皮膚炎を起こす疾患。一般に無症状であるが，吸血部位にかゆみを訴えることがある。

⑤ 半球状に隆起し，光沢を帯び，中心にくぼみをもつ粟粒大から米粒大(2～5mm)のいぼが，主に体幹，四肢にできる。

⑥ 発熱と口腔・咽頭粘膜に痛みを伴う水疱ができ，唾液が増え，手足末端，肘，膝，お尻などに水疱がみられるのが特徴。

⑦ 下痢，血便，嘔吐，発熱。カンピロバクターでは，発症数週間後にギランバレー症候群という，末梢神経まひ疾患を併発することもある。

⑧ 嘔吐と下痢が主症状である。多くは2～7日で治るが，脱水，けいれん，脳症などを合併し，危険な状態になることもある。

⑨ 上気道感染では発熱と咽頭痛，咽頭扁桃の腫脹や化膿，リンパ節炎。治療が不十分な場合は，リウマチ熱や急性糸球体腎炎を併発する場合がある。

【6】次の文は，幼稚園教育指導資料第1集「指導計画の作成と保育の展開」(平成25年7月改訂　文部科学省)に書かれている事例である。この事例から読み取れる学級の実態として適切に捉えられているものを①～⑨から5つ選び，番号で答えよ。

3年保育　5歳児　1月

○ コマ回しの場面で

・J児，T児，U児が遊戯室でコマ回しをしている。「ヨーイ，ゴー」と，声を掛けて一斉にコマを回し，誰のコマが一番最後まで回っているかを競争している。J児が投げたコマが回らなかったので，すぐに拾ってひもを巻き直し，再び投げると，T児が「だめ，途中からやったらずるいぞ」と言う。

・T児が直方体の箱積み木を一つ床に置き，「この上から落ちたら負け」と言う。三人で一斉に投げてみるが，なかなか積み木の上で回すことができない。難易度が上がったことで面白さが増した様子で，J児もU児も繰り返し挑戦している。

・M児は，コマのひもを巻くが途中でひもが緩んでしまう。何度も繰り返しやっていると，J児が「貸してごらん」と言ってM児のコマのひもを巻いて手渡す。受け取る途中でひもが緩んでしまい，投げてみるがうまく回らない。M児はまた，ひもを巻く。「始めに力を入れて強くひもを巻くといいんだよね」と教師が声を掛けると，J児が「最初に強く巻くんだよ。あとはそうっと」と，M児の手元を見ながら言う。

○ドッジボールの場面で

・園庭でドッジボールが始まる。「入れて。Kちゃん，赤？　じゃあ，ぼくも」とH児が赤のコートに加わると，それにつられて数人が次々と赤に移動し，白チームが2人になってしまった。E児に「だめだよ，Gちゃんは白」と言われてもG児は戻ろうとしない。E児は「誰か，ドッジボールする人いませんか」と周囲に呼び掛け，「ねぇ，白に入ってくれない？」と友達を誘っている。

・ドッジボールをしている途中で，チームを変わったり参加したり抜けたりする幼児がいてチームの人数が変わるので，E児が紙に書いておくといいと言って，友達の名前とチーム名を紙に書き始めた。一人ずつチームを尋ねながら名前を書いていく。ドッジボールは中断し，みんなでE児を取り囲み，文字を書く手元を見つめている。(以下略)

① 遊びがより楽しくなるようにアイデアを出しているが，自分たちで遊びを進めようとする姿は見られない。
② 自分なりの目標をもって，関心のあることにじっくりと取り組んでいる。
③ 友達の得意なことが分かり，教えてもらったり，同じチームになろうとしたりする。
④ 教えてあげたい気持ちがあっても言葉で表現できず，やってあげたり，やってみせたりしている。
⑤ みんなで一緒に遊ぶよりも，それぞれが勝ちたい思いから，個々に遊びをすすめようとしている。
⑥ 遊びのルールを理解し，ルールのある面白さが分かってきている。
⑦ ドッジボールでは勝敗を意識して遊ぶようになり，勝ちたい思いが先立ってはいるが，ルールはしっかり守っている。
⑧ ドッジボールでは人数が不均衡になると楽しく遊べないので，「強い」友達と同じチームになりたがる姿は見られない。
⑨ 得点を数えたり，チームの人数を数えたり書いたりするなど，遊びの中で，文字や数に触れている。

【7】次の(ア)～(オ)の野菜について，それぞれ適切でないものを①～④から1つ選び，番号で答えよ。

(ア) サツマイモ
① 10月になると収穫できる。収穫がおくれると，甘みが落ちる。
② やせた土地や天候の悪いときでも元気に育つ。
③ 葉がたくさん茂って元気なのに，イモが大きくならないのは，肥料(チッソ分)が不足しているからである。
④ 夏になると，どんどんつるを伸ばす。

(イ) ジャガイモ
① 種イモから，芽がどんどん出てくる。勢いのよい芽を2本ずつ残して，他の芽ははさみで切り取る。
② 地上部の葉が枯れて黄ばんできたら，収穫の時期である。
③ 種イモをたてに2つに切り，切り口が上を向くように，切った種イモを植える。
④ ナス科の植物である。

（ウ） ニガウリ

① 黄色くならないうちに，収穫する。

② グリーンカーテンとして利用されるほど高温乾燥に強い。

③ 病気には非常に強く，ほとんど薬剤散布は必要ない。

④ ナス科の植物である。

（エ） ミニトマト

① 全体が赤く色づいたら収穫する。取り遅れると実が割れたり，落果したりする。

② 高さが20cmぐらいになったら，支柱を立てる。

③ 同じナス科の野菜を栽培した場所でも，連作障害発生のリスクは高まらない。

④ 原産地であるアンデス地方の気象と同じように，日当たり，風通し，排水のよいところが適地である。

（オ） ピーマン

① 辛味のない大果系品種を「パプリカ」と呼ぶ。

② 日当たりがよく，水はけ，水もちのよい肥沃な場所を好まず，土質をあまり選ばない。

③ ナス科の野菜を栽培した跡地での連作は，生育障害を伴い，病害発生の要因ともなる。

④ 果実は完熟するにしたがって，緑色から赤や黄色に変わってくる。

【8】次の（ア）～（オ）は絵本の書名である。それぞれの絵本の一部分をA群から，作者名をB群から選び，番号で答えよ。

（ア） いたずらラッコとおなべのほし

（イ） そらいろのたね

（ウ） おしゃべりなたまごやき

（エ） ぐるんぱのようちえん

（オ） おたまじゃくしの101ちゃん

A群

① 「しまった。かぎなんかもっていたら，とをあけたことが，
わかっちゃうな。ええい，こんなもの，すててしまえ」

② 「あいては　つよいから，しっかり　かたまって　スクラムだ。」
「それいけ，おかあさんを　たすけに　いけ！」

③　うみぜんたいが　ぐらぐらと　ゆれたかと　おもうと，
　　いなずまのように　ひかる　大きなものが，おちかかってきました。
④　きつねも　やってきて，
　　「うわぁ　すごい！　なんて　おおきいうちだろう！」と，
　　めを　まるくしました。
⑤　みいちゃんは　きゅうに　ほっとして，ぽろんと　ひとつ，
　　がまんしていた　なみだが　おっこってしまいました。
⑥　ほんとに　がっかりして　びすけっとと　おさらと　くつと
　　ぴあのを　すぽーつかーに　のせて　でていきました。

B群

①　西内　ミナミ　さく　　堀内　誠一　え
②　なかがわ　りえこ　文　　おおむら　ゆりこ　絵
③　寺村　輝夫　作　　長　新太　画
④　神沢　利子　文　　長　新太　絵
⑤　かこ　さとし　絵と文
⑥　筒井　頼子　さく　　林　明子　え

【9】次の楽譜をみて，下の(1)～(5)の問いに答えよ。

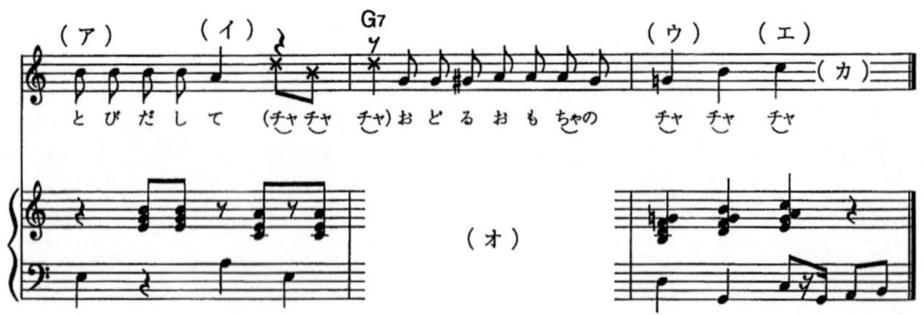

(1)　楽譜の(　ア　)～(　エ　)に入るコードを①～④から選び，番号で答えよ。

①　ア　Em　　イ　A　　ウ　G_7　　エ　C
②　ア　Em　　イ　Am　　ウ　G_7　　エ　C_6
③　ア　Em　　イ　A　　ウ　G　　エ　C_6
④　ア　Em　　イ　Am　　ウ　G_7　　エ　C

(2) 楽譜の(　オ　)にあてはまる伴奏を①～④から選び，番号で答えよ。

(3) この曲は，何分の何拍子ですか。①～④から選び，番号で答えよ。

① 4分の2拍子　② 4分の4拍子　③ 8分の6拍子

④ 4分の3拍子

(4) この曲は，何調ですか。①～④から選び，番号で答えよ。

① ハ長調　② ト短調　③ ハ短調　④ ト長調

(5) この曲の(　カ　)に入る休符と同じ長さの音符を①～④から選び，番号で答えよ。

① 8分音符　② 4分音符　③ 16分音符　④ 付点8分音符

【10】描画材について(　ア　)～(　オ　)にあてはまる最も適切なものを①～⑧から選び，番号で答えよ。

描画材の特徴	描画材
不透明。紙以外にも木、石、プラスチック、金属などにも着彩が可能。ペン先の細いものから、幅の太いものまで様々なものがある。金、銀もある。	(ア)
ロウ分が少なく、油脂が多いため軟らかい。軟質のロウを使っているためのびがよく、描画に適している。不透明。色を混ぜやすく、色面で覆いやすい。ぼかしやすい。	(イ)
透明性がある。ペン先の太さや形が様々あり、筆タイプのタッチでかけるものもある。広い画面に塗るのは適さない。	(ウ)
透明性がある。紙に色が定着しやすい。光沢のある紙、段ボール、木、プラスチック、ビニルなど様々なものに着彩が可能。広い画面に塗るのは適さない。使うときは、下に新聞紙などを敷き、養生するとよい。	(エ)
ロウ分が多くやや硬い。滑らかにかけるため、線描に適している。描画の場合、色はやや薄く、透明感が出る。色は混ざりにくく、それぞれの色がはっきりとしている。	(オ)

① クレヨン　② パス　③ コンテ

④ チョーク　⑤ 色鉛筆　⑥ 水性ペン

⑦ 油性ペン　⑧ 顔料系マーカー

【11】次のA群の（ア）～（コ）は，「次期幼稚園教育要領」（平成29年3月告示文部科学省）に述べられている「幼児期の終わりまでに育ってほしい姿」である。（ア）～（コ）の姿について説明しているものをB群の①～⓪から選び，番号で答えよ。

A群

（ア）　健康な心と体　　（イ）　自立心

（ウ）　協同性　　（エ）　道徳性・規範意識の芽生え

（オ）　社会生活との関わり　　（カ）　思考力の芽生え

（キ）　自然との関わり・生命尊重

（ク）　数量や図形，標識や文字などへの関心・感覚

（ケ）　言葉による伝え合い　　（コ）　豊かな感性と表現

B群

①　遊びや生活の中で，数量や図形，標識や文字などに親しむ体験を重ねたり，標識や文字の役割に気付いたりし，自らの必要感に基づきこれらを活用し，興味や関心，感覚をもつようになる。

②　心を動かす出来事などに触れ感性を働かせる中で，様々な素材の特徴や表現の仕方などに気付き，感じたことや考えたことを自分で表現したり，友達同士で表現する過程を楽しんだりし，表現する喜びを味わい，意欲をもつようになる。

③　友達と関わる中で，互いの思いや考えなどを共有し，共通の目的の実現に向けて，考えたり，工夫したり，協力したりし，充実感をもってやり遂げるようになる。

④　幼稚園生活の中で，充実感をもって自分のやりたいことに向かって心と体を十分に働かせ，見通しをもって行動し，自ら健康で安全な生活をつくり出すようになる。

⑤　友達と様々な体験を重ねる中で，してよいことや悪いことが分かり，自分の行動を振り返ったり，友達の気持ちに共感したりし，相手の立場に立って行動するようになる。また，きまりを守る必要性が分かり，自分の気持ちを調整し，友達と折り合いを付けながら，きまりをつくったり，守ったりするようになる。

⑥　身近な事象に積極的に関わる中で，物の性質や仕組みなどを感じ取ったり，気付いたりし，考えたり，予想したり，工夫したりするなど，多様な関わりを楽しむようになる。また，友達の様々な考えに触れる

中で，自分と異なる考えがあることに気付き，自ら判断したり，考え直したりするなど，新しい考えを生み出す喜びを味わいながら，自分の考えをよりよいものにするようになる。

⑦　身近な環境に主体的に関わり様々な活動を楽しむ中で，しなければならないことを自覚し，自分の力で行うために考えたり，工夫したりしながら，諦めずにやり遂げることで達成感を味わい，自信をもって行動するようになる。

⑧　自然に触れて感動する体験を通して，自然の変化などを感じ取り，好奇心や探究心をもって考え言葉などで表現しながら，身近な事象への関心が高まるとともに，自然への愛情や畏敬の念をもつようになる。また，身近な動植物に心を動かされる中で，生命の不思議さや尊さに気付き，身近な動植物への接し方を考え，命あるものとしていたわり，大切にする気持ちをもって関わるようになる。

⑨　家族を大切にしようとする気持ちをもつとともに，地域の身近な人と触れ合う中で，人との様々な関わり方に気付き，相手の気持ちを考えて関わり，自分が役に立つ喜びを感じ，地域に親しみをもつようになる。また，幼稚園内外の様々な環境に関わる中で，遊びや生活に必要な情報を取り入れ，情報に基づき判断したり，情報を伝え合ったり，活用したりするなど，情報を役立てながら活動するようになるとともに，公共の施設を大切に利用するなどして，社会とのつながりなどを意識するようになる。

⓪　先生や友達と心を通わせる中で，絵本や物語などに親しみながら，豊かな言葉や表現を身に付け，経験したことや考えたことなどを言葉で伝えたり，相手の話を注意して聞いたりし，言葉による伝え合いを楽しむようになる。

【12】次の(ア)～(オ)の事項に最も関係の深い人物を①～⑨から選び，番号で答えよ。

(ア) ドイツの教育者で世界で最初の幼稚園の創設者である。彼の哲学的な人間教育に根ざした幼稚園教育は，全世界の幼児教育界に普及し大きな影響を与えた。1837年，ブランケンブルグに教育所を創設。ここで，彼は幼児のための教育遊具「恩物」を考案製作した。「恩物」とは，自然に子どもを万物の神的な統一に導く神からの賜物という意味である。その実践のため，ここに「遊戯および作業教育所」を併設し，1840年，それを「幼稚園」と名づけた。

(イ) 詩人。東京に生まれる。1918(大正7)年，鈴木三重吉の要請で『赤い鳥』に発表した「かなりあ」が成田為三の曲を得て，全国的に流行絶賛を博す。翌年詩集『砂金』を出版。その幻想的象徴詩で詩壇に地歩を固める。「かなりあ」発表以後，詩作と並行して童謡創作にも意欲を燃やし，『赤い鳥』『童話』誌上でつぎつぎと童謡を発表した。

(ウ) アメリカの心理学者。神経生理学以外の社会的条件とのかかわりを重んじ，知覚研究に新しい方向性を示した。共著としてまとめた『思考の研究』(1956)はその後の認知心理学の発展の基礎となっている。「どのような教科でも，どの年齢のどの子どもに対しても，知的性格をそのまま保って，効果的に教えることができる」と主張した。

(エ) オーストリアの動物学者。動物の行動観察を通して初期経験の重要性を示し，エソロジー(行動生物学・動物行動学・習性学・比較行動学)の分野を確立した。ガチョウのひなは，孵化後のかなり短い期間に知覚した最初の動く刺激対象物に対し，たとえそれがボールのような無生物であったとしてもそのあとを追いかけるという追従行動を見いだし，これを刻印づけ・刷りこみと名づけた。

(オ) どんな子どもでも発達する力を内部にもっているという考えに基づき，教育者は，子どもの環境を整え，子どもをよく観察し，子どもの自由な活動を尊重し援助することが大切であるとしている。さらに，幼児期に，精神的発達の基礎として，感覚の訓練がとくに重要であるとの観点から教具をつくった。

① ルソー　② ハウ　③ 北原白秋
④ デューイ　⑤ フレーベル　⑥ モンテッソリ
⑦ 西条八十　⑧ ローレンツ　⑨ ブルーナー

解答・解説

【1】ア ④　イ ⑤　ウ ①　エ ⑨　オ ③

〈解説〉学校教育法は昭和22年に制定された戦後日本の学校教育制度に関する一般的事項を包括的に規定した法律で，第1条で「この法律で，学校とは，幼稚園，小学校，中学校，義務教育学校，高等学校，中等教育学校，特別支援学校，大学及び高等専門学校とする」とされており，幼稚園も学校として位置付けられている。出題は幼稚園教育の目標を定めた学校教育法第23条からであるが，「幼稚園は，義務教育及びその後の教育の基礎を培うものとして，幼児を保育し，幼児の健やかな成長のために適当な環境を与えて，その心身の発達を助長することを目的とする」としている学校教育法第22条もおさえておくこと。

【2】（ア）④　（イ）②　（ウ）③　（エ）①　（オ）①
（カ）②　（キ）⑤　（ク）①　（ケ）③　（コ）③

〈解説〉幼稚園教育の内容は，心身の健康に関する領域「健康」，人との関わりに関する領域「人間関係」，身近な環境との関わりに関する領域「環境」，言葉の獲得に関する領域「言葉」，感性と表現に関する領域「表現」の5つで構成されている。なお，問題文中では「次期幼稚園教育要領（平成29年3月告示）」と記述されているが，この幼稚園教育要領は平成30年4月より全面実施されている。

【3】ア ⑤　イ ④　ウ ③　エ ⑧　オ ①

〈解説〉出題の資料は文部科学省が平成13年に作成したもので，幼児期の道徳性の発達についての基本的な考え方，教師が指導する際に配慮することの基本的な考え方と指導計画作成の手掛かり，そして，具体的な事例を通して道徳性の芽生えにつながる幼児の姿と教師のかかわりなどを幅広い角度から述べたものである。「道徳性・規範意識の芽生え」は，平成30年4月より全面実施された新幼稚園教育要領の「幼稚園教育において育みたい資質・能力及び『幼児期の終わりまでに育ってほしい姿』」において示され，「友達と様々な体験を重ねる中で，してよいことや悪いことが分かり，自分の行動を振り返ったり，友達の気持ちに共感したりし，相手の立場に立って行動するようになる。また，きまりを守る必要性が分かり，自分の気持ちを調整し，友達と折り合いを付けながら，きまりをつくったり，守ったりするようになる」とされている。

【4】ア ⑤　イ ⑧　ウ ⑨　エ ①　オ ④

〈解説〉平成30年4月より全面実施されている平成29年告示の幼稚園教育要領では，今回の改訂において「障害のある幼児などへの指導に当たっては，長期的な視点で幼児への教育的支援を行うための個別の教育支援計画と，個別の指導計画を作成し活用することに努めること」が新たに示された。平成20年告示の幼稚園教育要領と対照し，改訂点をすべて確認して理解を深めておきたい。

【5】(ア) ③　(イ) ⑧　(ウ) ④　(エ) ①　(オ) ⑥

〈解説〉学校は児童生徒等が集団生活を営む場であり，感染症が発生した場合，大きな影響を及ぼすこととなり，感染症の流行を予防することは，教育の場・集団生活の場として望ましい学校環境を維持するとともに，児童生徒等が健康な状態で教育を受けるためにも重要である。そのため文部科学省はこれまでの学校における感染症対策を平成11年に発行した「学校において予防すべき伝染病の解説」において示し，その後の医療の進歩や，疾病の流行状況の変化等を踏まえ，新たに教職員や医療関係者を対象とした，感染症対策にかかる指導参考資料を平成25年に作成している。各感染症の症状・予後についてわかりやすく解説されているので，目を通しておこう。

【6】②，③，④，⑥，⑨

〈解説〉①については学級の実態としては自分たちで遊びを進めている。⑤についてはみんなで一緒に遊ぶと楽しいと感じるようになり，親しい友達を中心としながら大勢のグループで遊ぶようになってきている。⑦については，新しい参加者につられて，既存の参加者まで強いチームに移動するなど，ルールが守られていない。⑧については「強い」友達と同じチームになりたがる姿が見られる。なお，文部科学省では，幼稚園教育指導資料第1集「指導計画の作成と保育の展開」(平成3年9月初版) の改訂版を平成25年7月に刊行している。平成3年以後の幼稚園教育の動向などを踏まえ，幼稚園教育の基本などについて理解を深めつつ，創意工夫のある指導計画の作成に資するなど，一層の指導の充実の求めに応えるため，改訂されたものである。その中では指導計画作成に当たっての基本的な考え方，指導計画の作成の具体的な手順とポイントを示しつつ内容を刷新し，幼稚園教育と小学校教育の円滑な接続や指導計画の評価・改善のポイントなどについて実践事例を取り上げて解説している。

【7】(ア) ③　(イ) ③　(ウ) ④　(エ) ③　(オ) ②

〈解説〉(ア)　つるや葉だけが繁茂して結実が悪くなる状態を「つるぼけ」とい

う。サツマイモのつるぼけの原因は，カリウムを有効成分に含む「カリ肥料」が不足してチッソ分が多いためである。（イ） ジャガイモの種イモは，切り口を下にして植える。 （ウ） ニガウリは「ゴーヤ」とも呼ばれるウリ科の植物である。 （エ） トマト，ジャガイモ，ピーマン，ナスなどのナス科の植物は少なくとも3年程度連作をしないこと。 （オ） ピーマンは，日当たりがよく，水はけ，水もちのよい場所を好む。また，有機質に富んだ土が適している。

【8】（ア） A群…③　　B群…④　　（イ） A群…④　　B群…②

（ウ） A群…①　　B群…③　　（エ） A群…⑥　　B群…①

（オ） A群…②　　B群…⑤

〈解説〉（ア）『いたずらラッコとおなべのほし』（神沢利子　文・長新太　絵）は，いたずらなラッコが空に住む大男につかまって，鍋でスープにされそうになる話。 （イ）『そらいろのたね』（なかがわりえこ　文・おおむらゆりこ　絵）は，キツネと交換した種をまいたら青い家が地面から生えて，水をやるとどんどん成長する話。 （ウ）『おしゃべりなたまごやき』（寺村輝夫　作・長新太　画）は，鶏小屋のニワトリを逃がしてしまった王様と，言葉を話すたまごやきの話。 （エ）『ぐるんぱのようちえん』（西内ミナミ　さく・堀内誠一　え）は，ひとりぼっちの大きな象が，子どもたちが遊べる幼稚園を作る話。 （オ）『おたまじゃくしの101ちゃん』（かこさとし　絵と文）は，迷子のおたまじゃくしを探す母ガエルの話。なお，A群⑤とB群⑥に該当する作品名は『はじめてのおつかい』で，赤ちゃんのために一人で牛乳を買いに行く女の子のお話である。

【9】(1) ②　　(2) ③　　(3) ②　　(4) ①　　(5) ②

〈解説〉(1) ウの和音の構成音は，伴奏から「ソシレファ」であるから，コードはG_7が当てはまる。エの和音の構成音は，伴奏から「ドミソラ」であるから，コードはC_6があてはまる。これらを満たすのは，②である。

(2) G_7の構成音である「ソシレファ」を用いて伴奏している楽譜を選択すればよい。 (3) 1小節に四分音符4つ分の拍が記譜されているので，4分の4拍子である。 (4) 調号に♯も♭もない長調なのでハ長調である。

(5) すでに四分音符3拍分の音符が記譜されている。4分の4拍子なので，あと四分音符1つ分の長さの休符を記譜する必要がある。

【10】ア ⑧　　イ ②　　ウ ⑥　　エ ⑦　　オ ①

〈解説〉③のコンテは天然顔料を粉末状にし，棒状などに固める加工をした描画材。油分や定着成分が含まれていないため，粉っぽい描線になる。したがって，色材が非常に落ちやすいので，作品の完成後はフィキサチーフでの定着が必要になる。④のチョークは主成分となる原料が石膏カルシウムのものと炭酸カルシウムのものがある。前者は比較的やわらかく，太い線が描きやすいが折れやすい。後者は硬くて折れにくく，細い線が描きやすい。⑤の色鉛筆は顔料をワックスや油脂などで練った色芯を乾燥させ軸木に入れた描画材である。油性と水性があり，水性のものは描いたあとに水を含ませた筆でにじませるなどして，水彩画のように仕上げることができる。

【11】（ア） ④　（イ） ⑦　（ウ） ③　（エ） ⑤　（オ） ⑨
（カ） ⑥　（キ） ⑧　（ク） ①　（ケ） ⓪　（コ） ②

〈解説〉平成29年3月31日告示の新幼稚園教育要領により「幼児期の終わりまでに育ってほしい姿」が明確にされ，これを小学校の教師と共有するなど連携を図り，幼稚園教育と小学校教育との円滑な接続を図るよう努めるものとすることが示された。

【12】（ア） ⑤　（イ） ⑦　（ウ） ⑨　（エ） ⑧　（オ） ⑥

〈解説〉（ア） フレーベル（1782－1852）はドイツの教育家で，幼稚園の創始者であり，幼児教育の父といわれる。スイスの教育家であるペスタロッチから教えを受け，その後ゲッティンゲン大学，ベルリン大学に学んだ。56歳のときブランケンブルグに建てた学園は，幼稚園（Kindergarten）のもととなった。また「恩物」と呼ばれる幼児用の教育的遊具を創案し，児童の遊戯・作業を通じて個人的要求を社会的に方向づける，生活即教育の立場をとった。フレーベルに大きな影響を与えたルソー（1712－1778），ペスタロッチ（1746－1827）もよく出題される。　（イ） 西条八十（1892－1970）は詩人で，「かなりや」「肩たたき」「ズイズイズッコロ橋」などの童謡詩人としても著名である。　（ウ） ブルーナー（1915－2016）はアメリカの知覚心理学者で，ハーバード大学で認知機能の実験的研究に従事し，子どもの認知過程，教育の過程研究を行う。「発見学習」の提唱者として有名である。　（エ） ローレンツ（1903－1989）はオーストリアの動物学者で，主に鳥類・魚類の観察を通じて近代動物行動学（エソロジー）を確立した研究者の一人。ガチョウのヒナの「刷りこみ」の研究で知られる。　（オ） モンテッソリ（1870－1952）はイタリアの教育家・女医で，児童の自発性と自由の尊重，教育環境整備と感覚練習教具利用を重視する「モンテッソリ法」教育を指導，幼児教育の改革や体系づくりに貢献した。

平成29年度

【1】次のA群の(ア)～(オ)の内容が書かれている法令名をB群の①～⑨から選び，番号で答えよ。

A群

(ア) すべての児童は，自然を愛し，科学と芸術を尊ぶように，みちびかれ，また，道徳的心情がつちかわれる。

(イ) 1学級の幼児数は，35人以下を原則とする。

(ウ) 幼稚園に入園することのできる者は，満3歳から，小学校就学の始期に達するまでの幼児とする。

(エ) 教育は，人格の完成を目指し，平和で民主的な国家及び社会の形成者として必要な資質を備えた心身ともに健康な国民の育成を期して行われなければならない。

(オ) 児童の教育および指導について責任を有する者は，児童の最善の利益をその指導の原則としなければならない。

B群

① 学校教育法　② 児童の権利に関する条約
③ 児童権利宣言　④ 教育基本法
⑤ 幼稚園設置基準　⑥ 日本国憲法
⑦ 学校教育法施行規則　⑧ 学校保健安全法
⑨ 児童憲章

【2】次の(ア)～(オ)は，幼稚園教育要領に述べられている5領域のねらいの一部である。どの領域に属するか①～⑤から選び，番号で答えよ。同じ選択肢を複数回使用してもよい。

(ア) いろいろなものの美しさなどに対する豊かな感性をもつ。

(イ) 明るく伸び伸びと行動し，充実感を味わう。

(ウ) 幼稚園生活を楽しみ，自分の力で行動することの充実感を味わう。

(エ) 社会生活における望ましい習慣や態度を身に付ける。

(オ) 身近な事象を見たり，考えたり，扱ったりする中で，物の性質や数量，文字などに対する感覚を豊かにする。

① 健康　② 人間関係　③ 環境　④ 言葉　⑤ 表現

【3】次の文は，幼稚園教育指導資料第5集「指導と評価に生かす記録」(平成25年7月) に書かれている事例である。①〜⑨はこの事例を「協同する経験の育ち」「規範意識の芽生えを育てる観点」「教師の指導の在り方」から評価したものである。このうち，「協同する経験の育ち」からの評価として適切なものを①〜⑨から5つ選び，番号で答えよ。

事例1　考えを出し合って応援する仲間(5歳児2月)より抜粋

2月2日

幼児12人が園庭に集まり，作戦会議で使うベンチを運んだり，コートの白線を引いたりなど自分たちで準備をする。白線が曲がっているのを見て「ヘロヘロドッジボールや」「こっちの方が広い」と言う。教師が「コートの広さを確かめてみようか」と提案するとみんなで「1，2，3……10歩」と歩く。反対のコートも同じように歩くと「1，2，3……10歩」と同じだった。幼児は「10と10で同じやな」と納得した。教師も「ほんと，10と10で同じ広さやね」と確認した。

コートが完成しグーとパーでチームを分ける。A児は「パーチームこっち集まれ」と呼び掛けた。集まってみると人数が違うことに気付き，A児が「ずるい。そっちの方が多い」と言うとB児は「二人でしよう」と提案する。二人チームになってジャンケンをやり直し，「グーこっち」，「パーこっち。白帽子な」，「よーい，はじめ」と張り切ってゲームを始めた。外野に出た友達に「なに当たってるのや」と言ったり，ボールを投げる友達に「○○ちゃん，いけ！」と互いに応援したり，ボールがどちらのチームにあるのか確認しながら進めていた。

E児が最後に一人コートに残り，味方の外野に「こっち」と指示しながら投げている。E児と同じチームの幼児は「当てられるな」，「しゃがんで」，「かわせ」など応援するが，B児のボールがE児に当たる。教師は「最後までよくがんばったね」と声を掛けた。「惜しかったな」と励ますようにF児が近くに寄ってきて声を掛けると，E児は「僕よけるの得意やねん」と話す。

① 幼児同士が積極的に，遊びの準備を進めているのは，主体的に遊びに取り組もうとする気持ちの表れでもある。

② 遊びに必要なルールを遊びの中で試しながら創り出していく力が育ってきている。

③　コートの広さがチームの勝敗にかかわることが分かってきたので，仲間で確かめるようになってきている。

④　行動しながら考える，考えたことを行動に移し自分たちにとって納得する方法を導き出している。

⑤　遊びが楽しくなるために必要なルールを守って遊んでいる。ルールの必要性や楽しさが分かってきている。

⑥　互いに意見を言いながら，友達の意見を受け入れようとする姿が見られ，コミュニケーション力が育ってきている。

⑦　ベンチがあることで，疲れた時に休憩したり気分を立て直したり，休憩しながら友達の動きがよく見えるので公平な判断ができる場になっている。

⑧　個々の幼児の頑張る姿を応援したり，励ましたりしながら，友達のよさや得意なことを認めている。

⑨　個々の幼児の気付きを取り上げ，本当にそうなのか確かめられるものは幼児と一緒に確かめるようにしている。

【4】次の(1)～(2)は，「幼稚園教育要領解説」(平成20年10月)に述べられているものである。(　ア　)～(　オ　)にあてはまる適切な語句を①～⑨から選び，番号で答えよ。

(1)　学校教育法第81条第1項では，幼稚園において，障害のある幼児などに対し，障害による学習上又は生活上の困難を克服するための教育を行うこととなっている。特別支援教育は，障害のある幼児の(　ア　)などに向けた主体的な取組を支援するという視点に立ち，幼児一人一人の(　イ　)を把握し，その(　ウ　)を高め，生活上などの困難を改善又は克服するため，適切な指導又は必要な支援を行うものである。

(2)　幼稚園では，幼児の障害の(　エ　)などを的確に把握し，個々の幼児の障害の状態などに応じた指導内容・指導方法の工夫について検討し，適切な指導を行う必要がある。その際，教師は，ありのままの幼児の姿を受け止め，幼児が安心し，ゆとりをもって周囲の環境と十分にかかわり，発達していくようにすることが大切である。例えば，弱視の幼児がぬり絵をするときには輪郭を太くするなどの工夫をしたり，難聴の幼児に絵本を読むときには教師が近くに座るようにして声がよく聞こえるようにしたり，(　オ　)の幼児が興味や関心をもって進んで体を動かそうとする気持ちがもてるように工夫したりするなど，その幼児の障害の（　エ　）に応じた配慮をする必要がある。

① 意欲　② 生活　③ 自閉症
④ 種類や程度　⑤ 自立　⑥ 保護者のニーズ
⑦ 教育的ニーズ　⑧ もてる力　⑨ 肢体不自由

【5】次の(1)～(3)は，学校防災のための参考資料「『生きる力』を育む防災教育の展開」(平成25年3月)に述べられているものである。（　ア　）～（　オ　）にあてはまる適切な語句を①～⑨から選び，番号で答えよ。

(1) 防災教育は，地震など（　ア　）と学校が所在する地域の自然や（　イ　），実情等に応じて（　ウ　）等について検討し，家庭，地域社会との密接な連携を図りながら進める必要がある。

(2) 避難訓練の計画を立てるに当たっては，学校等の（　エ　）や校舎の構造等に十分考慮し，火災，地震，津波など多様な災害を想定する。実施の時期や回数は，年間を通して季節や社会的行事等との関連及び地域の実態を考慮して決定する。

(3) 防災教育の推進に当たっては，家庭，地域と連携した実践的な防災教育の実施について検討する。その際，地域の関係機関，（　オ　）などとの情報交換及び協議を行うなど，計画の作成及び実践が円滑に行われるようにする。

① 自主防災組織　② 教職員組織
③ 共通に指導すべき内容　④ 必要な指導内容
⑤ 社会の特性　⑥ 教育委員会
⑦ 地域の環境　⑧ 個別に指導する内容
⑨ 立地条件

【6】次の文は，「環境教育　指導資料【幼稚園・小学校編】」(平成26年11月10日)に述べられているものである。（　ア　）～（　オ　）にあてはまる適切な語句を①～⑨から選び，番号で答えよ。

(1) 社会の変化に伴う子供の（　ア　）などの機会の減少等を考えると，学校内外を通じて子供の多様な（　イ　）の充実を図ることが求められている。環境教育においては，（　イ　）が学習活動の根幹となっていると言っても過言ではない。特に，幼稚園・小学校の段階においては，（　イ　）が遊びや学びの土台・出発点となり，感性を働かせ，(　ウ　)を促進し，興味・関心を高め，知の実践化を確かなものにしていく。すなわち，(　イ　)は，子供の学びと成長の過程全体において重要なものと言える。

(2)　環境教育の基本となるのは，環境とそれに関わる問題や環境の実態等について，興味・関心をもち，環境に対する豊かな感性をもつことである。したがって，子供が自分を取り巻く全ての環境事象に対して意欲的に関わり，それらに対する感受性を豊かにすることができるよう努める必要がある。とりわけ幼稚園・小学校の段階は，あらゆる事象に対して豊かに感受する時期でもあるので，自然や社会の中で(　エ　)遊びや体験を通じて，子供が事象の(　オ　)を感じ取り，自然や社会を大切にしようとする心を育てていくようにすることが大切である。

① 直接的な　② 問題解決　③ 自然体験
④ 自発的な　⑤ 感動体験　⑥ 課外活動
⑦ 体験活動　⑧ 知識　⑨ 面白さやすばらしさ

【7】次の(ア)～(オ)の植物の属する科を①～⑨から選び，番号で答えよ。

(ア)　コスモス
(イ)　サルビア
(ウ)　スイートピー
(エ)　アサガオ
(オ)　チューリップ

① リンドウ科　② マメ科　③ ヒルガオ科　④ キク科
⑤ ユリ科　⑥ スミレ科　⑦ シソ科　⑧ セリ科
⑨ フウロソウ科

【8】次の文は，絵本の一部分である。①～⑨から題名を選び，番号で答えよ。

(ア)　「さきゅうまちに　かえって，おばあちゃんに　なおしてもらってくる」

(イ)　ながい　たび，とおい　たび，けれども，ぼくは，
どこに　いようと，きみを　おもって　いるでしょう。

(ウ)　あかい　ぼうしは　おじいさん
あかい　えりまき　おばあさん
あかい　てぶくろ　おとうさん

あかい　ブーツは　おかあさん

（エ）「もう，もとへ　もどってる　ひま　ないよ。このままだ。
ぼく，きみの　かあさんとこへいく。このまま　いく。
きみは，そのまま　ぼくの　うちへいくんだ。」

（オ）ここは　さくらほいくえんです。
さくらほいくえんには，
こわいものが　ふたつ　あります。

① たろうのおでかけ　　② こぎつねコンとこだぬきポン
③ きょうはなんのひ？　　④ こんとあき
⑤ まこちゃんのおたんじょうび　　⑥ おにたのぼうし
⑦ おしいれのぼうけん　　⑧ とりかえっこ
⑨ ないたあかおに

【9】次のA・Bの楽譜について，下の(1)～(5)の問いに答えよ。

A

B

(1)　Aの楽譜の（ア）にあてはまる適切なコードを①～④から選び，番号で答えよ。

① D　② G　③ D7　④ A

(2)　Aの楽譜の（イ）にあてはまる適切な伴奏を①～④から選び，番号で答えよ。

③ 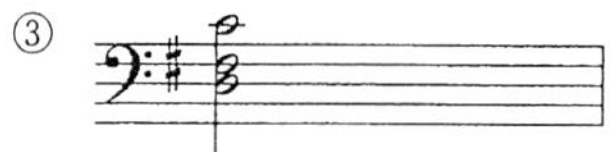

④ 

(3)　Bの楽譜の(ウ)にあてはまる旋律を①～④から選び，番号で答えよ。

① 

② 

③ 

④ 

(4)　Bの楽譜は，何調か。適切なものを①～④から選び，番号で答えよ。

①　変ロ長調　　②　ヘ長調　　③　変ホ長調　　④　ト長調

(5)　Bの楽譜の(エ)にあてはまる休符と同じ長さの音符は何か。適切なものを①～④から選び，番号で答えよ。

①　八分音符　　②　四分音符　　③　十六分音符

④　付点八分音符

【10】身近な描画材料，造形材料について次の問いに答えよ。

(1)　描画材料の特性について，正しくないものを①～④から選び，番号で答えよ。

①　クレヨンは，粉の顔料を主にロウで硬質に固めており，線描や塗り重ねの表現ができる。

②　ポスターカラーは発色がよく，水量の加減によって透明感と不透明感を表現でき，乾燥後は耐水性になる。

③　チョークは野外で行う線描として，ベニヤの木板などにもかくことができるが，水ですぐに落ちてしまうので長期的な展示は向かない。

④　木の枝は，先に絵の具をつけて紙に描いたり，外にある砂地をキャンバスにして描いたりなど，描画材として楽しむことができる。

(2)　造形表現の材料となる紙にはいろいろな種類がある。

a～dの特徴に当てはまる適切なものを①～⑨から選び，番号で答えよ。

a　絵の具の吸い込みがよく，発色がよい白い紙。

b　茶色く丈夫で，大判のものがある。強度があるが，丸めたり破いたりといった加工もしやすい。

c　片面または両面が白い厚紙。表面は平滑で，厚さもいろいろある。

d　わらの繊維などを混ぜるため，黄色っぽい地色になる。水の吸い込みがよい。

①　ケント紙　②　模造紙　③　画用紙
④　カーボン紙　⑤　鳥の子紙　⑥　白ボール紙
⑦　黄ボール紙　⑧　クラフト紙　⑨　トレーシングペーパー

【11】次の(1)～(3)は，「教育課程企画特別部会における論点整理について(報告)」(平成27年8月26日)に述べられているものである。(　ア　)～(　オ　)にあてはまる適切な語句を①～⑨から選び，番号で答えよ。

(1)　幼児期は，生涯にわたる人格形成の基礎を培う重要な時期であることを踏まえ，義務教育及びその後の教育の基礎となるものとして，幼児に育成すべき資質・能力を育む観点から，教育目標・内容と指導方法，(　ア　)を一体として検討する必要がある。

(2)　子供の(　イ　)を踏まえ，また，幼児期において，探究心や思考力，表現力等に加えて，感情や行動のコントロール，粘り強さ等のいわゆる(　ウ　)を育むことがその後の学びと関わる重要な点であると指摘されていることを踏まえ，小学校の各教科等における教育の単純な前倒しにならないよう留意しつつ，幼児期の終わりまでに育ってほしい姿の明確化を図ることや，幼児教育にふさわしい(　ア　)を検討するなど，幼児教育の特性等に配慮しながらその内容の改善・充実が求められる。

(3)　幼児教育と小学校教育の接続に関しては，全ての教科等において幼児教育との接続を意識した教育課程を編成したり，幼児教育の特色を生かした(　エ　)を取り入れたりするなど，(　オ　)の編成等を通じて，幼児教育との接続の充実や関係性の整理を図る必要がある。

①　認知的能力　②　アプローチカリキュラム
③　評価の在り方　④　個別的な指導方法
⑤　総合的な指導方法　⑥　発達や学びの連続性
⑦　生活や遊びの流れ　⑧　非認知的能力
⑨　スタートカリキュラム

【12】次の(ア)～(オ)の事項に最も関係の深い人物を①～⑨から選び，番号で答えよ。

(ア)　大正から昭和にかけて日本の幼児教育の理論的な指導者で，児童中心の進歩的な保育を提唱した。主な著書に『幼稚園雑草』『育ての心』『子供讃歌』などがある。

（イ） 明治の啓蒙思想家，教育家。『西国立志編』『自由之理』などを翻訳出版して，日本人の思想形成に多大な影響を与える。

（ウ） アメリカの心理学者で精神分析家。生後1年頃までの母親との間に形成される信頼感は，人間としての基本的態度を培う要因になると考え，母親の子どもに対する愛情豊かな，適切な対応を重視した。

（エ） スイスの教育思想家であり，教育実践家でもある。「スイス国民教育の父」とも呼ばれる。これまでの言語中心の主知主義的教育を排し，愛を基礎とした諸能力の調和的な発展と自立的人間の育成を主張した。主著には,『隠者の夕暮』『リーンハントとゲルトルート』などがある。

（オ） ハンガリーの作曲家。幼児は母国語の民謡に親しみ，そのリズムやイントネーションをもとに，歌い，踊ることによって自然にリズム感や音感が育っていくと考えた。

① ゲゼル　② 小西　信八　③ 中村　正直
④ シュタイナー　⑤ モンテッソリ　⑥ ペスタロッチ
⑦ 倉橋　惣三　⑧ エリクソン　⑨ コダーイ

解答・解説

【1】（ア） ⑨　（イ） ⑤　（ウ） ①　（エ） ④　（オ） ③

〈解説〉（ア）は内閣総理大臣が招集した国民各層・各界の代表で構成される児童憲章制定会議により昭和26年5月5日制定された児童憲章の一部。（イ）は幼稚園設置基準第3条。（ウ）は学校教育法第26条。（エ）は教育基本法第1条。（オ）は国際連合が1948年の世界人権宣言を踏まえ，1959年に制定した児童権利宣言第7条の一部である。

【2】（ア） ⑤　（イ） ①　（ウ） ②　（エ） ②　（オ） ③

〈解説〉幼稚園教育要領（平成20年3月）は，心身の健康に関する領域「健康」，人とのかかわりに関する領域「人間関係」，身近な環境とのかかわりに関する領域「環境」，言葉の獲得に関する領域「言葉」及び感性と表現に関する領域「表現」の5領域で構成され，それぞれに「ねらい」と「内容」が示されている。

【3】①，③，④，⑥，⑧

〈解説〉 選択肢①は事例中の「作戦会議で使うベンチを運んだり，コートの白線を引いたりなど自分たちで準備をする。」から評価できる。選択肢③は「みんなで『1，2，3…10歩』と歩く。反対のコートも同じように歩くと『1，2，3…10歩』と同じだった。」から評価できる。選択肢④と⑥は「集まってみると人数が違うことに気付き，A児が『ずるい。そっちの方が多い』と言うとB児は『二人でしよう』と提案する。二人チームになってジャンケンをやり直し」から評価できる。選択肢⑧は「『○○ちゃん，いけ！』と互いに応援したり」から評価できる。

【4】(1) ア ⑤ イ ⑦ ウ ⑧ (2) エ ④ オ ⑨

〈解説〉幼稚園教育要領解説（平成20年10月）「第3章　指導計画及び教育課程に係る教育時間の終了後等に行う教育活動などの留意事項　第1　指導計画の作成に当たっての留意事項　第3節　特に配慮する事項　2 障害のある幼児の指導」からの出題。「特別支援教育」とは，障害のある幼児児童生徒の自立や社会参加に向けた主体的な取組を支援するという視点に立ち，幼児児童生徒一人一人の教育的ニーズを把握し，その持てる力を高め，生活や学習上の困難を改善又は克服するため，適切な指導及び必要な支援を行うもので，平成19年4月から，「特別支援教育」が学校教育法に位置づけられ，すべての学校において，障害のある幼児児童生徒の支援をさらに充実していくこととされた。

【5】(1) ア ③ イ ⑤ ウ ④ 2 エ ⑨ (3) オ ①

〈解説〉文部科学省は，東日本大震災を契機として，平成10年に作成した防災教育のための参考資料「『生きる力』を育む防災教育の展開」を平成25年3月改訂し，全国の学校に配布し，各学校・園が児童生徒等の発達段階や地域の実情に応じた効果的な防災教育の実践を行えるようにしている。その「第2章　学校における防災教育　6　防災教育に関する指導計画の作成　(2)防災教育に関する指導計画の作成に当たっての配慮事項」からの出題である。その他にも「障害のある児童生徒等について，個々の障害の状態等に応じた指導内容や指導方法を工夫する必要がある。」，「学校は保護者参観等の機会をとらえ，学校安全（防災）に関する講演会を開催したり，児童生徒等を地域行事（地域で行われる防災訓練など）に参加するよう促したり，日ごろから『開かれた学校づくり』に努める。」等の配慮事項が示されている。

【6】(1) ア ③ イ ⑦ ウ ② (2) エ ④ オ ⑨

〈解説〉「環境教育指導資料【幼稚園・小学校編】」（平成26年11月10）の「第1章　今求められる環境教育　第2節　学校における環境教育　2　環境教育にお

ける体験活動の充実」からの出題。この資料は文部科学省のシンクタンクである国立教育政策研究所が平成26年に作成したもので，日本の環境教育に関する最新の動向を踏まえつつ，学校教育において環境教育の取組の一層の充実が図られるよう作成したものであり，指導のポイントや留意点などが実践事例とともに具体的に紹介されている。その中では，持続可能な社会の構築と環境教育の関わりや学校における環境教育について，国連「持続可能な開発のための教育（ESD）の10年」の動きなど，国際的な動きや学習指導要領改訂による環境に関する学習内容の充実なども含めて総合的に解説されており，特に幼稚園における環境教育については，幼児期から環境教育を推進するために，「環境教育として幼児期から育てたいこと」等の基本的な考え方や環境教育推進に当たっての留意点，実践事例等について解説されている。

【7】（ア）④　（イ）⑦　（ウ）②　（エ）③　（オ）⑤

〈解説〉出題されている植物は，日常でよく見られるものである。コスモスはキク科の植物であり，その茎は2～3mにも及ぶ。白，赤，桃色の花びらが特徴的である。サルビアはシソ科の植物であり，花が色鮮やかに赤く群れ咲くことから鑑賞用としてよく育てられる。スイートピーはマメ科の植物であり，甘い香りからスイートという言葉が名前についている。アサガオはヒルガオ科の植物であり，日本で最も発達した園芸植物である。チューリップはユリ科の植物であり，品種改良により多種多様な色，形をしたものがある。

【8】（ア）④　（イ）⑨　（ウ）⑤　（エ）②　（オ）⑦

〈解説〉（ア）　林明子作「こんとあき」。（イ）　はまだひろすけ作「ないたあかおに」。（ウ）　にしまきかやこ作「まこちゃんのおたんじょうび」。（エ）　松野正子作「こぎつねコンとこだぬきポン」。（オ）　ふるたたるひ／たばたせいいち作「おしいれのぼうけん」。

【9】(1)　③　(2)　④　(3)　③　(4)　③　(5)　②

〈解説〉(1)　（ア）の構成音を見てみると，低音からレファ♯ドラである。これはD_7である。本来のD_7はレファ♯ラドであるが，和音の場合，同時に鳴る音が同一であれば同じコードと見なすので覚えておこう。　(2)　（イ）のコードはGであるから，構成音はソシレが基本形である。分散和音になっているが，④が正答となる。　(3)　Bの楽譜は「手のひらを太陽に」である。この曲を知らないと正答は難しいが，前小節のリズムと何となくでもメロディーが浮かべば③が正答だと分かるだろう。 (4) Bは♭×3の長調である変ホ長調である。 (5) Bは4分の4拍子であるので，小節内に入りきる残りの音価（音をのばす長さ）は1である。4分の4拍子は四分音符を1として考えるので，正答は②の四分音符ということになる。

【10】(1) ② (2) a ③ b ⑧ c ⑥ d ⑦

〈解説〉(1) ポスターカラーは耐水性ではない。 (2) ①のケント紙は化学パルプを原料とする純白で硬い上質紙。②の模造紙は化学パルプで抄造した上質の西洋紙。④のカーボン紙は顔料や染料を蝋（ろう）や油に混ぜて原紙の片面または両面に塗布した複写に用いる紙。⑤の鳥の子紙は雁皮を主材料とした上質の和紙。雁皮紙の一種。⑨のトーレーシングペーパーは設計図や図面などを転写するときに用いられる，高い透明性をもった紙。

【11】(1) ア ③ (2) イ ⑥ ウ ⑧ (3) エ ⑤ オ ⑨

〈解説〉「教育課程企画特別部会における論点整理について（報告）」（平成27年8月26日）の「5. 各学校段階，各教科等における改訂の具体的な方向性 (1) 各学校段階の教育課程の基本的な枠組みと，学校段階間の接続」からの出題で，(1)，(2)は「①幼児教育」からの出題，(3)は「②小学校」からの出題。この報告は文部科学省が設置した幼児期の教育と小学校教育の円滑な接続の在り方に関する調査研究協力者会議により平成22年に取りまとめられたもので，「幼児期の教育と小学校教育の関係を『連続性・一貫性』で捉える考え方」，「幼児期と児童期の教育活動をつながりで捉える工夫」，「幼小接続の取組を進めるための方策（連携・接続の体制づくり等）」が示されている。

【12】(ア) ⑦ (イ) ③ (ウ) ⑧ (エ) ⑥ (オ) ⑨

〈解説〉ゲゼル（1880－1961）はアメリカの心理学者・小児科医で，乳幼児の行動観察を行い発達の様相を精密に記述して，発達診断法を確立した。小西信八（1854－1938）は新潟県長岡藩出身で1886（明治19）年文部省直轄となった訓盲唖院専務，東京盲唖学校長心得を経て校長となり，1925（大正14）年に東京聾唖学校を退官するまでの40年間，日本の盲聾教育の発展に尽くした。ルドルフ・シュタイナー（1861－1925）は，ドイツなどで活動した哲学者・教育者で，独自の教育を行う「ヴァルドルフ教育」（日本などでは「シュタイナー教育」ともいう）で知られる。モンテッソリ（1870－1952）はイタリアの教育家・女医で，児童の自発性と自由の尊重，教育環境整備と感覚練習教具利用を重視する「モンテッソリ法」教育を実践し，幼児教育の改革や体系づくりに力をつくした。

第3章

専門試験
幼稚園教育要領

演習問題

1 幼稚園教育要領(平成29年3月告示)についての記述として正しいものを，次の①～⑤から1つ選びなさい。 (難易度■■□□□)

① 幼稚園教育要領は，平成29年3月に改訂され，このときはじめて文部科学省告示として公示され，教育課程の基準としての性格が明確になった。

② 幼稚園教育要領については，学校教育法において「教育課程その他の保育内容の基準」として規定されている。

③ 幼稚園教育要領は第1章「総則」，第2章「ねらい及び内容」，第3章「教育課程に係る教育時間の終了後等に行う教育活動などの留意事項」，の全3章からなる。

④ 「指導計画の作成と幼児理解に基づいた評価」は，第2章「ねらいおよび内容」に書かれている。

⑤ 新幼稚園教育要領は，旧幼稚園教育要領(平成20年3月告示)が重視した「生きる力」という理念を継承しているわけでない。

2 平成29年3月に告示された幼稚園教育要領の「前文」に示されている内容として誤っているものを，次の①～⑤から1つ選びなさい。

(難易度■■■□□)

① これからの幼稚園には，学校教育の始まりとして，こうした教育の目的及び目標の達成を目指しつつ，一人一人の幼児が，将来，自分のよさや可能性を認識するとともに，あらゆる他者を価値のある存在として尊重し，多様な人々と協働しながら様々な社会的変化を乗り越え，豊かな人生を切り拓(ひら)き，持続可能な社会の創り手となることができるようにするための基礎を培うことが求められる。

② 教育課程を通して，これからの時代に求められる教育を実現していくためには，よりよい学校教育を通してよりよい社会を創るという理念を学校と社会とが共有し，それぞれの幼稚園において，幼児期にふさわしい生活をどのように展開し，どのような資質・能力を育むようにするのかを教育課程において明確にしながら，社会との連携及び協働によりその実現を図っていくという，社会に開かれた教育課程の実現が重要となる。

③ 幼稚園においては，学校教育法第24条に規定する目的を実現するための教育を行うほか，幼児期の教育に関する各般の問題につき，保護者及び地域住民その他の関係者からの相談に応じ，必要な情報の提供及び助言を行うなど，家庭及び地域における幼児期の教育の支援に努める。

④ 各幼稚園がその特色を生かして創意工夫を重ね，長年にわたり積み重ねられてきた教育実践や学術研究の蓄積を生かしながら，幼児や地域の現状や課題を捉え，家庭や地域社会と協力して，幼稚園教育要領を踏まえた教育活動の更なる充実を図っていくことも重要である。

⑤ 幼児の自発的な活動としての遊びを生み出すために必要な環境を整え，一人一人の資質・能力を育んでいくことは，教職員をはじめとする幼稚園関係者はもとより，家庭や地域の人々も含め，様々な立場から幼児や幼稚園に関わる全ての大人に期待される役割である。

3 次の文は幼稚園教育要領(平成29年3月告示)の第1章「総則」第1「幼稚園教育の基本」である。空欄(A)～(E)に当てはまる語句を語群から選ぶとき，正しい組み合わせを，あとの①～⑤から1つ選びなさい。 (難易度■■■■□)

幼児期の教育は，生涯にわたる(A)の基礎を培う重要なものであり，幼稚園教育は，(B)に規定する目的及び目標を達成するため，幼児期の特性を踏まえ，(C)を通して行うものであることを基本とする。

このため教師は，幼児との信頼関係を十分に築き，幼児が身近な(C)に(D)に関わり，環境との関わり方や意味に気付き，これらを取り込もうとして，試行錯誤したり，考えたりするようになる幼児期の教育における見方・考え方を生かし，幼児と共によりよい教育(C)を(E)するように努めるものとする。これらを踏まえ，次に示す事項を重視して教育を行わなければならない。

〔語群〕

ア	労働意欲	イ	人間形成	ウ	人格形成
エ	日本国憲法	オ	学校教育法	カ	幼稚園教育要領
キ	状況	ク	環境	ケ	概念
コ	主体的	サ	積極的	シ	協同的
ス	形成	セ	構築	ソ	創造

① A－ア　B－エ　C－ク　D－サ　E－ス
② A－ア　B－カ　C－ケ　D－コ　E－セ
③ A－イ　B－オ　C－キ　D－シ　E－ス
④ A－ウ　B－オ　C－ク　D－コ　E－ソ
⑤ A－ウ　B－エ　C－ク　D－サ　E－ソ

4 次は幼稚園教育要領の第１章「総則」の第１「幼稚園教育の基本」にある重視すべき３つの事項についての記述である。A～Cに続く記述をア～ウから選ぶとき，正しい組み合わせを，あとの①～⑤から１つ選びなさい。

(難易度■■■■□)

A　幼児は安定した情緒の下で自己を十分発揮することにより発達に必要な体験を得ていくものであることを考慮して，

B　幼児の自発的な活動としての遊びは，心身の調和のとれた発達の基礎を培う重要な学習であることを考慮して，

C　幼児の発達は，心身の諸側面が相互に関連し合い，多様な経過をたどって成し遂げられていくものであること，また，幼児の生活経験がそれぞれ異なることなどを考慮して，

ア　幼児一人一人の特性に応じ，発達の課題に即した指導を行うようにすること。

イ　幼児の主体的な活動を促し，幼児期にふさわしい生活が展開されるようにすること。

ウ　遊びを通しての指導を中心として第２章に示すねらいが総合的に達成されるようにすること。

① A－ア　B－イ　C－ウ
② A－イ　B－ウ　C－ア
③ A－イ　B－ア　C－ウ
④ A－ウ　B－ア　C－イ
⑤ A－ウ　B－イ　C－ア

5 次は幼稚園教育要領(平成29年３月告示)の第１章「総則」の第３「教育課程の役割と編成等」にある事項である。空欄(　A　)～(　E　)に当てはまる語句を語群から選ぶとき，正しい組み合わせを，あとの①～⑤から１つ選びなさい。

(難易度■■□□□)

1　……特に，(A)が芽生え，他者の存在を意識し，自己を(B)しようとする気持ちが生まれる幼児期の発達の特性を踏まえ，入園から修了に至るまでの長期的な視野をもって充実した生活が展開できるように配慮するものとする。

2　幼稚園の毎学年の教育課程に係る教育週数は，特別の事情のある場合を除き，(C)週を下ってはならない。

3　幼稚園の1日の教育課程に係る教育時間は，(D)時間を標準とする。ただし，幼児の心身の発達の程度や(E)などに適切に配慮するものとする。

〔語群〕

ア	自立	イ	依存	ウ	自我
エ	主張	オ	抑制	カ	調整
キ	38	ク	39	ケ	40
コ	4	サ	5	シ	6
ス	習慣	セ	家庭環境	ソ	季節

① A－ア　B－エ　C－ク　D－サ　E－ス
② A－ア　B－カ　C－ケ　D－コ　E－セ
③ A－イ　B－オ　C－キ　D－シ　E－ス
④ A－ウ　B－オ　C－ク　D－コ　E－ソ
⑤ A－ウ　B－エ　C－ク　D－サ　E－ソ

6 次の文は幼稚園教育要領(平成29年3月告示)の第1章「総則」の第2「幼稚園教育において育みたい資質・能力及び『幼児期の終わりまでに育ってほしい姿』」である。文中の下線部のうち誤っているものを，文中の①～⑤から1つ選びなさい。　(難易度■■□□□)

1　幼稚園においては，①生きる力の基礎を育むため，この章の第1に示す幼稚園教育の基本を踏まえ，次に掲げる資質・能力を一体的に育むよう努めるものとする。

(1)　②様々な経験を通じて，感じたり，気付いたり，分かったり，できるようになったりする「③知識及び技能の基礎」

(2)　気付いたことや，できるようになったことなどを使い，考えたり，試したり，工夫したり，表現したりする「④思考力，判断力，表現力等の基礎」

(3) ⑤心情，意欲，態度が育つ中で，よりよい生活を営もうとする「学びに向かう力，人間性等」

7 幼稚園教育要領(平成29年3月告示)の第1章「総則」の第2「幼稚園教育において育みたい資質・能力及び『幼児期の終わりまでに育ってほしい姿』」3では，10点の幼児期の終わりまでに育ってほしい姿があげられている。その内容として正しいものを，次の①～⑤から1つ選びなさい。 (難易度■■■□□)

① (1) 豊かな心／ (2) 自立心
② (3) 協調性 ／ (4) 道徳性・規範意識の芽生え
③ (5) 社会生活との関わり ／ (6) 創造力の芽生え
④ (7) 自然との関わり・生命尊重
(8) 数量や図形，標識や文字などへの関心・感覚
⑤ (9) 非言語による伝え合い ／ (10) 豊かな感性と表現

8 幼稚園教育要領(平成29年3月告示)の第1章「総則」の第3「教育課程の役割と編成等」の内容として正しいものを，次の①～⑤から1つ選びなさい。 (難易度■■□□□)

① 教育課程の編成に当たっては，幼稚園教育において育みたい資質・能力を踏まえつつ，各幼稚園の教育目標を明確にするとともに，教育課程の編成についての基本的な方針が家庭や地域とも共有しなければならない。
② 幼稚園生活の全体を通して第2章に示すねらいが総合的に達成されるよう，教育課程に係る教育期間や幼児の生活経験や発達の過程などを考慮して具体的なねらいと内容を保護者に示さなければならない。
③ 自我が芽生え，他者の存在を意識し，自己を抑制しようとする気持ちが生まれる幼児期の発達の特性を踏まえ，入園から修了に至るまでの長期的な視野をもって充実した生活が展開できるように配慮する。
④ 幼稚園の毎学年の教育課程に係る教育週数は，特別の事情のある場合を除き，35週を下ってはならない。
⑤ 幼稚園の1日の教育課程に係る教育時間は，3時間を標準とする。ただし，幼児の心身の発達の程度や季節などに適切に配慮するものとする。

9 次の文は幼稚園教育要領(平成29年3月告示)の第1章「総則」の第5「特別な配慮を必要とする幼児への指導」の「1　障害のある幼児などへの指導」である。文中の下線部のうち誤っているものを，文中の①～⑤から1つ選びなさい。(難易度■■■□□)

障害のある幼児などへの指導に当たっては，集団の中で生活することを通して①全体的な発達を促していくことに配慮し，②医療機関などの助言又は援助を活用しつつ，個々の幼児の障害の状態などに応じた指導内容や指導方法の工夫を③組織的かつ計画的に行うものとする。また，家庭，地域及び医療や福祉，保健等の業務を行う関係機関との連携を図り，④長期的な視点で幼児への教育的支援を行うために，個別の教育支援計画を作成し活用することに努めるとともに，個々の幼児の実態を的確に把握し，個別の指導計画を作成し⑤活用することに努めるものとする。

10 幼稚園教育要領(平成29年3月告示)の第2章「ねらい及び内容」について正しいものを，次の①～⑤から1つ選びなさい。(難易度■■■□□)

① ねらいは，幼稚園教育において育みたい資質・能力であり，内容は，ねらいを達成するために指導する事項を幼児の生活する姿から捉えたものである。

② 領域は「健康」「人間関係」「環境」「言葉」「表現」の5つからなり，「人間関係」では「他の人々と協調し，支え合って生活するために，情操を育て，人と関わる力を育てる」とされている。

③ 各領域に示すねらいは，小学校における教科の展開と同様にそれぞれに独立し，幼児が様々な体験を積み重ねる中で個別的に次第に達成に向かうものである。

④ 各領域に示す内容は，幼児が環境に関わって展開する具体的な活動を通して総合的に指導されるものである。

⑤ 幼稚園教育要領は「教育課程その他の保育内容の基準」という性格から，幼稚園教育要領に示した内容に加えて教育課程を編成，実施することはできない。

11 次は幼稚園教育要領(平成29年3月告示)の領域「環境」の「内容の取扱い」にある文章である。空欄(　A　)～(　E　)に当てはまる語句を語群から選ぶとき，正しい組み合わせを，あとの①～⑤から1つ選びなさい。

(難易度■■■■□)

○幼児が，(A)の中で周囲の環境と関わり，次第に周囲の世界に好奇心を抱き，その意味や操作の仕方に関心をもち，物事の(B)に気付き，自分なりに考えることができるようになる過程を大切にすること。また，他の幼児の考えなどに触れて新しい考えを生み出す喜びや楽しさを味わい，自分の(C)をよりよいものにしようとする気持ちが育つようにすること。

○身近な事象や動植物に対する(D)を伝え合い，共感し合うことなどを通して自分から関わろうとする意欲を育てるとともに，様々な関わり方を通してそれらに対する親しみや畏敬の念，(E)を大切にする気持ち，公共心，探究心などが養われるようにすること。

〔語群〕

ア 活動	イ 生活	ウ 遊び	エ 真理
オ 法則性	カ 不思議	キ 考え	ク 発想
ケ 意見	コ 愛情	サ 感動	シ 慈しみ
ス 生命	セ 自然	ソ 環境	

① A－ウ　B－オ　C－キ　D－サ　E－ス
② A－ウ　B－エ　C－キ　D－コ　E－ソ
③ A－ア　B－エ　C－ケ　D－コ　E－ス
④ A－イ　B－オ　C－ク　D－コ　E－セ
⑤ A－イ　B－カ　C－ケ　D－シ　E－ソ

12 幼稚園教育要領(平成29年3月告示)の第1章「総則」の第4「指導計画の作成と幼児理解に基づいた評価」の内容として正しいものを，次の①～⑤から1つ選びなさい。

(難易度■■■■□)

① 指導計画は，幼児が集団による生活を展開することにより，幼児期として必要な発達を得られるよう，具体的に作成する必要がある。

② 指導計画の作成に当たっては，幼児の具体的な活動は，生活の流れの中で一定の方向性をもっていることに留意し，それを望ましい方向に向かって自ら活動を展開していくことができるように必要な援助を行うことに留意する。

③ 長期的に発達を見通した年，学期，月などにわたる長期の指導計画に

ついては，幼児の生活のリズムに配慮し，幼児の意識や興味の連続性のある活動が相互に関連して幼稚園生活の自然な流れの中に組み込まれるようにする。

④　行事の指導に当たっては，それぞれの行事においてはその教育的価値を十分検討し，適切なものを精選し，幼児の負担にならないようにすることにも留意する。

⑤　幼児一人一人の発達の理解に基づいた評価の実施に当たっては，評価の客観性や連続性が高められるよう，組織的かつ計画的な取組を推進する。

13 幼稚園教育要領(平成 29 年 3 月告示)についての記述として適切なものを，次の①～⑤から 1 つ選びなさい。　(難易度■■■□□)

①　幼稚園教育要領については，学校教育法に，「教育課程その他の保育内容の基準として文部科学大臣が別に公示する幼稚園教育要領によるものとする」と規定されている。

②　学校教育法施行規則には，「幼稚園の教育課程その他の保育内容に関する事項は，文部科学大臣が定める」と規定されている。

③　幼稚園教育要領は教育課程，保育内容の基準を示したものであり，国公立幼稚園だけでなく私立幼稚園においてもこれに準拠する必要がある。

④　保育所保育指針，幼稚園教育要領はともに平成 29 年 3 月に改定(訂)されたが，保育所保育指針は厚生労働省雇用均等・児童家庭局長の通知であるのに対し，幼稚園教育要領は文部科学大臣の告示である。

⑤　幼稚園教育要領は平成 29 年 3 月に改訂され，移行措置を経て平成 31 年度から全面実施された。

14 幼稚園教育要領(平成 29 年 3 月告示)に関する記述として正しいものを，次の①～⑤から 1 つ選びなさい。　(難易度■■□□□)

①　幼稚園教育要領の前身は昭和 23 年に刊行された「保育要領」であり，これは保育所における保育の手引き書であった。

②　幼稚園教育要領がはじめて作成されたのは昭和 31 年であり，このときの領域は健康，社会，自然，言語，表現の 5 つであった。

③　幼稚園教育要領は昭和 31 年 3 月の作成後，平成 29 年 3 月の改訂まで，4 回改訂されている。

④ 幼稚園教育要領は幼稚園における教育課程の基準を示すものであり，文部科学省告示として公示されている。

⑤ 平成 29 年 3 月に改訂された幼稚園教育要領では，健康，人間関係，環境，言葉，表現に新たに音楽リズムの領域が加わった。

15 幼稚園教育要領(平成 29 年 3 月告示)第 1 章「総則」に関する記述として正しいものを，次の①～⑤から 1 つ選びなさい。　(難易度■■■□□)

① 従来，幼稚園教育の基本としてあげられていた「幼児期における教育は，生涯にわたる人格形成の基礎を培う重要なもの」とする記述は，改正教育基本法に明記されたことから，幼稚園教育要領からは削除されている。

② 幼稚園教育の基本について，教師は，幼児の主体的な活動が確保されるよう幼児の集団としての行動の理解と予想に基づき，計画的に環境を構成しなければならないことがあげられている。

③ 幼稚園教育の目標の 1 つとして，健康，安全で幸福な生活のための基本的な生活習慣・態度を育て，健全な心身の基礎を培うようにすることがあげられている。

④ 教育課程について，各幼稚園においては，教育課程に基づき組織的かつ計画的に各幼稚園の教育活動の質の向上を図っていくことに努めるものとされている。

⑤ 毎学年の教育週数は，特別の事情のある場合を除き，39 週を下ってはならないこと，また 1 日の教育時間は，4 時間を標準とすることが明記されている。

16 幼稚園教育要領(平成 29 年 3 月告示)第 1 章「総則」の第 1「幼稚園教育の基本」においてあげている重視すべき事項として，適切ではないものを，次の①～⑤から 1 つ選びなさい。　(難易度■■■□□)

① 幼児期にふさわしい生活が展開されるようにすること。

② 施設設備を工夫し，物的・空間的環境を構成すること。

③ 幼児の自発的な活動としての遊びは，遊びを通しての指導を中心とすること。

④ 一人一人の特性に応じた指導が行われるようにすること。

⑤ 幼児一人一人の行動の理解と予想に基づき，計画的に環境を構成すること。

17 幼稚園教育要領(平成29年3月告示)の第2章「ねらい及び内容」について，適切なものを，次の①～⑤から1つ選びなさい。

(難易度■■■□□)

① 「ねらい」は，幼稚園教育において育みたい資質・能力を幼児の遊ぶ姿から捉えたものである。

② 「内容」は，「ねらい」を達成するために指導する事項であり，幼児が環境に関わって展開する具体的な活動を通して個別的に指導される。

③ 「ねらい」は，幼稚園における生活の全体を通じ，幼児が様々な体験を積み重ねる中で相互に関連をもちながら次第に達成に向かうものである。

④ 幼稚園の教育における領域は，小学校の教科にあたるものであり，領域別に教育課程を編成する。

⑤ 特に必要な場合は，各領域のねらいが達成できるようであれば，具体的な内容についてこれを指導しないことも差し支えない。

18 幼稚園教育要領(平成29年3月告示)の第2章「ねらい及び内容」について，領域「健康」の中の「2 内容」のうち，平成29年3月告示の幼稚園教育要領において改訂された項目を，次の①～⑤から1つ選びなさい。

(難易度■■■■■)

① 先生や友達と触れ合い，安定感をもって行動する。

② いろいろな遊びの中で十分に体を動かす。

③ 進んで戸外で遊ぶ。

④ 様々な活動に親しみ，楽しんで取り組む。

⑤ 先生や友達と食べることを楽しみ，食べ物への興味や関心をもつ。

19 幼稚園教育要領(平成29年3月告示)の第1章「総則」の第4「指導計画の作成と幼児理解に基づいた評価」における「指導計画の作成上の基本的事項」として，適切ではないものを，次の①～⑤から1つ選びなさい。

(難易度■■■□□)

① 指導計画は，幼児の発達に即して一人一人の幼児が幼児期にふさわしい生活を展開し，必要な体験を得られるようにするために，具体的に作成するものとする。

② 具体的なねらい及び内容は，幼稚園生活における幼児の発達の過程を見通し，幼児の生活の連続性，季節の変化などを考慮して，幼児の興味

や関心，発達の実情などに応じて設定する。

③ 環境は，具体的なねらいを達成するために適切なものとなるように構成し，幼児が自らその環境にかかわることにより様々な活動を展開しつつ必要な体験を得られるようにする。

④ 幼児は環境をつくり出す立場にはないことから，教師は幼児の生活する姿や発想を大切にし，常にその環境が適切なものとなるようにする。

⑤ 幼児の行う具体的な活動は，生活の流れの中で様々に変化するものであり，幼児が望ましい方向に向かって自ら活動を展開していくことができるよう必要な援助を行う。

20 **幼稚園教育要領(平成29年3月告示)の第1章「総則」の第4「指導計画の作成と幼児理解に基づいた評価」について，「指導計画の作成上の留意事項」として適切なものを，次の①～⑤から1つ選びなさい。**

(難易度■■■□□)

① 長期的に発達を見通した長期の指導計画を作成する際は，幼児の生活のリズムに配慮し，幼児の意識や興味の連続性のある活動が相互に関連して幼稚園生活の自然な流れの中に組み込まれるようにする必要がある。

② 幼児の行う活動は，個人，グループ，学級全体などで多様に展開されるが，一人一人の幼児が興味や欲求を満足させるため，特に個人の活動については幼稚園全体の教師による協力体制をつくり，援助していかなければならない。

③ 幼児の主体的な活動を促すためには，教師は多様な関わりをもつが，基本は共同作業者ではなく，理解者としての役割を果たすことを通して，幼児の発達に必要な豊かな体験が得られるよう適切な指導を行うようにする。

④ 言語に関する能力の発達と思考力の発達が関連していることを踏まえ，幼稚園生活全体を通して，幼児の発達を踏まえた言語環境を整え，言語活動の充実を図る。

⑤ 視聴覚教材やコンピュータなど情報機器を活用する際には，幼稚園生活で体験したことの復習に用いるなど，幼児の体験との関連を考慮する。

21 **幼稚園教育要領(平成29年3月告示)の第3章「教育課程に係る教育時間の終了後等に行う教育活動などの留意事項」について，適切でないも**

のを，次の①～⑤から１つ選びなさい。　(難易度■■■□□)

① 教育課程に基づく活動との連続を考慮し，幼児期にふさわしい無理のないものとなるようにする。

② 家庭や地域での幼児の生活も考慮し，教育課程に係る教育時間の終了後等に行う教育活動の計画を作成するようにする。

③ 家庭との緊密な連携を図るようにする。

④ 地域の実態や保護者の事情とともに幼児の生活のリズムを踏まえつつ，例えば実施日数や時間などについて，弾力的な運用に配慮する。

⑤ 適切な責任体制と指導体制を整備した上で行うようにする。

22 次は幼稚園教育要領(平成 29 年３月告示)の第３章「教育課程に係る教育時間の終了後等に行う教育活動などの留意事項」について，幼稚園の運営に当たっての留意事項に関する文章である。空欄(A)～(C)に当てはまる語句を語群から選ぶとき，語句の組み合わせとして正しいものを，あとの①～⑤から１つ選びなさい。　(難易度■■■□□)

幼稚園の運営に当たっては，(A)のために保護者や地域の人々に機能や施設を開放して，園内体制の整備や関係機関との連携及び協力に配慮しつつ，幼児期の教育に関する相談に応じたり，情報を提供したり，幼児と保護者との登園を受け入れたり，保護者同士の交流の機会を提供したりするなど，幼稚園と家庭が一体となって幼児と関わる取組を進め，地域における幼児期の教育の(B)としての役割を果たすよう努めるものとする。その際，心理や(C)の専門家，地域の子育て経験者等と連携・協働しながら取り組むよう配慮するものとする。

〔語群〕

ア 情報提供　　イ 保護者の交流　　ウ 子育ての支援
エ 保健　　オ 医療　　カ 福祉
キ 情報発信の場　　ク センター　　ケ 相談・援助機関

① A－イ　B－ケ　C－カ
② A－ウ　B－ク　C－エ
③ A－ア　B－キ　C－オ
④ A－ア　B－ク　C－エ
⑤ A－ウ　B－ケ　C－オ

23 以下の幼稚園教育要領(平成29年3月告示)における指導計画の作成上の留意事項について，空欄(A)〜(C)にあてはまる語句として適切なものの組み合わせを，あとの①〜⑤から1つ選びなさい。

(難易度■■■■□)

○行事の指導に当たっては，幼稚園生活の自然の流れの中で生活に変化や潤いを与え，幼児が(A)に楽しく活動できるようにすること。なお，それぞれの行事についてはその(B)価値を十分検討し，適切なものを精選し，幼児の負担にならないようにすること。

○幼児期は(C)な体験が重要であることを踏まえ，視聴覚教材やコンピュータなど情報機器を活用する際には，幼稚園生活では得難い体験を補完するなど，幼児の体験との関連を考慮すること。

ア 主体的　イ 保育的　ウ 具体的　エ 文化的
オ 積極的　カ 直接的　キ 能動的　ク 教育的
ケ 双方的

① A－ア　B－イ　C－ウ
② A－オ　B－イ　C－カ
③ A－キ　B－ク　C－ケ
④ A－ア　B－ク　C－カ
⑤ A－オ　B－エ　C－ウ

24 幼稚園教育要領解説(平成30年2月，文部科学省)の第1章「総説」第3節「教育課程の役割と編成等」に関する記述として適切でないものの組み合わせを，あとの①〜⑤から1つ選びなさい。　(難易度■■■■□)

ア 幼稚園は，法令と幼稚園教育要領の示すところに従い，創意工夫を生かし，幼児の心身の発達と幼稚園及び地域の実態に即応した適切な教育課程を編成するものとする。

イ 幼稚園生活の全体を通して幼稚園教育要領第2章に示すねらいが総合的に達成されるよう，教育期間や幼児の生活経験や発達の過程などを考慮して具体的なねらいと内容を組織しなければならない。

ウ 幼稚園では，自我が芽生え，他者の存在を意識し，他者を抑制しようとする気持ちが生まれる幼児期の発達の特性を矯正する教育が達成できるよう配慮しなければならない。

エ 幼稚園の毎学年の教育週数は，特別の事情のある場合を除き，40週を下ってはならない。

オ　幼稚園の１日の教育課程に係る教育時間は，幼児の心身の発達の程度や季節などに適切に配慮しながら，４時間を標準とする。

①　ア，ウ，オ　②　イ，ウ　③　ウ，エ　④　イ，エ，オ
⑤　ウ，オ

25 幼稚園教育要領解説(平成 30 年２月，文部科学省)の第１章「総説」の第１節「幼稚園教育の基本」にある「環境を通して行う教育」に関する記述として，適切なものの組み合わせを，あとの①～⑤から１つ選びなさい。

(難易度■■■■□)

ア　幼児が自ら周囲に働き掛けてその幼児なりに試行錯誤を繰り返し，自ら発達に必要なものを獲得しようとするようになる姿は，いろいろな活動を教師が計画したとおりに，全てを行わせることによって育てられる。

イ　活動の主体は幼児であり，教師は活動が生まれやすく，展開しやすいように意図をもって環境を構成していく。

ウ　幼児が何を体験するかは幼児の活動にゆだねるほかはないのであり，「幼児をただ遊ばせている」だけでも，幼児の主体的活動を促すことになる。

エ　環境を通して行う教育は，教師の支えを得ながら文化を獲得し，自己の可能性を開いていくことを大切にした教育である。

オ　幼児の周りに遊具や用具，素材を配置し，幼児の動くままに任せることによって，その対象の潜在的な学びの価値を引き出すことができる。

①　ア，イ　②　ア，ウ，オ　③　イ，エ　④　ウ，エ，オ
⑤　エ，オ

26 幼稚園教育要領解説(平成 30 年２月，文部科学省)で重視されている「計画的な環境の構成」に関する記述として適切なものを，次の①～⑤から１つ選びなさい。　(難易度■■□□□)

①　幼児は常に積極的に環境に関わって遊び，望ましい方向に向かって発達していくので，教師は児童が遊ぶのを放っておいてよい。

②　幼児が望ましい方向に発達していくために，環境の構成については十分見通しをもって計画を立てる必要があり，構成したあともなるべく見

直しがないようにする。

③ 幼児の周りにある様々な事物や生き物，他者，事象が幼児にとってどのような意味をもつのか教師自身がよく理解する必要がある。

④ 教師は適切な環境を構成する必要があるが，教師自身は環境の一部にはなり得ないことに留意する必要がある。

⑤ 幼児が積極的に環境に関わり，活動を展開できるように，1つの活動に没頭して取り組むよりは，なるべく様々な形態の活動が行われるように環境を構成する。

27 幼稚園教育要領解説(平成30年2月，文部科学省)が「幼稚園教育の基本」で述べている「教師の役割」として適切なものを，次の①～⑤から1つ選びなさい。 (難易度■■□□□)

① 教師は幼児の自発的な活動としての遊びを生み出すために必要な教育環境を整える役割があるが，それは幼児と共につくり出されるものではない。

② 重要なことは，幼児一人一人が主体的に取り組んでいるかどうかを見極めることであり，そのため状況を判断して，適切な関わりをその時々にしていく必要がある。

③ 入園当初や学年の始めは不安を抱き緊張しているため，主体的な活動ができないことが多いが，時機をみて援助していけばよい。

④ 友達との葛藤が起こることは幼児の発達にとって妨げとなるので，それが起きないように常に援助を行っていく必要がある。

⑤ 年齢の異なる幼児間の関わりは，互いの緊張感を生み出しやすいので，環境の構成にあたっては，異年齢の幼児の交流の機会はなるべくもたないように配慮する。

28 幼稚園教育要領解説(平成30年2月，文部科学省)で幼稚園の適切な教育課程の編成としてあげられている内容として，適切でないものはどれか，次の①～⑤から1つ選びなさい。 (難易度■■■□□)

① 幼児の調和のとれた発達を図るという観点から，幼児の発達の見通しなどをもつ。

② 特に，教職員の構成，遊具や用具の整備状況などについて分析し，教育課程の編成に生かす。

③ 近隣の幼稚園・認定こども園・保育所・小学校，図書館などの社会教育施設，幼稚園の教育活動に協力することのできる人などの実態を考慮し，教育課程を編成する。

④ 保護者や地域住民に対して幼稚園の教育方針，特色ある教育活動や幼児の基本的な情報を積極的に提供する。

⑤ 地域や幼稚園の実態及び保護者の養護の基本方針を十分に踏まえ，創意工夫を生かし特色あるものとする。

29 幼稚園教育要領解説(平成30年2月，文部科学省)で示されている幼稚園の教育課程の編成として，適切なものはどれか，次の①～⑤から1つ選びなさい。 (難易度■■■□□)

① ねらいと内容を組織する際は，幼稚園教育要領に示されている「ねらい」や「内容」をそのまま教育課程における具体的な指導のねらいや内容とする。

② 教育目標の達成を図るには，入園から修了までをどのように指導しなければならないかを，各領域に示す事項を参考に明らかにしていく。

③ 幼児期は自己を表出することが中心の生活から，次第に他者の存在を理解し，同年代での集団生活を円滑に営むことができるようになる時期へ移行するので，これらの幼児の発達の特性を踏まえる必要がある。

④ 発達の各時期にふさわしい具体的なねらいや内容は，各領域に示された「ねらい」や「内容」の関係部分を視野に入れるとともに，幼児の生活の中で，それらがどう相互に関連しているかを十分に考慮して設定していく。

⑤ 教育課程はそれぞれの幼稚園において，全教職員の協力の下に各教員がそれぞれの責任において編成する。

30 次のア～オは幼稚園教育要領解説(平成30年2月，文部科学省)で幼稚園の教育課程の編成の実際としてあげられている編成手順の参考例の内容である。それぞれを編成の手順として順を追って並べたとき，適切なものを，あとの①～⑤から1つ選びなさい。ただし，アは最初，オは最後にくる。 (難易度■■■□□)

ア 編成に必要な基礎的事項についての理解を図る。

イ 幼児の発達の過程を見通す。

ウ　具体的なねらいと内容を組織する。
エ　各幼稚園の教育目標に関する共通理解を図る。
オ　教育課程を実施した結果を評価し，次の編成に生かす。

① ア→イ→ウ→エ→オ
② ア→イ→エ→ウ→オ
③ ア→ウ→イ→エ→オ
④ ア→ウ→エ→イ→オ
⑤ ア→エ→イ→ウ→オ

31 幼稚園教育要領解説(平成 30 年 2 月，文部科学省)で説明されている教育週数，教育時間について，正しいものを，次の①～⑤から 1 つ選びなさい。 (難易度■■■□□)

① 毎学年の教育課程に係る教育週数は，特別の事情のある場合を除き，39 週を上回ってはならない。
② 教育週数から除く特別の事情がある場合とは，主として幼児の疾病の場合のことである。
③ 教育課程に係る時間は幼児の幼稚園における教育時間の妥当性，家庭や地域における生活の重要性を考慮して，最長 4 時間とされている。
④ 幼稚園における教育時間は，保育所の整備が進んでいるかどうかはかかわりなく定める必要がある。
⑤ 幼稚園において教育が行われる時間は登園時刻から降園時刻までである。

32 幼稚園教育要領解説(平成 30 年 2 月，文部科学省)で述べられている「教育課程の編成」について，適切なものはどれか。次の①～⑤から 1 つ選びなさい。 (難易度■■□□□)

① 幼稚園教育要領に示されている「ねらい」や「内容」をそのまま教育課程における具体的な指導のねらいや内容とする。
② 幼稚園生活の全体を通して，幼児がどのような発達をするのか，どの時期にどのような生活が展開されるのかなどの発達の節目を探り，短期的に発達を見通す。
③ 教育課程の改善の手順として，一般的には改善案を作成することと，評価の資料を収集し，検討することは同時に行われる。
④ 教育課程の改善については，指導計画で設定した具体的なねらい

や内容などは比較的直ちに修正できるものである。

⑤ 教育課程は，全て幼稚園内の教職員や設置者の努力によって改善すべきである。

33 次は幼稚園教育要領解説(平成 30 年 2 月，文部科学省)で，幼稚園教育要領(平成 29 年 3 月告示)の第 2 章「ねらい及び内容」の領域「表現」について述べている文章である。空欄(A)～(D)に当てはまる語句を語群から選ぶとき，語句の組み合わせとして正しいものを，あとの①～⑤から 1 つ選びなさい。 (難易度■■■■□)

豊かな感性や自己を表現する(A)は，幼児期に自然や人々など身近な(B)と関わる中で，自分の感情や体験を自分なりに(C)する充実感を味わうことによって育てられる。したがって，幼稚園においては，日常生活の中で出会う様々な事物や事象，文化から感じ取るものやそのときの気持ちを友達や教師と共有し，表現し合うことを通して，豊かな(D)を養うようにすることが大切である。

〔語群〕

ア 態度	イ 意欲	ウ 習慣	エ 事象
オ 生き物	カ 環境	キ 表現	ク 表出
ケ 開放	コ 感性	サ 感覚	シ 心

① A－ア B－エ C－キ D－シ

② A－イ B－カ C－ク D－シ

③ A－イ B－カ C－キ D－コ

④ A－ウ B－オ C－ケ D－サ

⑤ A－ウ B－エ C－ク D－コ

34 次は幼稚園教育要領解説(平成 30 年 2 月，文部科学省)の中で，人格形成の基礎を培うことの重要性を示したものである。(A)～(C)に当てはまるものをア～クから選ぶとき，正しい組み合わせを，あとの①～⑤から 1 つ選びなさい。 (難易度■■■■□)

幼児一人一人の(A)な可能性は，日々の生活の中で出会う環境によって開かれ，環境との(B)を通して具現化されていく。幼児は，環境との(B)の中で，体験を深め，そのことが幼児の心を揺り動かし，次の活動を引き起こす。そうした体験の連なりが幾筋も生まれ，幼児の将来へとつながっていく。

そのため，幼稚園では，幼児期にふさわしい生活を展開する中で，幼児の遊びや生活といった直接的・具体的な体験を通して，人と関わる力や思考力，感性や表現する力などを育み，人間として，(C)と関わる人として生きていくための基礎を培うことが大切である。

ア 相互作用　イ 本質的　ウ 共生　エ 社会　オ 家庭
カ 出会い　キ 幼稚園　ク 潜在的

① A－イ　B－ウ　C－エ
② A－イ　B－カ　C－オ
③ A－ク　B－カ　C－キ
④ A－ク　B－ア　C－エ
⑤ A－イ　B－ウ　C－オ

35 次は幼稚園教育要領解説(平成30年2月，文部科学省)の中の「人間関係」についての記述である。文中の(A)～(E)に当てはまる語句をア～シの中から選ぶとき，正しい組み合わせを，あとの①～⑤から1つ選びなさい。 (難易度■■■□□)

幼児期においては，幼児が友達と関わる中で，自分を主張し，自分が受け入れられたり，あるいは(A)されたりしながら，自分や相手に気付いていくという体験が大切である。このような過程が(B)の形成にとって重要であり，自分で考え，自分の力でやってみようとする態度を育てる指導の上では，幼児が友達との(C)の中で自分と異なったイメージや(D)をもった存在に気付き，やがては，そのよさに目を向けることができるように援助しながら，一人一人の幼児が(E)をもって生活する集団の育成に配慮することが大切である。

ア 存在感　イ 考え方　ウ 道徳心　エ 承諾
オ 達成感　カ 共感　キ 自立心　ク 自我
ケ 自己主張　コ 葛藤　サ 拒否　シ 動機

① A－サ　B－ク　C－コ　D－イ　E－ア
② A－エ　B－イ　C－カ　D－シ　E－ウ
③ A－ケ　B－ク　C－サ　D－イ　E－コ
④ A－カ　B－キ　C－オ　D－ア　E－ク
⑤ A－サ　B－オ　C－ケ　D－ク　E－カ

36 次は文部科学省が示した幼稚園教育要領解説(平成30年2月，文部科学省)の中の「一人一人の発達の特性に応じた指導」の記述に挙げられた例である。これを読んで，教師の注意すべき事柄として望ましいものをア～オの中から選ぶとき，適切なものはどれか，正しい組み合わせを，あとの①～⑤から1つ選びなさい。 (難易度■■■■□)

幼児数人と教師とで鬼遊びをしているとする。ほとんどの幼児が逃げたり追いかけたり，つかまえたりつかまえられたりすることを楽しんでいる中で，ある幼児は教師の仲立ちなしには他の幼児と遊ぶことができないことがある。その幼児はやっと泣かずに登園できるようになり，教師を親のように慕っている。教師と一緒に行動することで，その幼児にとって教師を仲立ちに他の幼児と遊ぶ楽しさを味わうという体験にしたいと教師は考える。

ア 子どもたちの中に入っていけるように，幼児に鬼遊びのルールを教えてやる。

イ 子どもたちに，この幼児を仲間に入れるよう指導する。

ウ 幼児の内面を理解し，幼児の求めに即して必要な経験を得られるよう援助する。

エ 幼児の発達の特性に応じた集団を作り出すことを考える。

オ 幼児が子どもたちと遊ぶことができるまで，そっと見守る。

① ア，オ　② イ，エ　③ ウ，オ　④ ア，エ
⑤ ウ，エ

37 次は幼稚園教育要領解説(平成30年2月，文部科学省)の「障害のある幼児などへの指導」の記述の一部である。(A)～(E)にあてはまる語句をア～コから選ぶとき，正しい組み合わせを，あとの①～⑤から1つ選びなさい。 (難易度■■■□□)

幼稚園は，適切な(A)の下で幼児が教師や多くの幼児と集団で生活することを通して，幼児一人一人に応じた(B)を行うことにより，将来にわたる(C)の基礎を培う経験を積み重ねていく場である。友達をはじめ様々な人々との出会いを通して，家庭では味わうことのできない多様な体験をする場でもある。

これらを踏まえ，幼稚園において障害のある幼児などを指導する場合には，幼稚園教育の機能を十分生かして，幼稚園生活の場の特性と(D)を

大切にし，その幼児の障害の状態や特性および発達の程度等に応じて，発達を(　E　)に促していくことが大切である。

ア　信頼関係　　イ　生きる力　　ウ　指導　　エ　総合的
オ　人格形成　　カ　環境　　キ　配慮　　ク　全体的
ケ　人間関係　　コ　支援

①　A－ウ　B－コ　C－オ　D－ケ　E－ク
②　A－カ　B－コ　C－イ　D－ア　E－ク
③　A－カ　B－ウ　C－イ　D－ケ　E－ク
④　A－キ　B－ウ　C－オ　D－ケ　E－エ
⑤　A－キ　B－コ　C－オ　D－ア　E－エ

38 幼稚園教育要領解説(平成30年2月，文部科学省)から，幼稚園の教育課程と指導計画について適切でないものを，次の①～⑤から1つ選びなさい。　(難易度■■□□□)

①　教育課程は，幼稚園における教育期間の全体を見通したものであり，幼稚園の教育目標に向かってどのような筋道をたどっていくかを明らかにした全体的計画である。
②　幼稚園において実際に指導を行うため，それぞれの幼稚園の教育課程に基づいて幼児の発達の実情に照らし合わせながら，具体的な指導計画が立てられる。
③　指導計画では，教育課程に基づき具体的なねらいや内容，環境の構成，教師の援助などの内容や方法が明らかにされる。
④　指導計画は，教育課程という全体計画を具体化したものであり，教育課程が変更されない限りは，忠実にそれに従って展開していく必要がある。
⑤　計画的な指導を行うためには，発達の見通しや活動の予想に基づいて環境を構成するとともに，幼児一人一人の発達を見通して援助することが重要である。

39 次は幼稚園教育要領解説(平成30年2月，文部科学省)の第3章「教育課程に係る教育時間の終了後等に行う教育活動などの留意事項の2」である。(　A　)～(　E　)にあてはまる語句をア～コから選ぶとき，正しい組み合わせを，あとの①～⑤から1つ選びなさい。　(難易度■■■■□)

幼稚園の運営に当たっては，子育ての支援のために保護者や地域の人々に(　A　)や施設を開放して，園内体制の整備や関係機関との連携及び協力に配慮しつつ，幼児期の(　B　)に関する相談に応じたり，(　C　)を提供したり，幼児と保護者との登園を受け入れたり，保護者同士の交流の機会を提供したりするなど，幼稚園と家庭が一体となって幼児と関わる取組を進め，地域における幼児期の教育の(　D　)としての役割を果たすよう努めるものとする。その際，(　E　)や保健の専門家，地域の子育て経験者等と連携・協働しながら取り組むよう配慮するものとする。

ア　リーダー　　イ　情報　　ウ　教育　　エ　医療
オ　支援　　カ　機能　　キ　用具　　ク　心理
ケ　センター　　コ　子育て

① A－ウ　B－コ　C－オ　D－ケ　E－ク
② A－カ　B－コ　C－イ　D－ア　E－ク
③ A－カ　B－ウ　C－イ　D－ケ　E－ク
④ A－キ　B－ウ　C－オ　D－ケ　E－エ
⑤ A－キ　B－コ　C－オ　D－ア　E－エ

40 幼稚園教育要領(平成 29 年 3 月告示)における領域の組み合わせとして正しいものを，次の①～⑤から 1 つ選びなさい。　(難易度■■□□□)

① 健康・人間関係・自然
② 人間関係・環境・言葉
③ 社会・環境・言語
④ 健康・言語・表現
⑤ 人間関係・環境・遊び

41 次は幼稚園教育要領解説(平成 30 年 2 月，文部科学省)における領域の捉え方についての記述である。正しいものの組み合わせを，あとの①～⑤から 1 つ選びなさい。　(難易度■■■■□)

ア　幼稚園教育を，小学校の「教科科目」に準じて区切ったものである。
イ　幼稚園教育が何を意図して行われるかを明確にしたものである。
ウ　幼稚園教育の目標を達成するために教師が指導し，幼児が身に付けていくことが望まれるものを「内容」としたものである。
エ　幼稚園教育に適した環境づくりを具体的に示したものである。

オ　幼稚園教育の目標を達成するため，教師の指導方法を示したものである。

①　ア，ウ　②　ア，エ　③　ウ，オ　④　イ，オ
⑤　イ，ウ

42 次は幼稚園教育要領(平成 29 年 3 月告示)の第 2 章「ねらい及び内容」にある文章である。空欄(　A　)～(　E　)に当てはまる語句を語群から選ぶとき，正しい組み合わせを，あとの①～⑤から 1 つ選びなさい。

(難易度■■■■□)

この章に示すねらいは，幼稚園教育において育みたい(　A　)を幼児の生活する姿から捉えたものであり，内容は，ねらいを達成するために指導する事項である。各領域は，これらを幼児の発達の側面から，心身の健康に関する領域「健康」，人との関わりに関する領域「(　B　)」，身近な環境との関わりに関する領域「環境」，言葉の獲得に関する領域「言葉」及び(　C　)と表現に関する領域「表現」としてまとめ，示したものである。内容の取扱いは，幼児の発達を踏まえた指導を行うに当たって留意すべき事項である。

各領域に示すねらいは，幼稚園における生活の全体を通じ，幼児が様々な体験を積み重ねる中で相互に関連をもちながら次第に達成に向かうものであること，内容は，幼児が環境に関わって展開する(　D　)な活動を通して(　E　)に指導されるものであることに留意しなければならない。

〔語群〕

ア　道徳性・規範意識　イ　自然　ウ　感性　エ　具体的
オ　総合的　カ　資質・能力　キ　交流　ク　個別的
ケ　人間関係　コ　技能

①　A－ア　B－ケ　C－コ　D－オ　E－イ
②　A－ア　B－キ　C－コ　D－エ　E－オ
③　A－カ　B－ケ　C－ウ　D－オ　E－ク
④　A－カ　B－キ　C－ウ　D－オ　E－ク
⑤　A－カ　B－ケ　C－ウ　D－エ　E－オ

43 次は幼稚園教育要領(平成 29 年 3 月告示)の第 2 章「ねらい及び内容」に示されている 5 つの領域について，領域とその冒頭にある領域の意義付けを組み合わせたものである。空欄(　A　)～(　E　)に当てはまる語句を語群から選ぶとき，組み合わせとして正しいものを，あとの①～⑤か

ら１つ選びなさい。 (難易度■■■□□)

・健康—健康な心と体を育て，自ら健康で(　A　)な生活をつくり出す力を養う。

・人間関係—他の人々と親しみ，支え合って生活するために，(　B　)を育て，人と関わる力を養う。

・環境—周囲の様々な環境に(　C　)や探究心をもって関わり，それらを生活に取り入れていこうとする力を養う。

・言葉—経験したことや考えたことなどを自分なりの言葉で表現し，相手の話す言葉を聞こうとする意欲や態度を育て，言葉に対する(　D　)や言葉で表現する力を養う。

・表現—感じたことや考えたことを自分なりに表現することを通して，豊かな感性や表現する力を養い，(　E　)を豊かにする。

〔語群〕

ア　豊か	イ　安定した	ウ　安全	エ　協調性
オ　自立心	カ　豊かな感性	キ　好奇心	ク　積極性
ケ　見通し	コ　感性	サ　感覚	シ　感受性
ス　創造性	セ　想像性	ソ　表現力	

①　A－ウ　B－オ　C－キ　D－サ　E－ス
②　A－ア　B－エ　C－ケ　D－コ　E－セ
③　A－ウ　B－カ　C－ク　D－シ　E－ソ
④　A－イ　B－エ　C－ケ　D－シ　E－セ
⑤　A－ア　B－オ　C－キ　D－サ　E－ソ

44 次の(1)～(3)は幼稚園教育要領(平成29年３月告示)の第２章「ねらい及び内容」に示されている領域「人間関係」の「ねらい」である。空欄(　A　)～(　C　)に当てはまる語句を語群から選ぶとき，語句の組み合わせとして正しいものを，あとの①～⑤から１つ選びなさい。

(難易度■■■■□)

(1)　幼稚園生活を楽しみ，(　A　)力で行動することの充実感を味わう。
(2)　身近な人と親しみ，関わりを深め，工夫したり，協力したりして一緒に活動する楽しさを味わい，愛情や(　B　)をもつ。
(3)　(　C　)における望ましい習慣や態度を身に付ける。

〔語群〕

ア　みんなの　イ　教師等の　ウ　自分の
エ　信頼感　オ　協調心　カ　一体感
キ　集団生活　ク　社会生活　ケ　人間関係

① A－ア　B－オ　C－ケ
② A－ア　B－カ　C－キ
③ A－イ　B－エ　C－ケ
④ A－ウ　B－エ　C－ク
⑤ A－ウ　B－オ　C－キ

45 次の文章は幼稚園教育要領(平成29年3月告示)の第2章「ねらい及び内容」の中の，ある領域の「ねらい」の1つである。これはどの領域の「ねらい」か，正しい領域を，あとの①～⑤から1つ選びなさい。

(難易度■■□□□)

「身近な事象を見たり，考えたり，扱ったりする中で，物の性質や数量，文字などに対する感覚を豊かにする。」

① 健康　② 人間関係　③ 環境　④ 言葉　⑤ 表現

46 幼稚園教育要領の第2章「ねらい及び内容」について，領域「言葉」の「3 内容の取扱い」で平成29年3月告示の幼稚園教育要領から新たに加わった項目を，次の①～⑤から1つ選びなさい。　(難易度■■■□□)

① 言葉を交わす喜びを味わえるようにすること。
② 言葉による伝え合いができるようにすること。
③ 言葉が豊かになるようにすること。
④ 文字に対する興味や関心をもつようにすること。
⑤ 言葉に対する感覚が養われるようにすること。

47 次の1～5は学校教育法第23条にある「幼稚園の教育目標」である。この目標のうち幼稚園教育要領(平成29年3月告示)の5つの領域において，領域の冒頭の意義付けの部分にそのまま表されているものはいくつあるか。正しいものを，あとの①～⑤から1つ選びなさい。

(難易度■■■■□)

1 健康，安全で幸福な生活のために必要な基本的な習慣を養い，身体諸機能の調和的発達を図ること。

2　集団生活を通じて，喜んでこれに参加する態度を養うとともに家族や身近な人への信頼感を深め，自主，自律及び協同の精神並びに規範意識の芽生えを養うこと。

3　身近な社会生活，生命及び自然に対する興味を養い，それらに対する正しい理解と態度及び思考力の芽生えを養うこと。

4　日常の会話や，絵本，童話等に親しむことを通じて，言葉の使い方を正しく導くとともに，相手の話を理解しようとする態度を養うこと。

5　音楽，身体による表現，造形等に親しむことを通じて，豊かな感性と表現力の芽生えを養うこと。

①　1つ　②　2つ　③　3つ　④　4つ　⑤　1つもない

48 次の文は幼稚園教育要領(平成29年3月告示)の領域「環境」のねらいである。空欄(　A　)～(　E　)に入る語句の組み合わせとして適切なものを，あとの①～⑤から1つ選びなさい。　(難易度■■■■□)

・身近な環境に親しみ，(　A　)と触れ合う中で様々な(　B　)に興味や関心をもつ。

・身近な環境に自分から関わり，(　C　)を楽しんだり，考えたりし，それを生活に取り入れようとする。

・身近な(　B　)を見たり，考えたり，扱ったりする中で，物の(　D　)や数量，文字などに対する(　E　)を豊かにする。

ア　自然　イ　動物　ウ　事象　エ　発見　オ　性質
カ　感覚　キ　表現　ク　意欲

①　A－ア　B－ウ　C－キ　D－ク　E－カ
②　A－ア　B－ウ　C－エ　D－オ　E－カ
③　A－ア　B－エ　C－ウ　D－キ　E－ク
④　A－イ　B－エ　C－カ　D－オ　E－キ
⑤　A－イ　B－カ　C－ウ　D－キ　E－ク

解答・解説

1 ③

解説

① 幼稚園教育要領がはじめて文部省 (当時)による告示となったのは昭和39年改訂時である。これにより，教育課程の基準としての性格が明確になった。

② 学校教育法ではなく学校教育法施行規則 (第38条)である。「幼稚園の教育課程その他の保育内容については，この章に定めるもののほか，教育課程その他の保育内容の基準として文部科学大臣が別に公示する幼稚園教育要領によるものとする」とされている。

③ 正しい。

④ 「指導計画の作成と幼児理解に基づいた評価」は，第1章「総則」の第4に書かれている。旧幼稚園教育要領 (平成20年3月告示)では，指導計画に関する記載は第3章にあった。

⑤ 「生きる力」の理念は継承されている。幼稚園教育要領第1章「総則」第2の1においても「幼稚園においては，生きる力の基礎を育むため，この章の第1に示す幼稚園教育の基本を踏まえ，次に掲げる資質・能力を一体的に育むよう努めるものとする。」としている。

2 ③

解説

今回の幼稚園教育要領の改訂の大きな特徴として，総則の前に「前文」が示されたことがある。前文では「小学校以降の教育や生涯にわたる学習とのつながりを見通しながら，幼児の自発的な活動としての遊びを通しての総合的な指導をする際に広く活用されるものとなることを期待して，ここに幼稚園教育要領を定める。」とあり，小学校教育以降の教育の基礎や幼稚園教育要領を通じてこれからの時代に求められる教育を実現するため，幼児期における教育の重要性を述べている。③は誤りで学校教育法第24条の内容となっている。

3 ④

解説

幼稚園教育要領の改訂にともない，特に「幼児が身近な環境に主体的に関わり，環境との関わり方や意味に気付き，これらを取り込もうとして，試行錯誤したり，考えたりするようになる幼児期の教育における見方・考え方を生かし，」の部分が新たに追加されているように，教師が幼児に対して主体的に考え行動する力を付けさせるようにすることが重視されている。

4 ②

解説

組み合わせは，A－イ，B－ウ，C－アとなる。3つの事項のあとに，「その際，教師は，幼児の主体的な活動が確保されるよう幼児一人一人の行動の理解と予想に基づき，計画的に環境を構成しなければならない」としている。

5 ④

解説

1は第1章「総則」第3の3(1)による。Aには「自我」，Bには「抑制」が当てはまる。2は第1章「総則」第3の3 (2)による。Cには「39」が当てはまる。記述にある「特別の事情」とは台風，地震，豪雪などの非常変災，その他急迫の事情があるときや伝染病の流行などの事情が生じた場合である。3は第1章「総則」第3の3 (3)による。Dには「4」，Eには「季節」が当てはまる。教育課程に係る1日の教育時間については，幼児の幼稚園における教育時間の妥当性および家庭や地域における生活の重要性を考慮して4時間が標準となっている。

6 ②

解説

第1章「総則」の第2は，今回の幼稚園教育要領の改訂にともない，新たに追加された文である。②は「様々な経験」ではなく「豊かな体験」が正しい。

7 ④

解説

「幼児期の終わりまでに育ってほしい姿」は，第2章に示すねらい及び内容に基づく活動全体を通して資質・能力が育まれている幼児の幼稚園修了時の具体的な姿であり，教師が指導を行う際に考慮するものである。

① 「(1)　豊かな心」ではなく「(1)　健康な心と体」が正しい。

② 「(3)　協調性」ではなく「(3)　協同性」が正しい。

③ 「(6)　創造力の芽生え」ではなく「(6)　思考力の芽生え」が正しい。

⑤ 「(9)　非言語による伝え合い」ではなく「(9)　言葉による伝え合い」が正しい。

8 ③

解説

①は「2　各幼稚園の教育目標と教育課程の編成」，②～⑤は「3　教育課程の編成上の基本的事項」の内容である。

① 誤り。「共有しなければならない。」ではなく「共有されるよう努めるものとする。」が正しい。

② 誤り。「内容を保護者に示さなければならない。」ではなく「内容を組織するものとする。」が正しい。

④ 誤り。「35週」ではなく「39週」が正しい。

⑤ 誤り。「3時間を標準とする。」ではなく「4時間を標準とする。」が正しい。

9 ②

解説

子どもたちの発達の支援は今回の幼稚園教育要領改訂の特徴の1つである。特別支援学級や通級による指導における個別の指導計画等の全員作成，各教科等における学習上の困難に応じた指導の工夫などがある。②は「医療機関」ではなく「特別支援学校」が正しい。

10 ④

解説

① ねらいは「幼稚園教育において育みたい資質・能力を幼児の生活する姿から捉えたもの」，内容は「ねらいを達成するために指導する事項」である。

② 「人間関係」では「他の人々と親しみ，支え合って生活するために，自立心を育て，人と関わる力を養う」とされている。

③ 各領域に示すねらいは，幼稚園における生活の全体を通じ，幼児が様々な体験を積み重ねる中で相互に関連をもちながら次第に達成に向かうものである。それぞれ独立した授業として展開される小学校の教科とは異なる。

④ 正しい。

⑤ 「特に必要な場合には，各領域に示すねらいの趣旨に基づいて適切な，具体的な内容を工夫し，それを加えても差し支えない」とされている。ただしその場合は，「幼稚園教育の基本を逸脱しないよう慎重に配慮する必要がある」とされている。

11 ①

解説

最初の文章は「内容の取扱い」の (1)，次の文章は (3)からである。Aには「遊び」，Bには「法則性」，Cには「考え」，Dには「感動」，Eには「生命」が当てはまる。出題の文章は基本的に旧幼稚園教育要領 (平成 20 年 3 月告示)のものと変わりない。ただし，新幼稚園教育要領 (平成 29 年 3 月告示)における環境の内容の取扱いでは，新たに「文化や伝統に親しむ際には，正月や節句など我が国の伝統的な行事，国歌，唱歌，わらべうたや我が国の伝統的な遊びに親しんだり，異なる文化に触れる活動に親しんだりすることを通じて，社会とのつながりの意識や国際理解の意識の芽生えなどが養われるようにすること。」という項目が設けられたので確認されたい。

12 ④

解説

① 「集団による生活」ではなく「幼児期にふさわしい生活」，「発達」ではなく「体験」が正しい。

② 「一定の方向性を持っていることに留意し，それを」ではなく「様々に変化するものであることに留意し，幼児が」が正しい。

③ 「長期的に発達を見通した年，学期，月などにわたる長期の指導計画」ではなく「具体的な幼児の生活に即した週，日などの短期の指導計画」が正しい。

④ 正しい。

⑤ 「客観性や連続性」ではなく「妥当性や信頼性」が正しい。

13 ③

解説

① 学校教育法施行規則第 38 条に規定されている。学校教育法には幼稚園教育要領についての規定はない。

② 学校教育法施行規則にはこの規定はなく，学校教育法第 25 条に「幼稚園の教育課程その他の保育内容に関する事項は，第 22 条及び第 23 条の規定に従い，文部科学大臣が定める」との規定がある。学校教育法第 22, 23 条は幼稚園の教育目的, 幼稚園の教育目標について述べた条文である。

③ 正しい。

④ 保育所保育指針は，それまで局長通知であったが平成 20 年 3 月の改定

から厚生労働大臣の告示とされている。このため「改訂」ではなく「改定」が使われる。

⑤ 新幼稚園教育要領 (平成29年3月告示)は平成30年度から実施された。

14 ④

解説

幼稚園教育要領は，明治32年幼稚園保育及設備規定 (省令)→大正15年幼稚園令 (勅令)→昭和23年保育要領 (刊行)→昭和31年幼稚園教育要領 (刊行)→昭和39年幼稚園教育要領 (告示)→平成元年，10年，20年，29年改訂 (いずれも告示)と変遷してきている。

① 保育所だけでなく，幼稚園，さらに家庭における保育の手引き書であった。

② 昭和31年の幼稚園教育要領は健康，社会，自然，言語，音楽リズム，絵画製作の6領域であった。なお，このときの幼稚園教育要領は告示ではない。

③ 昭和39年，平成元年，10年，20年，29年と5回改訂されている。

④ 正しい。昭和39年改訂から文部 (科学)省告示として公示されている。

⑤ 従前 (平成20年3月告示)と同様，健康，人間関係，環境，言葉，表現の5領域で構成されている。

15 ④

解説

① 逆である。教育基本法第11条に「幼児期の教育は，生涯にわたる人格形成の基礎を培う重要なものである」と規定されたことから，従来は記述がなかった幼稚園教育要領にもこれが明記されることとなった。

② 「幼児の集団としての行動の理解と予想」ではなく，「幼児一人一人の行動の理解と予想」が正しい。

③ 第1章「総則」からは平成20年の改訂より「幼稚園教育の目標」は削除されている。学校教育法における幼稚園教育の目標が見直されたことを踏まえたものである。

④ 正しい。この内容をカリキュラム・マネジメントという。

⑤ 「教育時間」ではなく，「教育課程に係る教育時間」が正しい。

16 ②

解説

① 適切。重視すべき事項の1としてあげられている。

② 不適切。「施設設備」ではなく「教材」が適切である。

③ 適切。重視すべき事項の2としてあげられている。

④ 適切。重視すべき事項の3としてあげられている。

⑤ 適切。1～3の事項を重視して教育を行う際，同時に必要なこととして「教師は…幼児一人一人の行動の理解と予想に基づき，計画的に環境を構成」する，「教師は…幼児一人一人の活動の場面に応じて，様々な役割を果たし，その活動を豊かに」することである。

17 ③

解説

① 「遊ぶ姿」ではなく「生活する姿」である。

② 「個別的」ではなく「総合的」である。

③ 適切である。

④ 幼稚園の教育における領域は，それぞれ独立した授業として展開される小学校の教科とは異なる。領域別の教育課程の編成や，特定の活動と結び付けた指導などはしない。

⑤ 「特に必要な場合には，各領域に示すねらいの趣旨に基づいて適切な，具体的な内容を工夫し，それを加えても差し支えない」とされている。「指導しないことも差し支えない」のではなく，「加えても差し支えない」である。ただし，その場合は「幼稚園教育の基本を逸脱しないよう慎重に配慮する」とされている。

18 ⑤

解説

平成20年3月改訂時に加えられた「先生や友達と食べることを楽しむ」が，平成29年3月改訂時に「先生や友達と食べることを楽しみ，食べ物への興味や関心をもつ」へと改訂された。これについて「3　内容の取扱い」では「健康な心と体を育てるためには食育を通じた望ましい食習慣の形成が大切であることを踏まえ，幼児の食生活の実情に配慮し，和やかな雰囲気の中で教師や他の幼児と食べる喜びや楽しさを味わったり，様々な食べ物への興味や関心をもったりするなどし，食の大切さに気付き，進んで食べようとする気持ちが育つようにすること」としている。

19 ④

解説

幼稚園教育要領 (平成29年3月告示)第1章第4節の2は，旧幼稚園教育要領 (平成20年3月告示)の第3章第1節の1 (1) (2)と同様の内容となる。

① 適切である。指導計画の作成においては，学級や学年の幼児たちがどのような時期にどのような道筋で発達しているかという発達の過程を理解することも必要になる。その際，幼児期はこれまでの生活経験により，発達の過程の違いが大きい時期であることに留意しなければならない。特に，3歳児では個人差が大きいので，一人一人の発達の特性としてこのような違いを踏まえて，指導計画に位置付けていくことが必要である。

② 適切である。また，前の時期の指導計画のねらいや内容がどのように達成されつつあるかその実態を捉え，次の時期の幼稚園生活の流れや遊びの展開を見通すことなどが大切である (幼稚園教育要領解説 (平成30年2月，文部科学省)第1章第4節の2 (2))。

③ 適切である。

④ 適切ではない。「幼児は環境をつくり出す立場にはない」ということはない。「いつも教師が環境をつくり出すのではなく，幼児もその中にあって必要な状況を生み出すことを踏まえることが大切である」(幼稚園教育要領解説(平成30年2月，文部科学省)第1章第4節の2 (3))。

⑤ 適切である。具体的な活動は，やりたいことが十分にできなかったり，途中で挫折したり，友達との葛藤により中断したりすることがある。教師はその状況を放置しないで，必要な援助をすることが重要である。

20 ④

解説

① 記述は週，日などの短期の指導計画についてである。

② いずれの活動についても，幼稚園全体の教師による協力体制をつくり，一人一人の幼児が興味や欲求を満足させるよう適切な援助を行う必要がある。

③ 教師は理解者を基本とするものではない。共同作業者でもあるほか様々な役割を果たす。

④ 適切である。平成29年の改訂時に新規に記述された項目である。

⑤ 「幼稚園生活で体験したことの復習に用いる」ではなく「幼稚園生活では得難い体験を補完する」である。これは，幼児期において直接的な体験が重要であることを踏まえた記述である。

21 ①

① 適切ではない。正しくは「教育課程に基づく活動を考慮し,」である。幼稚園教育要領解説(平成30年2月)第3章1を参考にすると,「教育課程に基づく活動を考慮するということは,必ずしも活動を連続させることではない」とある。例えば,教育課程に基づく教育時間中は室内での遊びを中心に活動を行った場合は,教育課程に係る教育時間の終了後等に行う教育活動では戸外での遊びを積極的に取り入れるなどである。いずれにしても,教育課程に基づく活動を担当する教師と緊密な連携を図る。

② 適切である。その際,地域の様々な資源を活用しつつ,多様な体験ができるようにする。

③ 適切である。その際,情報交換の機会を設けたりするなど,保護者が,幼稚園と共に幼児を育てるという意識が高まるようにする。

④ 適切である。

⑤ 適切である。

22 ②

解説

Aには「子育ての支援」が入る。Bには「センター」が入る。Cには「保健」が入る。旧幼稚園教育要領 (平成20年3月)と比較して,「幼稚園と家庭が一体となって幼児と関わる取組を進め」という部分と「心理や保健の専門家,地域の子育て経験者等と連携・協働しながら取り組むよう配慮する」という部分が付け加えられた。改訂された部分は出題されやすいので念入りに確認されたい。

23 ④

解説

A 幼児が行事に期待感をもち,主体的に取り組んで,喜びや感動,さらには,達成感を味わうことができるように配慮する必要がある。

B その行事が幼児にとってどのような意味をもつのかを考えながら,それぞれの教育的価値を十分に検討する必要がある。

C 幼稚園生活では得難い体験の例としては,園庭で見付けた虫をカメラで接写して肉眼では見えない体のつくりや動きを捉えたりすることなどが考えられる。

24 ③

解説

ア，イ，オの記述は合致している。

ウ　幼稚園教育要領解説に示されているのは「…自己を抑制しようとする気持ちが生まれる幼児期の発達の特性を踏まえた教育」である。現代の，子どもの発達特性を考慮する幼稚園教育において，「矯正」を目指すことはない。

エ　幼稚園の毎学年の教育週数は，特別の事情がない限り，39週を下ってはならないとされている。

オ　「4時間」はあくまで標準。教育時間の終了後等に行う教育活動については，平成20年3月に改訂された幼稚園教育要領において位置付けがなされ，平成29年3月改訂の幼稚園教育要領にも引き継がれている。

25 ③

解説

ア　不適切。教師が計画どおりに行わせるというよりも，幼児自らが周囲の環境に働きかけてさまざまな活動を生み出し，そこから育てられていくものである。

イ　適切。

ウ　不適切。「幼児をただ遊ばせている」だけでは幼児の主体的な活動を促すことにはならない。一人一人の幼児に今どのような体験が必要かを考え，そのために常に工夫する必要がある。

エ　適切。

オ　不適切。幼児が自分から興味をもって，遊具や用具，素材についてふさわしい関わりができるようにその種類，数量，配置を考える必要がある。そのような環境構成の取組によって，幼児はそれらとのかかわりを通してその対象の潜在的な学びの価値を引き出すことができる。

26 ③

解説

①　幼児は常に積極的に環境に関わって遊び，望ましい方向に向かって発達していくとは限らない。発達の道筋を見通して，教育的に価値のある環境を計画的に構成していく必要がある。

②　幼児の活動の展開は多様な方向に躍動的に変化するので，常に見通しと

一致するわけではない。常に活動に沿って環境を構成し直し続けていく。

③ 適切である。幼児が主体的に活動できる環境を構成するには，幼児の周りにある様々な事物や生き物，他者(友達，教師)，自然事象・社会事象を幼児がどう受け止め，幼児にとってどのような意味をもつかをよく理解する必要がある。

④ 教師も環境の重要な一部である。教師の身の置き方，行動，言葉，心情，態度など教師の存在が幼児の行動や心情に大きな影響を与える。

⑤ 活動の結果より，その過程が意欲や態度を育み，生きる力の基礎を培っていく。そのため，幼児が本当にやりたいと思い，専念できる活動を見つけていくことも必要である。

27 ②

解説

① 幼児との信頼関係を十分に築き，幼児と共によりよい教育環境をつくり出していくことも求められている。

② 適切である。例えば集団に入らず一人でいる場合，何か一人での活動に没頭しているのか，教師から離れるのが不安なのか，入ろうとしながら入れないでいるのかなど状況を判断し，その時々に適切な関わり方をしていく。

③ 特に入園当初や学年の始めは学級として打ち解けた温かい雰囲気づくりを心がける。そのことによって幼児が安心して自己を発揮できるようにしていくことが必要である。

④ 葛藤が起こることは幼児の発達にとって大切な学びの機会となる。

⑤ 年下の者への思いやりや責任感，年上の者への憧れや自分もやってみようという意欲をも生み出す。年齢の異なる幼児が交流できるような環境を構成することも大切である。

28 ⑤

解説

① 適切である。

② 適切である。幼稚園規模，教職員の状況，施設設備の状況などの人的・物的条件の実態は幼稚園によって異なってくるとし，これらの条件を客観的に把握した上で，特に，教職員の構成，遊具や用具の整備状況などについて分析することを求めている。

③　適切である。近隣の幼稚園・認定こども園・保育所・小学校，図書館などの社会教育施設，幼稚園の教育活動に協力することのできる人などを「地域の資源」と捉えている。

④　適切である。基本的な情報を積極的に提供し，保護者や地域住民の理解や支援を得ることが大切としている。

⑤　不適切である。「保護者の養護の基本方針」ではなく「幼児の心身の発達」である。

29 ③

解説

①　幼稚園教育要領に示されている「ねらい」や「内容」をそのまま各幼稚園の指導のねらいや内容とするのではなく，幼児の発達の各時期に展開される生活に応じて適切に具体化したねらいや内容を設定する。

②「各領域に示す事項を参考に」ではなく「各領域に示す事項に基づいて」である。

③　正しい。次第に他者の存在を理解し「他者を思いやったり，自己を抑制したりする気持ちが生まれる」としている。

④　各領域に示された「ねらい」や「内容」の「関係部分を視野に入れる」ではなく「全てを視野に入れる」。

⑤「各教員がそれぞれの責任において」ではなく「園長の責任において」である。

30 ⑤

解説

幼稚園教育要領解説(平成30年2月，文部科学省)第1章第3節「3(1)④教育課程編成の実際」は，編成に必要な基礎的事項についての理解を図る **ア** →各幼稚園の教育目標に関する共通理解を図る **エ** →幼児の発達の過程を見通す **イ** →具体的なねらいと内容を組織する **ウ** →教育課程を実施した結果を評価し，次の編成に生かす → **オ** という編成手順を参考例として示している。**イ**の「幼児の発達の過程を見通す」については幼児の発達を長期的に見通すことのほか，幼児の発達の過程に応じて教育目標がどのように達成されていくかについて，およその予測をするともしている。したがって，この手順は**エ**の「各幼稚園の教育目標に関する共通理解を図る」の次ということである。教育目標について理解し，その教育目標がどのように達成されていくかを予測するというものである。

31 ⑤

解説

① 39週を「上回ってはならない」ではなく「下ってはならない」である。

② 特別の事情がある場合とは，台風，地震，豪雪などの非常変災，その他急迫の事情があるとき，伝染病の流行などの事情が生じた場合である(幼稚園教育要領解説(平成30年2月，文部科学省)第1章第3節3「(2)教育週数」)。

③ 最長4時間ではなく，標準4時間である。

④ 保育所の整備が進んでいない地域においては，幼稚園の実態に応じて弾力的な対応を図る必要がある(幼稚園教育要領解説(平成30年2月，文部科学省)第1章第3節3「(3)教育時間」)。

⑤ 正しい。教育課程に係る1日の教育時間については4時間を標準とし，それぞれの幼稚園において定められた教育時間については，登園時刻から降園時刻までが教育が行われる時間となる。

32 ④

解説

① 適切ではない。具体的な指導の「ねらい」や「内容」は，「幼児期の終わりまでに育ってほしい姿」との関連を考慮しながら，幼児の発達の各時期に展開される生活に応じて適切に具体化したねらいや内容を設定する。

② 適切ではない。「短期的」ではなく「長期的」が正しい。

③ 一般的には「評価の資料を収集し，検討する」→「整理した問題点を検討し，原因と背景を明らかにする」→「改善案をつくり，実施する」という手順になる。

④ 適切である。一方，比較的長期の見通しの下に改善の努力がいるものとして人的，物的諸条件がある。

⑤ 幼稚園内の教職員や設置者の努力によって改善できるものもあれば，家庭や地域の協力を得つつ改善の努力を必要とするものもある。

33 ③

解説

Aには「意欲」が入る。Bには「環境」が入る。Cには「表現」が入る。

Dには「感性」が入る。領域「表現」の「ねらい」のうち，特に「いろいろなものの美しさなどに対する豊かな感性をもつ」「感じたことや考えたことを自分なりに表現して楽しむ」に関わる部分の記述であり，引用文はこのあと「また，そのような心の動きを，やがては，それぞれの素材や表現の手段の特性を生かした方法で表現できるようにすること，あるいは，それらの素材や方法を工夫して活用することができるようにすること，自分の好きな表現の方法を見付け出すことができるようにすることが大切である」と続けている。

 ④

解説

A 「教育は，子供の望ましい発達を期待し，子供のもつ潜在的な可能性に働き掛け，その人格の形成を図る営みである」(幼稚園教育要領解説(平成30年2月，文部科学省)第1章第1節1)とも言っている。

B 同じく「幼児は，環境との相互作用によって発達に必要な経験を積み重ねていく。したがって，幼児期の発達は生活している環境の影響を大きく受けると考えられる。ここでの環境とは自然環境に限らず，人も含めた幼児を取り巻く環境の全てを指している」(幼稚園教育要領解説(平成30年2月，文部科学省)第1章第2節1(2)②)と言っている。

C 幼児期は社会性が発達する時期であり，「友達との関わりの中で，幼児は相互に刺激し合い，様々なものや事柄に対する興味や関心を深め，それらに関わる意欲を高めていく」(幼稚園教育要領解説(平成30年2月，文部科学省)第1章第1節3(1)③)としている。

35 ①

解説

A 幼児が自分や相手に気付くというのは，受け入れられるだけでなく，時には拒否されることもあるということが重要である。そして，この「拒否」は，他者と関わるなかで生まれるものである。

B 他者との関係の広がりは，同時に自我の形成の過程でもある。

C 「幼児期は，他者との関わり合いの中で，様々な葛藤やつまずきなどを体験することを通して，将来の善悪の判断につながる，やってよいことや悪いことの基本的な区別ができるようになる時期である」(幼稚園教育要領解説(平成30年2月，文部科学省)第1章第2節1)。

D 「自分と異なった」ということから，感じ方や考え方，価値観などが考えられる。

E　他者との関わりを通して幼児は,「自己の存在感を確認し，自己と他者の違いに気付き，他者への思いやりを深め，集団への参加意識を高め，自律性を身に付けていく」(幼稚園教育要領解説(平成30年2月，文部科学省)第1章第1節3(1)③)

⑤

解説

幼稚園教育要領解説(平成30年2月，文部科学省)では,「そう考えた教師は，鬼遊びのルールを守って遊ぶということにならなくても，その幼児の要求にこたえ，手をつないで一緒に行動しようとするだろう」と，この例のあとで解説している。そして,「ある意味で一人一人に応じることは,一人一人が過ごしてきた生活を受容し，それに応じるということ」が必要であり，そのためには,「幼児の思い，気持ちを受け止め，幼児が周囲の環境をどう受け止めているのかを理解すること，すなわち，幼児の内面を理解しようとすることから始まるのである。そして，その幼児が真に求めていることに即して必要な経験を得られるように援助していくのである」としめくくっている。したがって，**ア**，**イ**，**オ**は適切でないことが導かれる。

37 ③

解説

Aは**カ**が正解である。状況をつくることや，幼児の活動に沿って環境を構成するよう配慮することは，障害の有無にかかわらず保育全般において重要なことといえる。**B**は**ウ**が正解である。一人一人が異なった発達の姿を示すので，それぞれに即した指導をしなければならない。**C**は**イ**が正解である。幼稚園教育要領の「第1章　第2節」より，生きる力の基礎を育むため「知識及び技能の基礎」「思考力，判断力，表現力等の基礎」「学びに向かう力，人間性等」を一体的に育むこととされている。**D**は**ケ**が正解である。多くの幼児にとって，幼稚園生活は親しい人間関係である家庭を離れ，同年代の幼児と過ごす始めての集団生活である。この集団生活を通して自我の発達の基礎が築かれる。**E**は**ク**が正解である。発達を促すに当たって，個別の教育支援計画および指導計画を作成・活用することなどに留意したい。

38 ④

解説

① 適切である。教育課程は，幼稚園における教育期間の全体を見通したものである。

② 適切である。指導計画は，一人一人の幼児が生活を通して必要な経験が得られるよう具体的に立てられる。

③ 適切である。そのため一般に長期的な見通しをもった年・学期・月，あるいは発達の時期などの計画と，それと関連しさらに具体的にされた週，日など短期の計画を考えることになる。

④ 適切でない。指導計画は１つの仮説である。実際に展開される生活に応じて改善されていく。そこから教育課程の改善も行われる。

⑤ 適切である。そのためには幼稚園全体の物的・人的環境が幼児期の発達を踏まえて教育環境として十分に配慮されることが重要である。

39 ③

解説

幼児の家庭や地域での生活を含め，生活全体を豊かにし，健やかな成長を確保していくためには，幼稚園が家庭や地域社会との連携を深め，地域の実態や保護者及び地域の人々の要請などを踏まえ，地域における幼児期の教育のセンターとしてその施設や機能を開放し，積極的に子育てを支援していく必要がある。このような子育ての支援の観点から，幼稚園には多様な役割を果たすことが期待されている。その例として，地域の子供の成長，発達を促進する場としての役割，遊びを伝え，広げる場としての役割，保護者が子育ての喜びを共感する場としての役割，子育ての本来の在り方を啓発する場としての役割，子育ての悩みや経験を交流する場としての役割，地域の子育てネットワークづくりをする場としての役割などが挙げられるが，このほかにも，各幼稚園を取り巻く状況に応じて，様々な役割が求められる。

40 ②

解説

昭和 22 年に保育要領が作成され，これが昭和 31 年に幼稚園教育要領として改訂された。平成元年の幼稚園教育要領の改訂以来，領域は，健康，人間関係，環境，言葉，表現の５つで編成されている。それまでは健康，社会，自然，言語，音楽リズム，絵画製作の6領域であった。

① 「自然」の領域は昭和31年改訂，昭和39年改訂である。

② すべて平成29年改訂の領域である。

③ 「社会」の領域は昭和31年改訂，昭和39年改訂である。

④ 「言語」の領域は昭和31年改訂，昭和39年改訂である。平成元年からは「言語」でなく「言葉」となっている。

⑤ 「遊び」という領域は，昭和31年の改訂以来，設けられたことがない。

41 ⑤

解説

ア 領域は小学校の教科科目のように区切らないで，生活全般や遊びなどにおいて子どもの自発的な活動をとおして，幼稚園において総合的に達成されるような教育を示したものである。

イ 正しい。幼稚園教育要領の第2章「ねらい及び内容」において，各領域に示されている事項についての解説である。

ウ 正しい。幼児に育つことが期待される心情，意欲，態度などを「ねらい」とし，それを達成するために教師が指導し，幼児が身に付けていくことが望まれるものを「内容」としたものである。

エ 各領域に示された目標などをそのまま教育課程における具体的な指導のねらいとするのではなく，幼児の発達の各時期に展開される生活に応じて適切に具体化したねらいや内容を設定する必要がある。

オ 教師が指導する内容を示したもので，指導方法を示したものではない。

42 ⑤

解説

Aには「資質・能力」が当てはまる。旧幼稚園教育要領(平成20年告示)では，ねらいは「幼稚園修了までに育つことが期待される生きる力の基礎となる心情，意欲，態度など」とされていたのに対し，新しい幼稚園教育要領(平成29年3月告示)では「幼稚園教育において育みたい資質・能力を幼児の生活する姿から捉えたもの」と定義が変更されたので必ず確認しておきたい。Bには「人間関係」が当てはまる。「人間関係」は領域の1つである。Cには「感性」が当てはまる。技能と表現でなく，感性と表現である。Dには「具体的」が当てはまる。Eには「総合的」が当てはまる。「具体的な活動を通して総合的に指導されるものであること」とする。「具体的」と「総合的」を混同しないこと。

43 ①

解説

Aには「安全」が入る。生涯を通じて健康で安全な生活を営む基盤は，幼児期に愛情に支えられた安全な環境の下で，心と体を十分に働かせて生活することによって培われていく(幼稚園教育要領解説(平成30年2月，文部科学省)第2章第2節1)。Bには「自立心」が入る。Cには「好奇心」が入る。幼児は園内，園外の様々な環境に好奇心や探究心をもって主体的に関わり，自分の生活に取り入れていくことを通して発達していく(幼稚園教育要領解説(平成30年2月，文部科学省)第2章第2節3)。Dには「感覚」が入る。Eには「創造性」が入る。幼児は，感じること，考えること，イメージを広げることなどの経験を重ね，感性と表現する力を養い，創造性を豊かにしていく(幼稚園教育要領解説(平成30年2月，文部科学省)第2章第2節5)。

44 ④

解説

Aには「自分の」，Bには「信頼感」，Cには「社会生活」が入る。平成29年3月の改訂で従前のものより改訂があったのは(2)の文章である。「工夫したり，協力したりして一緒に活動する楽しさを味わい，」が加えられたので，必ず確認しておきたい。

45 ③

解説

領域「環境」の「ねらい」の1つ。参考として，幼稚園教育要領解説(平成30年2月，文部科学省)第2章第2節3では「幼児を取り巻く生活には，物については当然だが，数量や文字についても，幼児がそれらに触れ，理解する手掛りが豊富に存在する。それについて単に正確な知識を獲得することのみを目的とするのではなく，環境の中でそれぞれがある働きをしていることについて実感できるようにすることが大切である」としていることを確認したい。

46 ③

解説

「3　内容の取扱い」で「(4)　幼児が生活の中で，言葉の響きやリズム，新しい言葉や表現などに触れ，これらを使う楽しさを味わえるようにすること。その際，絵本や物語に親しんだり，言葉遊びなどをしたりすることを通して，言葉が豊かになるようにすること。」が平成29年3月告示の幼稚園教育要領において新たに加わった。①は「3　内容の取扱い」の(1)に，②は(2)に，④は(5)に，⑤は(3)にある。

 ⑤

解説

5つの領域は学校教育法第23条の「幼稚園の教育目標」を受けているが，「幼稚園の教育目標」がそのまま幼稚園教育要領の領域に表されているものはない。各領域の意義付けは次のとおりである。「健康」健康な心と体を育て，自ら健康で安全な生活をつくり出す力を養う。「人間関係」他の人々と親しみ，支え合って生活するために，自立心を育て，人と関わる力を養う。「環境」周囲の様々な環境に好奇心や探究心をもって関わり，それらを生活に取り入れていこうとする力を養う。「言葉」経験したことや考えたことなどを自分なりの言葉で表現し，相手の話す言葉を聞こうとする意欲や態度を育て，言葉に対する感覚や言葉で表現する力を養う。「表現」感じたことや考えたことを自分なりに表現することを通して，豊かな感性や表現する力を養い，創造性を豊かにする。

48 ②

解説

保育内容のねらいについては暗唱できるくらいにしておきたい。正しくは「身近な環境に親しみ，自然と触れ合う中で様々な事象に興味や関心をもつ。身近な環境に自分から関わり，発見を楽しんだり，考えたりし，それを生活に取り入れようとする。身近な事象を見たり，考えたり，扱ったりする中で，物の性質や数量，文字などに対する感覚を豊かにする」であるが，この設問の場合は，Bが2箇所に出てくることに注意する。「興味や関心をもつ」，「見たり，考えたり，扱ったりする」の両方の目的語として使えるものが**ウ**しかないことが分かれば，選択肢③～⑤は除外できる。また，Cに「表現」が入るのは日本語として不自然なので選択肢①も除外できる。

第4章

専門試験
教育法規

演習問題

1 日本国憲法の記述として正しいものを，次の①～⑤から１つ選びなさい。

(難易度■■■□□)

① その権威は国民に由来し，その権力は国民がこれを行使し，その福利は国民がこれを享受する。

② 我々日本国民は，たゆまぬ努力によって築いてきた民主的で文化的な国家を更に発展させるとともに，世界の平和と人類の福祉の向上に貢献することを願うものである。

③ すべての国民は，個人として尊重される。生命，自由及び幸福追求に対する国民の権利については，公共の福祉に反しない限り，立法その他の国政の上で，最大の尊重を必要とする。

④ 思想及び良心の自由は，公共の福祉に反しない限り，これを侵してはならない。

⑤ 何人も，居住，移転及び職業選択の自由を有する。

2 教育基本法の記述として適切なものを，次の①～⑤から１つ選びなさい。

(難易度■■■□□)

① われらは，さきに，日本国憲法を確定し，民主的で文化的な国家を建設して，世界の平和と人類の福祉に貢献しようとする決意を示した。この理想の実現は，根本において教育の力にまつべきものである。

② 教育は，人格の陶冶を目指し，自由な国家及び社会の形成者として必要な資質を備えた心身ともに健康な国民の育成を期して行われなければならない。

③ 国及び地方公共団体は，すべて修学が困難な者に対して，奨学の措置を講じなければならない。

④ 学校においては，授業料を徴収することができる。

⑤ 法律に定める学校は，公の性質を有するものであって，国，地方公共団体及び法律に定める法人のみが，これを設置することができる。

3 教育基本法の記述として適切なものを，次の①～⑤から１つ選びなさい。

(難易度■■■□□)

① 教育を受ける者が，学校生活を営む上で必要な規律を重んずるととも

に，自ら進んで学習に取り組む意欲を高めることを重視して行われなければならない。

② 私立学校の有する公の性質及び学校教育において果たす重要な役割にかんがみ，国及び地方公共団体は，私立学校教育の振興に努めなければならない。ただし，公の財産を支出してはならない。

③ 幼児期の教育は，保護者が第一義的責任を有するものであって，国及び地方公共団体は，幼児の健やかな成長に資する良好な環境の整備その他適当な方法によって，その振興に努めなければならない。

④ 父母その他の保護者は，生活のために必要な習慣を身に付けさせるとともに，自立心を育成し，心身の調和のとれた発達を図るよう努めるものとする。

⑤ 学校及び家庭は，教育におけるそれぞれの役割と責任を自覚するとともに，相互の連携及び協力に努めるものとする。

4 次の記述は，教育基本法のうち教育の目標について述べた条文である。空欄(A)～(C)に当てはまる語句の組み合わせとして正しいものを，あとの①～⑤から１つ選びなさい。 (難易度■■□□□)

・幅広い知識と教養を身に付け，真理を求める態度を養い，(A)を培うとともに，健やかな身体を養うこと。

・(B)を尊重して，その能力を伸ばし，創造性を培い，自主及び自律の精神を養うとともに，職業及び生活との関連を重視し，勤労を重んずる態度を養うこと。

・(C)を尊重し，それらをはぐくんできた我が国と郷土を愛するとともに，他国を尊重し，国際社会の平和と発展に寄与する態度を養うこと。

ア 個人の価値　イ 豊かな情操と道徳心　ウ 生命

エ 環境　オ 伝統と文化

① A－ア B－イ C－オ

② A－イ B－ア C－オ

③ A－ア B－ウ C－エ

④ A－イ B－エ C－オ

⑤ A－ア B－イ C－ウ

5 次は教育基本法の条文である。空欄(A)～(C)に当てはまる語句の組み合わせとして正しいものを，あとの①～⑤から1つ選びなさい。

(難易度■■■□□)

(A)は，生涯にわたる(B)の基礎を培う重要なものであることにかんがみ，国及び地方公共団体は，幼児の健やかな成長に資する良好な環境の整備その他適当な方法によって，その(C)に努めなければならない。

ア 幼稚園教育　イ 幼児期の教育　ウ 人格形成　エ 学習
オ 振興

① A－ア　B－ウ　C－エ
② A－ア　B－エ　C－オ
③ A－イ　B－ウ　C－オ
④ A－イ　B－エ　C－オ
⑤ A－ウ　B－エ　C－オ

6 教員に関する次の記述の空欄(A)～(C)に当てはまる語句の組み合わせとして適切なものを，あとの①～⑤から1つ選びなさい。

(難易度■■■□□)

法律に定める学校の教員は，自己の崇高な使命を深く自覚し，絶えず(A)に励み，その職責の遂行に努めなければならない。

前項の教員については，その(B)の重要性にかんがみ，その身分は尊重され，待遇の適正が期せられるとともに，(C)の充実が図られなければならない。

ア 研究と修養　イ 修養と研修　ウ 養成と研修
エ 使命と職責　オ 修養と職責

① A－ア　B－イ　C－ウ
② A－ア　B－エ　C－ウ
③ A－イ　B－ウ　C－オ
④ A－イ　B－エ　C－ウ
⑤ A－ウ　B－エ　C－オ

7 学校教育法の幼稚園に関する条文として適切なものを，次の①～⑤から1つ選びなさい。　(難易度■■■□□)

① 幼稚園は，義務教育及びその後の教育の基礎を培うものとして，幼児

を教育し，幼児の健やかな成長のために適当な保育を与えて，その心身の発達を助長することを目的とする。

② 集団生活を通じて，喜んでこれに参加する態度を養うとともに家族や身近な人への信頼感を深め，自主，自律及び協同の精神並びに規範意識の芽生えを養うこと。

③ 幼稚園においては，……幼児期の教育に関する各般の問題につき，保護者及び地域住民その他の関係者からの相談に応じ，必要な情報の提供及び助言を行うなど，家庭及び地域における幼児期の教育の支援を行うことができる。

④ 幼稚園に入園することのできる者は，その年度に満3歳に達する幼児から，小学校就学の始期に達するまでの幼児とする。

⑤ 教頭は，園長(副園長を置く幼稚園にあつては，園長及び副園長)を助け，園務を整理する。

8 学校教育法に規定する内容として適切なものを，次の①～⑤から1つ選びなさい。 (難易度■■■□□)

① 私立幼稚園を設置しようとするときは，市町村教育委員会の認可を受けなければならない。

② 幼稚園では，学校運営の評価を行い，改善のために必要な措置を講じなくてはならない。

③ 幼稚園には，園長，教頭，主幹教諭，教諭を必ず置かなければならない。

④ 小学校は，家庭教育の基礎の上に普通教育を行う学校である。

⑤ 特別支援学校は，視覚障害者，聴覚障害者，知的障害者を対象とする学校である。

9 次の記述は，学校教育法に定める幼稚園の目的である。空欄(A)～(C)に当てはまる語句の組み合わせとして正しいものを，あとの①～⑤から1つ選びなさい。 (難易度■■□□□)

幼稚園は，(A)及びその後の教育の基礎を培うものとして，幼児を(B)し，幼児の健やかな成長のために適当な(C)を与えて，その心身の発達を助長することを目的とする。

ア 小学校　イ 義務教育　ウ 教育　エ 保育
オ 環境

① A－ア　B－イ　C－エ
② A－ア　B－ウ　C－エ
③ A－ア　B－エ　C－オ
④ A－イ　B－ウ　C－オ
⑤ A－イ　B－エ　C－オ

10 学校教育法に定める「幼稚園教育の目標」の記述として誤っているものを，次の①～⑤から１つ選びなさい。　　(難易度■■■□□)

① 健康，安全で幸福な生活のために必要な基本的な習慣を養い，身体諸機能の調和的発達を図ること。

② 生活の仕方を知り，自分たちで生活の場を整えながら見通しをもって行動すること。

③ 身近な社会生活，生命及び自然に対する興味を養い，それらに対する正しい理解と態度及び思考力の芽生えを養うこと。

④ 日常の会話や，絵本，童話等に親しむことを通じて，言葉の使い方を正しく導くとともに，相手の話を理解しようとする態度を養うこと。

⑤ 音楽，身体による表現，造形等に親しむことを通じて，豊かな感性と表現力の芽生えを養うこと。

11 学校教育法における小学校教育の規定として適切なものを，次の①～⑤から１つ選びなさい。　　(難易度■■■□□)

① 中学校及びその後の教育の基礎を培うものとして，児童を教育し，児童の健やかな成長のために適当な環境を与えて，その心身の発達を助長することを目的とする。

② 生涯にわたり学習する基盤が培われるよう，基礎的な知識及び技能を習得させることに，特に意を用いなければならない。

③ 教育指導を行うに当たり，児童の体験的な学習活動，特にボランティア活動など社会奉仕体験活動，自然体験活動その他の体験活動の充実に努めるものとする。

④ 文部科学大臣の検定を経た教科用図書又は文部科学省が著作の名義を有する教科用図書を使用することができる。

⑤ 性行不良で他の児童の教育に妨げがあると認められる児童があっても，その保護者に対して，児童の出席停止を命ずることはできない。

12 学校教育法施行規則の規定として適切なものを，次の①～⑤から１つ選びなさい。　(難易度■■■□□)

① 幼稚園の毎学年の教育週数は，特別の事情のある場合を除き，35週を下つてはならない。
② 職員会議は，学校の重要事項の決定機関であり，校長が召集する。
③ 学年は，4月1日に始まり，翌年3月31日に終わる。
④ 教育活動その他の学校運営の状況について，自ら評価を行い，その結果を公表することに努めなければならない。
⑤ 幼稚園の1日の教育課程に係る教育時間は，4時間を標準とする。

13 学校教育法施行規則の条文として適切なものを，次の①～⑤から１つ選びなさい。　(難易度■■■□□)

① 校長及び教員が児童等に懲戒や体罰を加えるに当たつては，児童等の心身の発達に応ずる等教育上必要な配慮をしなければならない。
② 幼稚園の設備，編制その他設置に関する事項は，この章に定めるもののほか，文部科学大臣の定めるところによる。
③ 幼稚園の毎学年の教育週数は，特別の事情のある場合を除き，39週を下つてはならない。
④ 職員会議を置かなければならない。
⑤ ……当該小学校の教育活動その他の学校運営の状況について，自ら評価を行い，その結果を公表することに努めるものとする。

14 次の記述は，学校評価に関するものである。正しい記述の組み合わせを，あとの①～⑤から１つ選びなさい。　(難易度■■■■□)

ア 学校評価は，特別の事情があるときには実施しないことができる。
イ 学校評価には，自己評価，学校関係者評価，第三者評価の3種類がある。
ウ 学校関係者評価の評価者には，その学校の教職員は加われない。
エ 学校評価の結果は，その学校の設置者に報告しなければならない。
オ 第三者評価を実施することに努めるものとする。

① ア，イ　② ア，エ，オ　③ イ，ウ　④ イ，ウ，エ
⑤ ウ，エ，オ

15 学校評議員制度に関する学校教育法施行規則の記述として適切なものを，次の①～⑤から１つ選びなさい。　(難易度■■■■□)

① 学校には，学校評議員会を置くものとする。
② 学校評議員は，校長が委嘱する。
③ 学校評議員は，校長の求めに応じて意見を述べる。
④ 校長は，学校運営の方針を作成し，学校評議員の承認を得なければならない。
⑤ 教育委員会は，学校評議員の意見を尊重しなければならない。

16 幼稚園の設置に関する記述のうち，適切なものを，次の①～⑤から１つ選びなさい。　(難易度■■■□□)

① 私立幼稚園を設置できるのは，学校法人に限られる。
② 市町村には，幼稚園の設置が義務付けられている。
③ 幼稚園の１学級の幼児数は，幼稚園教育要領によって定められている。
④ 園舎は２階建以下を原則とし，保育室，遊戯室，便所は１階に置かなければならない。
⑤ 幼稚園には，図書室を置かなければならない。

17 幼稚園設置基準に関する記述として適切なものを，次の①～⑤から１つ選びなさい。　(難易度■■■□□)

① 学級は，学年の初めの日の前日において同じ年齢にある幼児で編制することを原則とする。
② 幼稚園に置く教員等は，他の学校の教員等と兼ねることができないことを原則とする。
③ 養護教諭は，必ず置かなければならない。
④ 保育室の数は，学級数の３分の１を下回ってはならない。
⑤ 運動場を園舎と離れた敷地に設けるときは，バスなどの移動手段を講じなければならない。

18 幼稚園設置基準の条文として適切なものを，次の①～⑤から１つ選びなさい。　(難易度■■■□□)

① この省令で定める設置基準は，幼稚園を設置するのに必要な最低の基準を示すものであるから，幼稚園の設置者は，幼稚園の水準の向上を図

ることに努めなければならない。

② 1学級の幼児数は，40人以下でなければならない。

③ 保育室，遊戯室及び便所の施設は，第1階に置くことを原則とする。

④ 保育室と遊戯室及び職員室と保健室とは，それぞれ別に設けるものとする。

⑤ 園具及び教具は，常に改善し，補充するよう努めるものとする。

19 公立学校の休業日に関する法律の規定として，適切でないものを，次の①～⑤から1つ選びなさい。 (難易度■■■■□)

① 土曜日

② 日曜日

③ 国民の祝日

④ 年間90日の夏季・冬季休業日

⑤ 教育委員会の定める日

20 次は，文部科学省が示した「幼稚園施設整備指針」(平成30年3月)のなかの「人とのかかわりを促す工夫」についての記述である。文中の(A)～(C)に当てはまる語句をア～クから選ぶとき，正しい組み合わせを，あとの①～⑤から1つ選びなさい。 (難易度■■□□□)

幼児が教師や他の幼児などと(A)をおくる中で，信頼感や思いやりの気持ちを育て，また，地域住民，高齢者など様々な人々と親しみ，(B)を育て人とかかわる力を養うことに配慮した施設として計画することが重要である。その際，近隣の小学校の児童等との(C)に配慮した施設として計画したり，アルコーブ，デン等を計画し，幼児と人との多様なかかわり方が可能となる施設面での工夫を行ったりすることも有効である。

ア 遊び　イ 道徳心　ウ 社会生活　エ 相互理解
オ 自立心　カ 学習活動　キ 集団生活　ク 交流

① A－キ　B－オ　C－ク
② A－ウ　B－ア　C－ク
③ A－エ　B－イ　C－オ
④ A－カ　B－イ　C－キ
⑤ A－カ　B－ア　C－キ

21 次は，文部科学省が示した「幼稚園施設整備指針」(平成30年3月)の中の「自然や人，ものとの触れ合いの中で遊びを通した柔軟な指導が展開できる環境の整備」についての記述である。文中の(　A　)～(　C　)に当てはまる語句をア～クから選ぶとき，正しい組み合わせを，あとの①～⑤から1つ選びなさい。　(難易度■■□□□)

幼稚園は幼児の(　A　)な生活が展開される場であることを踏まえ，家庭的な雰囲気の中で，幼児同士や教職員との交流を促すとともに，自然や人，ものとの触れ合いの中で幼児の(　B　)を満たし，幼児の(　C　)な活動としての遊びを引き出すような環境づくりを行うことが重要である。

ア　自発的　　イ　行動的　　ウ　満足感　　エ　自立的
オ　好奇心　　カ　主体的　　キ　積極的　　ク　達成感

① A－エ　B－ク　C－カ
② A－イ　B－オ　C－キ
③ A－カ　B－オ　C－ア
④ A－ア　B－ウ　C－キ
⑤ A－ア　B－ク　C－エ

22 学校教育法に掲げられている幼稚園の目的・目標として適切なものを，次の①～⑤から1つ選びなさい。　(難易度■■■□□)

① 健康，安全で幸福な生活のために必要な態度を養い，身体諸機能の調和的発達を図ること。
② 義務教育及びその後の教育の基礎を培うものとして，幼児を保育し，幼児の健やかな成長のために安全な環境を与えて，その心身の発達を助長すること。
③ 身近な社会生活，生命及び自然に対する興味を養い，それらに対する正しい理解と態度及び思考力の芽生えを養うこと。
④ 日常の会話や，絵本，童話等に親しむことを通じて，読解力を正しく導くとともに，相手の話を理解しようとする態度を養うこと。
⑤ 音楽，遊戯，造形等に親しむことを通じて，豊かな感性と表現力の芽生えを養うこと。

23 教員に関する記述として適切なものを，次の①～⑤から1つ選びなさい。
(難易度■■■■□)

① 教員は，すべて全体の奉仕者である。
② 教員は，教育の専門家として，校長の指揮命令から一定の独立性が認められている。
③ 教員免許状取上げの処分を受け，3年を経過しない者は，教員にはなれない。
④ 教員として採用された者は，本人の意思に反して，教員以外の職に任命されることはない。
⑤ 教諭は，教育および校務をつかさどる。

24 次は，教育公務員の任命に関する記述である。空欄(A)～(C)に当てはまる語句の組み合わせとして正しいものを，あとの①～⑤から1つ選びなさい。 (難易度■■■□□)

市町村立学校の教員は，(A)の公務員であるが，(B)が給与を負担する教員の任命権は(B)にある。これを，(C)制度という。

ア 都道府県教育委員会
イ 市町村教育委員会
ウ 公費負担教職員
エ 県費負担教職員
オ 私費負担教職員

① A－ア B－イ C－ウ
② A－ア B－イ C－エ
③ A－イ B－ア C－ウ
④ A－イ B－ア C－エ
⑤ A－イ B－ア C－オ

25 教育公務員に関する記述として，誤っているものを，次の①～⑤から1つ選びなさい。 (難易度■■■□□)

① 勤務時間中であっても，自らの裁量で，勤務場所を離れて研修を行うことができる。
② 職の信用を傷つけたり，職員の職全体の不名誉となるような行為をしたりすることが禁じられている。
③ 全国どこであっても政治的行為をすることができない。
④ 兼職や兼業が認められる場合がある。

⑤　争議行為を行うことができない。

26 次は教育公務員特例法についての記述である。正しい記述の組み合わせを，あとの①～⑤から１つ選びなさい。　(難易度■■■□□)

ア　教育公務員は，その職責を遂行するために，絶えず研究と修養に努めなければならない。

イ　教育公務員は，教育長の定めるところにより，現職のままで，長期にわたる研修を受けることができる。

ウ　教諭等の任命権者は，当該教諭等に対して，その採用の日から１年間の教諭又は保育教諭の職務の遂行に必要な事項に関する実践的な研修を実施しなければならない。

エ　教諭等の任命権者は，当該教諭等に対して，個々の能力，適性等に応じて，公立の小学校等における教育に関し相当の経験を有し，その教育活動その他の学校運営の円滑かつ効果的な実施において中核的な役割を果たすことが期待される中堅教諭等としての職務を遂行する上で必要とされる資質の向上を図るために必要な事項に関する研修を実施することに努めるものとする。

オ　教諭等の任命権者は，児童，生徒又は幼児に対する指導が不適切であると認定した教諭等に対して，その能力，適性等に応じて，当該指導の改善を図るために必要な事項に関する研修を実施しなければならない。

①　ア，イ，エ　　②　ア，ウ，オ　　③　イ，ウ，エ
④　イ，ウ，オ　　⑤　ウ，エ，オ

27 教育公務員の研修に関する記述として，教育公務員特例法に照らして適切なものを，次の①～⑤から１つ選びなさい。　(難易度■■■□□)

①　校長は，教員の研修について，それに要する施設，研修を奨励するための方途その他研修に関する計画を樹立し，その実施に努めなければならない。

②　教員は，授業に支障がなければ，本属長の承認を受けずに，勤務場所を離れて研修を行うことができる。

③　教育公務員は，任命権者の定めるところにより，現職のままで，長期にわたる研修を受けることができる。

④　任命権者は，初任者研修を受ける者の所属する学校の管理職を除く，

主幹教諭，指導教諭，主任教諭，教諭，講師のうちから，初任者研修の指導教員を命じるものとする。

⑤　任命権者は，中堅教諭等資質向上研修を実施するに当たり，小学校，中学校，高等学校，特別支援学校等のそれぞれの校種に応じた計画書を作成し，実施しなければならない。

28 教育公務員の研修に関する記述として適切なものを，次の①～⑤から1つ選びなさい。　(難易度■■■□□)

①　在職期間によって，初任者研修，中堅教諭等資質向上研修，20年経験者研修が義務付けられている。

②　初任者には，所属する学校の校長が指導に当たる。

③　中堅教諭等資質向上研修は，教員の個々の能力，適性等に応じて，資質の向上を図るために行うものである。

④　校長が必要と認めたときは，教員に指導改善研修を命じることができる。

⑤　任命権者が派遣する以外に，大学院への修学を理由にした休業は認められない。

29 学校運営協議会に関する記述として正しい記述の組み合わせを，あとの①～⑤から1つ選びなさい。　(難易度■■■■□)

ア　学校の校長は，その学校に，学校運営協議会を置くことができる。

イ　学校運営協議会の委員は，地域の住民，保護者その他について，校長が任命する。

ウ　校長は，学校の運営に関して，基本的な方針を作成し，学校運営協議会の承認を得なければならない。

エ　学校運営協議会は，学校の職員の採用その他の任用に関する事項について，任命権者に対して意見を述べることができる。任命権者は，その意見を尊重するものとする。

オ　市町村教育委員会は，所管する学校の指定を行おうとするときは，あらかじめ都道府県教育委員会と協議しなければならない。

①　ア，イ，ウ　　②　ア，エ，オ　　③　イ，ウ，エ
④　イ，エ，オ　　⑤　ウ，エ，オ

30 学校保健に関する記述として適切なものを，次の①～⑤から１つ選びなさい。 (難易度■■□□□)

① 学校においては，児童生徒等及び職員の健康診断，環境衛生検査，児童生徒等に対する指導その他保健に関する事項について計画を策定し，これを実施しなければならない。

② 学校には，保健室を置くことができる。

③ 学校においては，任意の学年に対して，児童生徒等の健康診断を行う。在学中に必ず１回は健康診断を行うものとする。

④ 教育委員会は，感染症にかかつており，かかつている疑いがあり，又はかかるおそれのある児童生徒等の出席を停止させることができる。

⑤ 学校には，学校医を置くことができる。

31 学校保健安全法の条文として誤っているものを，次の①～⑤から１つ選びなさい。 (難易度■■■□□)

① 学校においては，毎学年定期に，児童生徒等……の健康診断を行わなければならない。

② 校長は，感染症にかかつており，かかつている疑いがあり，又はかかるおそれのある児童生徒等があるときは，政令で定めるところにより，出席を停止させることができる。

③ 学校の設置者は，感染症の予防上必要があるときは，臨時に，学校の全部又は一部の休業を行うことができる。

④ 校長は，当該学校の施設又は設備について，児童生徒等の安全の確保を図る上で支障となる事項があると認めた場合には，遅滞なく，その改善を図るために必要な措置を講じ，又は当該措置を講ずることができないときは，当該学校の設置者に対し，その旨を申し出るものとする。

⑤ 学校の設置者は，学校給食衛生管理基準に照らして適切な衛生管理に努めるものとする。

32 学校安全の記述として誤っているものを，次の①～⑤から１つ選びなさい。 (難易度■■■□□)

① 学校の設置者は，児童生徒等の安全の確保を図るため，事故，加害行為，災害等により児童生徒等に生ずる危険を防止し，児童生徒等に危険又は危害が現に生じた場合において適切に対処することができるよう，

施設及び設備並びに管理運営体制の整備充実その他の必要な措置を講ずるよう努めるものとする。

② 学校においては，児童生徒等の安全の確保を図るため，当該学校の施設及び設備の安全点検，児童生徒等に対する通学を含めた学校生活その他の日常生活における安全に関する指導，職員の研修その他学校における安全に関する事項について計画を策定し，これを実施しなければならない。

③ 校長は，学校の施設又は設備について，児童生徒等の安全の確保を図る上で支障となる事項があると認めた場合には，遅滞なく，その改善を図るために必要な措置を講じ，又は措置を講ずることができないときは，学校の設置者に対し，その旨を申し出るものとする。

④ 学校においては，児童生徒等の安全の確保を図るため，当該学校の実情に応じて，危険等発生時において当該学校の職員がとるべき措置の具体的内容及び手順を定めた対処要領を作成するものとする。

⑤ 教育委員会は，学校における事故等により児童生徒等に危害が生じた場合において，当該児童生徒等及び当該事故等により心理的外傷その他の心身の健康に対する影響を受けた児童生徒等その他の関係者の心身の健康を回復させるため，これらの者に対して学校に替わって必要な支援を行うものとする。

33 学校給食に関する記述として適切なものを，次の①～⑤から１つ選びなさい。 (難易度■■■■□)

① 学校給食は，児童生徒の福祉のために行うものである。

② 義務教育諸学校では，学校給食を実施しなければならない。

③ 給食調理場は，各学校に設けなければならない。

④ 学校給食を実施する学校には，栄養教諭を置かなければならない。

⑤ 学校給食費は，2017(平成29)年度に76の自治体で小学校・中学校とも無償化が実施された。

34 認定こども園の記述として適切なものを，次の①～⑤から１つ選びなさい。 (難易度■■■□□)

① 認定こども園は，幼稚園や保育所とはまったく別に創設された子育て支援施設である。

② 国ではなく，都道府県が条例で基準を定め，認定する。
③ 職員は，幼稚園教諭と保育士の両方の資格を保有していなければならない。
④ 保育料は保育所と同様，市町村が条例で決定する。
⑤ 施設設備は，幼稚園，保育所それぞれの基準を満たさなければならない。

35 **児童虐待の防止等に関する法律の記述として適切なものを，次の①～⑤から１つ選びなさい。** **(難易度■■■□□)**

① この法律で「児童」とは，12 歳未満の者を対象としている。
② 児童に対する直接の暴力だけでなく，保護者同士の暴力についても禁止している。
③ この法律では，児童に対する保護者の暴力のみを対象としている。
④ 虐待を発見した者は，証拠を見つけた上で，児童相談所などに通告しなければならない。
⑤ 守秘義務を有する学校の教職員には，早期発見の努力義務までは課されていない。

36 **次は，児童養護施設に関する説明である。空欄（ A ）～（ C ）に当てはまる語句の組み合わせとして正しいものを，あとの①～⑤から１つ選びなさい。** **(難易度■■■□□)**

児童養護施設は，保護者のない児童，虐待されている児童その他環境上養護を要する児童を入所させて，これを（ A ）し，あわせて退所した者に対する（ B ）その他の自立のための（ C ）を行うことを目的とする施設とする。

ア 教育　イ 養護　ウ 相談　エ 援助　オ 支援

① A－ア　B－イ　C－ウ
② A－ア　B－ウ　C－エ
③ A－ア　B－ウ　C－オ
④ A－イ　B－ウ　C－エ
⑤ A－イ　B－ウ　C－オ

37 **食育基本法の内容として適切なものの組み合わせを，あとの①～⑤から１つ選びなさい。** **(難易度■■■■□)**

ア 父母その他の保護者は，食育について第一義的責任を有するものであって，国及び地方公共団体は，保護者に対する学習の機会及び情報の提供その他の支援のために必要な施策を講ずるよう努めなければならない。

イ　地方公共団体は，基本理念にのっとり，食育の推進に関し，国との連携を図りつつ，その地方公共団体の区域の特性を生かした自主的な施策を策定し，及び実施する責務を有する。

ウ　国民は，家庭，学校，保育所，地域その他の社会のあらゆる分野において，基本理念にのっとり，生涯にわたり健全な食生活の実現に自ら努めるとともに，食育の推進に寄与するよう努めるものとする。

エ　都道府県は，食育推進基本計画を基本として，当該都道府県の区域内における食育の推進に関する施策についての計画を作成するよう努めなければならない。

オ　市町村は，都道府県の食育推進基本計画に従って食育を推進するものとする。

①　ア，イ，ウ　　②　ア，ウ，エ　　③　イ，ウ，エ
④　イ，ウ，オ　　⑤　ウ，エ，オ

38 次は発達障害者支援法の条文である。空欄(　A　)～(　C　)に当てはまる語句の組み合わせとして正しいものを，あとの①～⑤から１つ選びなさい。　(難易度■■■■□)

国及び地方公共団体は，基本理念にのっとり，(　A　)に対し，発達障害の症状の発現後できるだけ早期に，その者の状況に応じて適切に，就学前の(　B　)，学校における(　B　)その他の(　B　)が行われるとともに，発達障害者に対する就労，地域における生活等に関する(　C　)及び発達障害者の家族その他の関係者に対する(　C　)が行われるよう，必要な措置を講じるものとする。

ア　発達障害児　　イ　保護者　　ウ　教育　　エ　発達支援
オ　支援

①　A－ア　B－ウ　C－エ　　②　A－ア　B－ウ　C－オ
③　A－ア　B－エ　C－オ　　④　A－イ　B－ウ　C－エ
⑤　A－イ　B－ウ　C－オ

39 学校事故として災害共済給付の対象となる「学校の管理下」の記述として誤っているものを，次の①～⑤から１つ選びなさい。

(難易度■■■■□)

① 法令の規定により学校が編成した教育課程に基づく授業を受けている場合

② 学校の教育計画に基づいて行われる課外指導を受けている場合

③ その他，校内にある場合

④ 通常の経路及び方法により通学する場合

⑤ これらの場合に準ずる場合として文部科学省令で定める場合(寄宿舎にある場合など)

40 次に挙げた条文と法規名などの組み合わせとして正しいものを，あとの①～⑤から１つ選びなさい。 (難易度■■■■□)

A 全て児童は，児童の権利に関する条約の精神にのつとり，適切に養育されること，その生活を保障されること，愛され，保護されること，その心身の健やかな成長及び発達並びにその自立が図られることその他の福祉を等しく保障される権利を有する。

B 幼稚園は，義務教育及びその後の教育の基礎を培うものとして，幼児を保育し，幼児の健やかな成長のために適当な環境を与えて，その心身の発達を助長することを目的とする。

C 幼稚園教育は，幼児期の特性を踏まえ環境を通して行うものであることを基本とする。

D １学級の幼児数は，35 人以下を原則とする。

ア 日本国憲法　　イ 児童憲章

ウ 学校教育法　　エ 学校教育法施行規則

オ 児童福祉法　　カ 児童福祉法施行規則

キ 幼稚園教育要領　　ク 幼稚園設置基準

ケ 教育基本法

① A－ア　B－ウ　C－ケ　D－ク

② A－イ　B－ク　C－カ　D－エ

③ A－オ　B－ウ　C－キ　D－ク

④ A－オ　B－キ　C－ケ　D－カ

⑤ A－イ　B－ウ　C－キ　D－エ

解答・解説

1 ③

解説

① 正しくは「その権力は国民の代表者がこれを行使し」(前文)。

② 日本国憲法ではなく，教育基本法の前文の記述である。

③ 第13条(個人の尊重，生命・自由・幸福追求の権利の尊重)の記述であり，正しい。

④ 第19条(思想及び良心の自由)には「公共の福祉に反しない限り」という限定は付いていない。

⑤ 正しくは「何人も，公共の福祉に反しない限り，居住，移転及び職業選択の自由を有する」(第22条)。ここでは「公共の福祉」の限定が付いている。

2 ⑤

解説

① 改正前の旧法(1947年公布)の前文である。混同しないよう，よく注意しておくことが必要である。

② 第1条(教育の目的)の条文であるが，正しくは「…人格の完成を目指し，平和で民主的な…」。

③ 第4条(教育の機会均等)第3項の条文であるが，「能力があるにもかかわらず，経済的理由によって修学が困難な者に対して」が正しい。

④ 学校教育法第6条の条文である。教育基本法で授業料に関する条文は「国又は地方公共団体の設置する学校における義務教育については，授業料を徴収しない」(第5条第4項)。

⑤ 第6条(学校教育)第1項の記述である。

3 ①

解説

① 学校教育について規定した第6条第2項の記述である。教育基本法においては学習者の「規律」が強調されている。

② 第8条(私立学校)では，「助成その他の適当な方法によって私立学校教育の振興に努めなければならない」と，私学助成が合憲であることを明確にしている。

③ 正しくは「幼児期の教育は，生涯にわたる人格形成の基礎を培う重要なものであることにかんがみ…」(第11条)。

④ 正しくは「父母その他の保護者は，子の教育について第一義的責任を有するものであって…」(第10条第1項)。ここで保護者の教育責任が強調されている。

⑤ 正しくは「学校，家庭及び地域住民その他の関係者は」(第13条)。学校・家庭・地域の三者の連携を求めていることに注意する必要がある。

4 ②

解説

教育基本法第2条からの出題で，順に第一号，第二号，第五号の条文である。教育基本法においては，教育の目標について詳しく記述されている。それぞれの項目は学校教育のみならず家庭教育や社会教育にも適用されるものであるが，とりわけ学校教育においては，それぞれの学校で「教育の目標が達成されるよう」(第6条第2項)各号の規定を具体的な指導につなげていくことが求められるので，しっかりと覚えておくことが必要である。

5 ③

解説

教育基本法は，全18条から構成されている。問題文は第11条「幼児期の教育」である。「幼稚園教育」となっていないのは，幼稚園における教育だけでなく，保育所で行われる保育や，家庭での教育，地域社会におけるさまざまな子ども・子育て支援活動なども幅広く含むものとされているからである。生後から小学校就学前の時期の教育・保育の重要性をかんがみてのこととされる。

6 ②

解説

教育基本法第9条の規定であり，教員に関する最も重要な規定として穴埋め問題にもなりやすい条文なので，語句も含めてしっかり覚えておく必要がある。教育は教育を受ける者の人格の完成を目指し，その成長を促す営みであるから，教員には確たる理念や責任感とともに，専門的な知識や深い教養も求められている。だから，まず，自ら進んで「絶えず研究と修養」に励むことが求められるのである。そうした「使命と職責」を果たすためにも，教員個人の努力に任せるだけでなく，国や地方公共団体などによる「養成と研修」が表裏一体となって，教員の資質向上を図っていく，というねらいが，この条文には込められている。

7 ②

解説

① 第22条(幼稚園の教育目的)の条文だが，正しくは「幼児を保育し」「適当な環境を与えて」である。

② 第23条には，幼稚園の教育目標が五号にわたって示されており，問題文はそのうちの第二号であり，適切。

③ 最後の部分は「支援に努めるものとする」が正しい。第24条で家庭・地域への教育支援が努力義務化されたことに注意したい。

④ 第26条(入園資格)の条文であるが，「その年度に満3歳に達する幼児」は「満3歳」が正しい。

⑤ 第27条第6項(幼稚園職員の配置と職務)の条文だが，最後の部分は「園務を整理し，及び必要に応じ幼児の保育をつかさどる」。なお，副園長には園長と同様に，「幼児の保育をつかさどる」職務は入っていない。

8 ②

解説

① 第4条第1項第三号(学校の設置廃止等の認可)では，幼稚園に限らず，私立の小学校，高校などの設置は都道府県知事の認可を受けるべきことを定めている。

② 適切である。第42条(小学校)に規定があり，幼稚園にも準用されることが第28条に規定されている。学校評価とそれに基づく改善は重要な教育課題であり，注意しておく必要がある。

③ 第27条第2項では主幹教諭は「置くことができる」職とされており，必置ではない。

④ 第29条(小学校の教育目的)の規定は「心身の発達に応じて，義務教育として行われる普通教育のうち基礎的なものを施すことを目的とする」。

⑤ 第72条では，このほかに肢体不自由者又は病弱者(身体虚弱者を含む。)を規定している。

9 ⑤

解説

1876年にわが国で最初の幼稚園が東京女子師範学校の附属として設置された後，最初の独立の規程は「幼稚園保育及設備規程」(1899年)であった。1926年の「幼稚園令」では「心身ヲ健全ニ発達セシメ善良ナル性情ヲ滋養シ家庭教育ヲ補フ」という目的が明文化されるところとなった。本問の学校教育法では，幼稚園が「義務教育及びその後の教育の基礎を培う」となっているのは，その後の段階的な学校教育の基礎としての位置付けを強調するねらいがある。

10 ②

解説

幼稚園の教育目標は，学校教育法第23条で規定されている。②は同条第二号であるが，「集団生活を通じて，喜んでこれに参加する態度を養うとともに家族や身近な人への信頼感を深め，自主，自律及び協同の精神並びに規範意識の芽生えを養うこと」が正しい。なお，②の記述は，幼稚園教育要領(2017年3月告示)における第2章「健康」2「内容」(8)「幼稚園における生活の仕方を知り，自分たちで生活の場を整えながら見通しをもって行動する」である。幼稚園教育要領の内容も，学校教育法の目標を具体化するものであるから，両者には対応関係があることを確認しつつも，混同しないよう，条文に即して覚えておくようにしたい。

11 ③

解説

小学校教育に関しては，幼稚園教育との連携・接続が大きな課題になっていることからも，しっかり把握しておきたい。

① 正しくは「心身の発達に応じて，義務教育として行われる普通教育のうち基礎的なものを施すことを目的とする」(第29条)。

② 「…基礎的な知識及び技能を習得させるとともに，これらを活用して課題を解決するために必要な思考力，判断力，表現力その他の能力をはぐくみ，主体的に学習に取り組む態度を養うことに，特に意を用いなければならない」(第30条第2項)が正しい。

④ 正しくは「使用しなければならない」(第34条第1項)。

⑤ 第35条では，出席停止を命ずることができること，及びその具体的な行為について明記している。

12 ③

解説

① 正しくは「39週」(第37条)。なお，幼稚園教育要領(平成29年3月告示)にも同様の規定がある。

② 職員会議は以前，慣例として置かれているだけだったが，2000 年の改正で初めて法令上に位置付けられるとともに，「校長の職務の円滑な執行に資するため」に「置くことができる」ものであり，あくまで「校長が主宰する」ものであることも明確化された(第 48 条第 2 項など)。

③ 適切である。第 59 条に明記されており，幼稚園にも準用される。

④ 正しくは「…公表するものとする」(第 66 条第 1 項)。努力義務ではなく，実施義務であることに注意。

⑤ 幼稚園教育要領の規定である。学校教育法施行規則第 38 条では「幼稚園の教育課程その他の保育内容については…幼稚園教育要領によるものとする」としている。

13 ③

解説

① 第 26 条第 1 項(懲戒)の規定であるが，体罰は学校教育法第 11 条で禁止されている。

② 第 3 章(幼稚園)の第 36 条(設置基準)には，文部科学大臣ではなく「幼稚園設置基準 (昭和 31 年文部省令第 32 号)の定めるところによる」とされている。

③ 第 37 条(教育週数)にこの定めがあり，適切。

④ 正しくは「校長の職務の円滑な執行に資するため，職員会議を置くことができる」(第 48 条第 1 項)。職員会議は長く学校の慣例として設けられていたが，2000 年の改正で初めて法令に規定された。

⑤ 第 66 条第 1 項(自己評価と公表義務)の条文であるが，正しくは「……公表するものとする」である。

14 ④

解説

学校評価は学校に実施が義務付けられているものであり，その内容をきちんと押さえておく必要がある。学校教育法第 42 条では，小学校について「文部科学大臣の定めるところにより当該小学校の教育活動その他の学校運営の状況について評価を行い，その結果に基づき学校運営の改善を図るため必要な措置を講ずること」と明記されている。また，学校教育法施行規則には，保護者など学校の「関係者による評価」の実施と公表の努力義務(第 67 条)，評価結果を設置者に報告する義務(第 68 条)が規定されている。なお,「第三者評価」は法令ではなく「学校評価ガイドライン」(文部科学省)に2008(平成20)年改訂時から示されている。

15 ③

解説

学校教育法施行規則第49条では,▽小学校には,設置者の定めるところにより,学校評議員を置くことができる▽学校評議員は,校長の求めに応じ,学校運営に関し意見を述べることができる▽学校評議員は,当該小学校の職員以外の者で教育に関する理解及び識見を有するもののうちから,校長の推薦により,学校の設置者が委嘱すると規定されている。学校評議員「会」ではなく,評議員個人に対して,学校の設置者(教育委員会や学校法人など)が委嘱するものとされていることに注意する必要がある。よって①②は誤り。学校評議員制度も「開かれた学校づくり」を目指すものであるが,④⑤については「学校運営協議会」(コミュニティ・スクール)と混同しないよう注意したい。

16 ④

解説

① 学校教育法第2条では,学校の設置者を国,地方公共団体,学校法人に限っているが,幼稚園に関しては附則第6条で「当分の間,学校法人によつて設置されることを要しない」とされており,実際に宗教法人立幼稚園などがある。

② 市町村に設置が義務付けられているのは,小・中学校だけである(学校教育法第38条,第49条)。

③ 1学級当たりの幼児数を定めているのは,幼稚園設置基準である。

④ 適切である。幼稚園設置基準第8条第1項にこの規定があり,3階建以上とするのは「特別の事情があるため」とされている。

⑤ 図書室は小学校などには必置だが,幼稚園の場合は「備えるように努めなければならない」(幼稚園設置基準第11条)とするにとどめている。

17 ①

解説

① 第4条の規定で,適切である。

② 第5条第4項の規定は「幼稚園に置く教員等は,教育上必要と認められる場合は,他の学校の教員等と兼ねることができる」となっている。自治

体などによっては幼稚園長と小学校長を兼職することが普通になっているところも少なくない。

③ 第6条の規定は「養護をつかさどる主幹教諭，養護教諭又は養護助教諭及び事務職員を置くように努めなければならない」とされており，努力義務にとどめている。

④ 第9条第2項は「保育室の数は，学級数を下つてはならない」としている。

⑤ 第8条第2項では「園舎及び運動場は，同一の敷地内又は隣接する位置に設けることを原則とする」としている。

18 ①

解説

① 第2条(基準の向上)にこの規定があり，適切。

② 第3条(1学級の幼児数)の条文であるが，正しくは「35人以下を原則とする」。

③ 第8条第1項(園地，園舎及び運動場)の条文であるが，正しくは「置かなければならない」。なお，この規定の後に，但し書きとして，「園舎が耐火建築物で，幼児の待避上必要な施設を備えるものにあつては，これらの施設を第2階に置くことができる」とされている。

④ 第9条第1項(施設及び設備等)に「特別の事情があるときは，保育室と遊戯室及び職員室と保健室とは，それぞれ兼用することができる」との規定がある。

⑤ 第10条第2項の規定であるが，正しくは「～しなければならない」。

19 ④

解説

学校教育法施行規則第61条は，公立小学校の休業日を▽国民の祝日に関する法律に規定する日▽日曜日及び土曜日▽学校教育法施行令第29条の規定により教育委員会が定める日――に限っており，幼稚園などほかの公立学校種にも準用される。学校教育法施行令第29条では夏季，冬季，学年末などの休業日を，市町村立学校の場合は市町村教委が，都道府県立学校の場合は都道府県教委が定めることとしているが，日数の規定は特になく，授業日数や休業日などを差し引きすれば年間90日程度になるということに過ぎない。なお，私立学校の場合は学則で定めることとしている(学校教育法施行規則第62条)。したがって，適切でないものは④である。

①

解説

A：集団生活では信頼感や思いやりの気持ちを育てることが大切となる。集団生活をとおして幼児は「自分一人でやり遂げなければならないことや解決しなければならないことに出会ったり，その場におけるきまりを守ったり，他の人の思いを大切にしなければならないなど，今までのように自分の意志が通せるとは限らない状況になったりもする。このような場面で大人の手を借りながら，他の幼児と話し合ったりなどして，その幼児なりに解決し，危機を乗り越える経験を重ねることにより，次第に幼児の自立的な生活態度が培われていく」とある(幼稚園教育要領解説(平成30年2月，文部科学省)序章第2節「幼児期の特性と幼稚園教育の役割」1「幼児期の特性」①「生活の場」)。

B：人とのかかわりのなかから自立心も育つ。前文参照。

C：アルコーブやデンは人との交流を図る場の例として挙げられている。アルコーブとは廊下やホールに面し休憩したり読書したりできる小スペース。デンは幼児の身体に合った穴ぐら的空間。

③

解説

A：幼児の主体性が奪われることになると，幼児が興味や関心を抱くことを妨げ，その後の活動の展開を促す好奇心も生まれにくくなる。幼稚園ではなによりも，子どもの主体性を尊重することが求められる。

B：幼稚園教育要領解説(平成30年2月，文部科学省)第1章第3節「教育課程の役割と編成等」5「小学校教育との接続に当たっての留意事項(1)「小学校以降の生活や学習の基盤の育成」では「幼稚園教育は，幼児期の発達に応じて幼児の生きる力の基礎を育成するものである。特に，幼児なりに好奇心や探究心をもち，問題を見いだしたり，解決したりする力を育てること，豊かな感性を発揮したりする機会を提供し，それを伸ばしていくことが大切になる」とある。

C：生活に必要な能力や態度は大人が教えるように考えられがちだが，幼児期には，幼児自身が自発的・能動的に環境とかかわりながら，生活の中で状況と関連付けて身に付けていくことが重要である。

22 ③

解説

学校教育法第22条，第23条を参照。

① 第23条第一号。「態度」→「基本的な習慣」となる。幼児期は，人間の基本的な習慣を形成する時期である。正しい生活習慣が身につくよう，家庭と連携しつつ指導する。

② 第22条。「安全な環境」→「適当な環境」となる。安全なだけでは，幼児にとって「適当」な環境とは言えない。

③ 第23条第三号をそのまま記したもので，適切である。

④ 第23条第四号。「読解力」→「言葉の使い方」となる。幼稚園では文字の読み書きを教えてはいるが，童話，絵本等への興味を養うことが目標であり，子どもが確実に読み書きできるようにすることが目標ではない。

⑤ 第23条第五号。「遊戯」→「身体による表現」となる。身体による表現のほうが，対象とする範囲が広いことに注意。

23 ③

解説

① 旧教育基本法には「法律に定める学校の教員は，全体の奉仕者」という規定があったが，2006年の改正で削除された。私立学校の教員を含んだ規定であるのに，公務員を想起させる表現になっている，という理由からである。

② 教育公務員の場合，「上司の職務上の命令に忠実に従わなければならない」(地方教育行政法第43条第3項)と明記されている。

③ 適切である。学校教育法第9条第三号，教育職員免許法第5条第1項第六号に規定がある。

④ 教育公務員であっても，指導不適切教員の認定を経れば，教員以外の職に転職させることが可能である(地方教育行政法第47条の2第1項)。

⑤ 学校教育法第37条第11項に，教諭は「教育をつかさどる」とある。「校務をつかさどる」のは校長。

24 ④

解説

地方教育行政法は，市町村立学校の教職員の給与を，都道府県が負担することを定めている。これは県費負担教職員制度といわれ，市町村教育委員会が設置する小・中学校に関して，市町村の財政力の格差に左右されることなく，義務教育の水準を保つための措置である(さらに県費負担教職員の給与の3分の1は，国が負担)。あくまで身分上は市町村の職員であるが，採用や異動，昇任などの人事は，給与を負担する都道府県教委が行う。よって，都道府県教委が県費負担教職員の「任命権者」である。ただし，市町村が給与を全額負担すれば，その教職員に関する人事権は市町村教委が持つことができる。

25 ①

解説

① 誤りである。地方公務員法第35条で，勤務時間中は職務にのみ従事しなければならないことが規定されており(いわゆる「職務専念義務」)，勤務場所を離れて研修を行う場合は，市町村教育委員会の承認によって職務専念義務の免除を受けなければならない。

② 地方公務員法第33条に規定がある。

③ 一般公務員には所属する地方公共団体の区域外での政治的行為が認められているが(地方公務員法第36条第2項)，教育公務員には禁じられている(教育公務員特例法第18条第1項)。

④ 任命権者が認めれば，教育に関する他の事務や事業に従事することができる(教育公務員特例法第17条第1項)。

⑤ 地方公務員法第37条第1項に規定がある。

26 ②

解説

アは第21条(研修)第1項，**ウ**は第23条(初任者研修)第1項，**オ**は第25条(指導改善研修)第1項の条文である。**イ**については第22条(研修の機会)第3項で，任命権者の定めるところにより，現職のままで，長期にわたる研修を受けることができるとされている。**エ**については第24条(中堅教諭等資質向上研修)第1項の規定であるが，2002(平成14)年6月の改正で初めて法令上の規定とされた際に，「実施しなければならない」とされた。なお，2017(平成29)年4月より，名称が「十年経験者研修」より「中堅教諭等資質向上研修」に改正された。

 ③

解説

① 「校長」ではなく「教育公務員の任命権者」が正しい。(教育公務員特例法第21条第2項)

② 勤務場所を離れて研修を行う場合は，授業に支障がなくとも本属長の承認が必要である。(教育公務員特例法第22条第2項)

④ 指導教員は副校長，教頭が行うことも可能である。(教育公務員特例法第23条第2項)

⑤ 計画書の作成基準はそれぞれの校種ではなく，研修を受ける者の能力，適性等について評価を行い，その結果に基づいて作成される(教育公務員特例法第24条第2項)。

28 ③

解説

いずれも教育公務員特例法に規定があるものに関する出題である。

① 同法で義務付けられているのは初任者研修(第23条)と中堅教諭等資質向上研修(第24条)のみである。これ以外に15年，20年などの経験者研修を課している場合は，都道府県教委などの独自判断によるものである。

② 指導教員は，副校長，教頭，主幹教諭(養護又は栄養の指導及び管理をつかさどる主幹教諭を除く。)，指導教諭，教諭，主幹保育教諭，指導保育教諭，保育教諭又は講師のうちから，指導教員を命じるものとされている。(第23条第2項)。

③ 適切である。第24条第1項に規定がある。

④ 指導改善研修は，任命権者により指導が不適切であると認定された教員に対して行われる(第25条第1項)。

⑤ 専修免許状の取得を促進するため，2000年に「大学院修学休業制度」が創設されている(第26条)。

29 ⑤

解説

学校運営協議会は，2004年の地方教育行政法改正で設置された制度である。同法第47条の5に，10項にわたって規定がある。努力義務であって，教育委員会が指定する学校に置かれ(第1項)，委員も教委が任命する(第2項)。よって**ア**，**イ**は誤り。ただし，教育課程の編成など学校運営の基本的な方針に関して学校運営協議会の承認が必要になること(第4項)とともに，委員が意見を述べることができる範囲は，学校運営(第6項)だけにとどまらず，教員の人事にも及び(第7項)，教員の任命権者である都道府県教委もその意見を尊重しなければならない(第8項)。

30 ①

解説

出題は，学校保健安全法の規定である。

① 第5条であり適切。なお，①でいう「児童生徒等」には幼児も含まれている。

② 保健室は「設けるものとする」(第7条)とされており，必置である。

③ 健康診断は「毎学年定期に」行うものとされている(第13条第1項)。このほか必要があるときは，臨時にも行う(同第2項)。

④ 出席停止は，政令の定めに従って，校長の権限で行うことができる(第19条)。新型インフルエンザ対策など，同法の規定の重要性が再確認されたことであろう。

⑤ 学校医は必置であり(第23条第1項)，医師の中から委嘱又は任命する。なお，学校歯科医や学校薬剤師も，大学を除く学校には必置である。

31 ⑤

解説

① 第13条(健康診断)第1項の条文である。なお，第2項に「必要があるときは，臨時に児童生徒等の健康診断を行うものとする」とある。

② 第19条(出席停止)の条文である。

③ 第20条(臨時休業)の規定である。

④ 第28条の規定である。

⑤ これは学校給食法第9条(学校給食衛生管理基準)第2項の条文であるので，誤り。なお，学校給食法は義務教育諸学校で実施される学校給食について定めたものであり，学校給食は，栄養の補充のほか，正しい食生活習慣を身に付けるなど教育の場としても位置付けられている。2005年度からは栄養教諭制度も創設され，「児童の栄養の指導及び管理をつかさどる」(学校教育法第37条第13項)とされている。

 ⑤

解説

学校安全に関しては，2008年に「学校保健法」を改正して「学校保健安全法」と改称し，その充実が図られたところである。学校現場においてもその重要性が増しており，試験対策としても，各条文を十分確認しておくことが求められる。①は第26条，②は第27条，③は第28条の規定である。④は第29条第1項の規定であり，この対処要領を「危険等発生時対処要領」という。⑤この条文は，「学校においては…」と学校の責務について定めた第29条第3項の規定であり，「教育委員会は」「学校に替わって」は誤り。

33 ⑤

解説

① 学校給食法第1条では，学校給食が児童及び生徒の心身の健全な発達だけでなく，食に関する指導の重要性，食育の推進についても規定しており，「教育」の一環として行うものでもあることを明確にしている。

② 同法第4条では，義務教育諸学校の設置者に対して「学校給食が実施されるように努めなければならない」としており，実施は努力義務である。

③ 同法第6条では，複数の学校を対象にした「共同調理場」を置くことができることが明記されている。

④ 栄養教諭は「置くことができる」職であり(学校教育法第37条第2項)，必置ではない。

⑤ 適切である。

34 ②

解説

認定こども園は，2006年に制定された「就学前の子どもに関する教育，保育等の総合的な提供の推進に関する法律」に基づき，就学前の子どもに教育と保育を一体的に提供する施設である。

① 「認定こども園」の定義は同法第2条第6項による。幼稚園又は保育所等の設置者は，その設置する施設が都道府県の条例で定める要件に適合していれば認定を受けられる。

② 適切である。同法第3条第1項では，都道府県が条例で基準を定め，知事が認定するとしている。

③ 幼保連携型では両方の資格を併有している必要がある(同法第15条第

1項)。それ以外では，0～2歳児については保育士資格が必要，3～5歳児についてはいずれか1つでも可とされている(内閣府・文部科学省・厚生労働省，2014年7月告示による)。

④　利用は保護者との直接契約によるものであり，利用料は施設側が決めることができる。

⑤　内閣府・文部科学省・厚生労働省両省の告示(2014年7月)の中に，認定こども園独自の基準が示されている。

 ②

解説

①　児童虐待の防止等に関する法律第2条において，「18歳に満たない者」と定義している。「児童」の範囲は法律によって異なるので，注意を要する。

②　適切である。第2条第四号で，配偶者間の暴力を「児童に著しい心理的外傷を与える言動」として禁止している。

③　第3条で「何人も，児童に対し，虐待をしてはならない」と明記している。

④　2004年の改正で，証拠がなくても「児童虐待を受けたと思われる」場合には速やかに通告すべきだとしている(第6条第1項)。

⑤　第5条第1項において，児童福祉施設の職員や医師などと並んで，学校の教職員も「児童虐待を発見しやすい立場にある」ことを自覚して早期発見に努めるよう求めている。昨今の深刻な児童虐待の急増から見ても，積極的な対応が不可欠である。

36 ④

解説

児童福祉法第41条の規定である。なお，よく似た名称の「児童厚生施設」は「児童に健全な遊びを与えて，その健康を増進し，又は情操をゆたかにすることを目的とする施設」(第40条)，「児童自立支援施設」は「不良行為をなし，又はなすおそれのある児童及び家庭環境その他の環境上の理由により生活指導等を要する児童を入所させ，又は保護者の下から通わせて，個々の児童の状況に応じて必要な指導を行い，その自立を支援し，あわせて退所した者について相談その他の援助を行うことを目的とする施設」(第44条)であり，混同しないよう注意すべきである。

37 ③

解説

食育基本法は，食育を推進するために2005年に制定された。**イ**は第10条，**ウ**は第13条，**エ**は第17条第1項(都道府県食育推進計画)に規定がある。なお，保護者や教育関係者の役割に関しては，「食育は，父母その他の保護者にあっては，家庭が食育において重要な役割を有していることを認識するとともに，子どもの教育，保育等を行う者にあっては，教育，保育等における食育の重要性を十分自覚し，積極的に子どもの食育の推進に関する活動に取り組むこととなるよう，行われなければならない」(第5条)としており，**ア**は誤り。また，第18条には市町村も市町村食育推進計画を作成する努力義務が規定されているから，**オ**も適切ではない。

38 ③

解説

発達障害者支援法第3条第2項の条文である。発達障害には，自閉症，アスペルガー症候群，学習障害，注意欠陥多動性障害などがあり，「脳機能の障害であってその症状が通常低年齢において発現するもの」(第2条)である。学校教育法において「特殊教育」が「特別支援教育」に改められ，通常の学校に関しても，そうした発達障害を持つ幼児・児童・生徒等への対応が求められている。とりわけ早期の対応が重要であり，幼稚園教育要領においても「障害のある幼児などの指導に当たっては，集団の中で生活することを通して全体的な発達を促していく」(「第5　特別な配慮を必要とする幼児への指導」)とされていることにも，併せて留意しておきたい。

39 ③

解説

学校をめぐって発生する様々な事故を「学校事故」といい，その責任の所在や補償などについては，「独立行政法人日本スポーツ振興センター法」が制定されている。「学校の管理下」については，同法施行令第5条第2項に，五号にわたって規定がある。出題は各号を順に掲げたものであるが，③の条文は「前二号に掲げる場合のほか，児童生徒等が休憩時間中に学校にある場合その他校長の指示又は承認に基づいて学校にある場合」となっており，校内にある場合がすべて対象になるわけではないので，誤り。学校の管理下における安全確保には，十分注意する必要がある。

 40 ③

解説

幼児にかかわる法規などの主だった条文は，覚えておきたい。正解に挙がった法規以外のものでは，児童憲章の「すべての児童は，心身ともに健やかにうまれ，育てられ，その生活を保障される」，学校教育法施行規則の「幼稚園の毎学年の教育週数は，特別の事情のある場合を除き，39 週を下ってはならない」などは，しっかりおさえておく。

第5章

専門試験
学校保健・安全

演習問題

1 幼稚園における幼児の病気や怪我の対応に関する記述の内容として適切なものの組み合わせを，あとの①～⑤から1つ選びなさい。

(難易度■■□□□)

A　幼児がインフルエンザにかかった場合，感染予防のために，熱が37.5℃を下回るまでは幼稚園への登園を休ませる。

B　幼児が熱中症になった場合，軽症のときは涼しい場所で水分と塩分を補給して対応するが，意識障害が見られるようなときは，ただちに救急要請する。

C　ノロウイルスの発生が疑われる場合，幼児のおう吐物は，感染を防ぐために塩素系の消毒液を使用して処理する。

D　幼児が園庭で転んですり傷を負った場合，動き回って病原菌が入ったりしないように，その場でまず消毒液を傷口にすり込む。

①　A・B　　②　A・C　　③　A・D　　④　B・C　　⑤　B・D

2 感染症の説明として適切なものの組み合わせを，あとの①～⑤から1つ選びなさい。　(難易度■■□□□)

A　おたふくかぜは，耳の下で顎の後ろの部分(耳下腺)が片側または両側で腫れ，痛みや発熱を伴う感染症で，幼児期から学童期に感染が多い。

B　プール熱は，水中のウイルスにより体表面が熱をもって赤くなる皮膚の疾患で，プールでの感染が多いため夏に流行しやすいが，一度感染すると免疫ができる。

C　はしかは，発熱，咳，目やにやコプリック斑と呼ばれる口内の斑点，および全身の発疹を主症状とし，感染力が非常に強いが，一度感染すると免疫ができる。

D　りんご病は，果実や野菜類に含まれる細菌によって起こる感染症で，発熱のほか，舌の表面にブツブツの赤みができるのが特徴で，学童期に感染が多い。

①　A・B　　②　A・C　　③　A・D　　④　B・C　　⑤　B・D

3 ノロウイルス感染症に関する記述の内容として適切なものの組み合わせを，あとの①～⑤から1つ選びなさい。　(難易度■■□□□)

A　感染すると平均1～2日の潜伏期間を経て，吐き気，おう吐，下痢などの症状があらわれ，発熱をともなうこともある。

B　食物摂取のほか，血液，体液を通じて感染する病気で，感染力が強くないので成人の症例は少なく，抵抗力の弱い乳幼児や児童に患者が集中する。

C　ノロウイルスは，食中毒の原因としても非常に多く，また，吐物や便などを通じて人から人へ感染するため，衛生管理面の予防が重要である。

D　ノロウイルスワクチンを用いると免疫がつくられ，数か月の予防効果が得られるため，接種は流行期である冬季の少し前に行うようにする。

①　A・B　②　A・C　③　A・D　④　B・C　⑤　B・D

4 学校保健安全法施行規則における感染症の種類として正しいものの組み合わせを，次の①～⑤から1つ選びなさい。　(難易度■■■□□)

	第1種	第2種	第3種
①	マールブルグ病	百日咳	コレラ
②	百日咳	マールブルグ病	コレラ
③	コレラ	麻しん	パラチフス
④	パラチフス	麻しん	ペスト
⑤	麻しん	ペスト	パラチフス

5 流行性耳下腺炎(おたふくかぜ)に関する記述の内容として不適切なものを，次の①～⑤から1つ選びなさい。　(難易度■■□□□)

①　感染経路は飛沫感染，接触感染である。

②　第2種感染症として指定されている。

③　耳下腺，顎下腺又は舌下腺の腫脹が発現した後3日を経過し，かつ全身状態が良好になるまで出席停止とする。

④　ワクチンによる予防が可能である。

⑤　不可逆性の難聴(片側性が多いが，時に両側性)を併発することがある。

6 咽頭結膜熱(プール熱)に関する記述の内容として不適切なものを，次の①～⑤から1つ選びなさい。　(難易度■■□□□)

①　感染経路は接触感染である。

②　ワクチンによる予防はできない。

③　発熱，咽頭炎，結膜炎などの主要症状が消退した後2日を経過するま

で出席停止とする。

④ 塩素消毒が不十分なプールで目の結膜から感染する場合がある。

⑤ 第2種感染症である。

7 **心肺蘇生の方法として適切でないものを，次の①～⑤から1つ選びなさい。** **(難易度■■□□□)**

① 肩を叩きながら声をかけ反応がなかったら，大声で助けを求め，119番通報とAED搬送を依頼する。

② 気道確保と呼吸の確認を行う。

③ 呼吸がなかったら，人工呼吸を10回行う。

④ 人工呼吸が終わったら，すぐに胸骨圧迫を行う。

⑤ AEDが到着したら，まず，電源を入れ，電極パッドを胸に貼る。

8 **「救急蘇生法の指針2020(市民用)」(厚生労働省)に基づく一次救命処置における心肺蘇生の方法に関する記述として適当でないものを，次の①～⑤の中から1つ選びなさい。** **(難易度■■■□□)**

① 傷病者を発見した際に，応援を呼んでも誰も来ない場合には，すぐ近くにAEDがあることがわかっていても，傷病者から離れないことを優先する。

② 約10秒かけて呼吸の観察をしても判断に迷う場合には，普段どおりの呼吸がないと判断し，ただちに胸骨圧迫を開始する。

③ 人工呼吸の技術に自信がない場合や，直接，傷病者の口に接触することをためらう場合には，胸骨圧迫だけを行う。

④ 胸骨圧迫は，傷病者の胸が約5cm沈み込むように強く圧迫し，1分間に100～120回のテンポで絶え間なく行う。

⑤ 突然の心停止直後に，しゃくりあげるような途切れ途切れの呼吸がみられた場合には，ただちに胸骨圧迫を開始する。

9 **自動体外式除細動器(AED)の電極パッドの取扱いに関する記述として最も適切なものを，次の①～⑤から1つ選びなさい。** **(難易度■■■□□)**

① 一度貼った電極パッドは，医師または救急隊に引き継ぐまでは絶対にはがさず，電源を落として到着を待つ。

② 電極パッドは繰り返し使用できるので，適切に保管することが必要である。

③　電極パッドは正しい位置に貼ることが大切なので，胸部の皮下に硬いこぶのような出っ張りがある場合，出っ張り部分の上に貼ることが必要である。

④　傷病者の胸部が水や汗で濡れている場合でも，水分を拭き取らずに，直ちに電極パッドを貼ることが大切である。

⑤　電極パッドと体表のすき間に空気が入っていると電気ショックが正しく行われないため，電極パッドは傷病者の胸部に密着させることが大切である。

10「救急蘇生法の指針2020(市民用)」(厚生労働省)で，一次救命処置について書かれたものとして最も適切なものを，次の①～⑤から1つ選びなさい。　(難易度■■■■□)

①　呼吸の確認には傷病者の上半身を見て，5秒以内で胸と腹の動きを観察する。

②　胸骨圧迫の深さは，小児では胸の厚さの約$\frac{1}{3}$沈む程度に圧迫する。

③　胸骨圧迫のテンポは1分間に100～150回である。

④　胸骨圧迫と人工呼吸の回数は，20：3とし，この組み合わせを救急隊員と交代するまで繰り返す。

⑤　AEDを使用する際は，小児に対して成人用パッドを使用してはならない。

11 救急処置に関する説明として最も適切なものを，次の①～⑤から1つ選びなさい。　(難易度■■■□□)

①　鼻血が出たときは，出血がひどくならないように顔を天井に向かせて座らせるか，仰向けに寝かせて，鼻に脱脂綿等を詰め，10分程度指で鼻を押さえる。

②　漂白剤や石油を飲んだときは，急いで吐かせる。

③　骨折と開放創からの大出血があるときは，まず骨折の処置を行ってから止血の処置を行う。

④　頭部の打撲でこぶができたときは，患部を冷たいタオル等で冷やし，安静にして様子を観察し，けいれんや意識障害が見られるような場合はただちに救急搬送する。

⑤　指を切断したときは，傷口にガーゼ等を当てて圧迫止血し，切断された指を直接氷水入りの袋に入れて，傷病者とともに医療機関へ搬送する。

12 応急手当について述べた記述として適切なものを，次の①～⑤から１つ選びなさい。　(難易度■■■■□)

① 子どもが蜂に刺されたので，患部に残っていた針を抜き，消毒薬をつけた。

② ストーブに誤って触れて，子どもが軽いやけどをした。やけどの部分を水で冷やし，チンク油，ワセリンなど油脂を塗った。

③ 子どもが吐き気を訴えてきたので，吐いた場合を考え，吐しゃ物が気道に入らないように横にして寝かせ，背中をさすり，胃を冷やすための氷のうを当てた。

④ 子どもが腹痛を訴えてきたので，腹部を温め，寝かしておいた。

⑤ 子どもが滑り台から落ちて脳しんとうを起こしたので，揺さぶりながら名前を呼び，意識を取り戻させようとした。

13 熱中症の救急処置に関する内容として適当でないものを，次の①～⑤から１つ選びなさい。　(難易度■■■■□)

① 独立行政法人日本スポーツ振興センターの統計によると，昭和50年から平成27年までの学校の管理下におけるスポーツによる熱中症死亡事例は，屋外で行う野球が最も多いが，屋内で行う柔道や剣道でも多く発生しているため，注意が必要である。

② 子どもの口渇感は大人より劣るとともに，大人よりも大きな「体表面積(熱放散するところ)/体重(熱産生するところ)」比を有することから，熱しやすく冷めにくい体格特性をもっており，熱中症のリスクが高くなる。

③ 呼びかけや刺激に対する反応がおかしかったり，呼びかけに答えがなかったりするときには，誤って気道に入ってしまう危険性があるので，無理に水を飲ませてはいけない。

④ 現場での冷却処置としては，水をかけてあおいだり，頸，腋下，足の付け根の前面などの太い血管のある部分に，氷やアイスパックを当てたりする方法が効果的であるが，市販のジェルタイプのシートは体を冷やす効果がないため，熱中症の処置にはむかない。

⑤ 救急処置は病態によって判断するよりⅠ度～Ⅲ度の重症度に応じて対処するのがよい。

14 気道異物の除去に関する内容として適切なものを，次の①～⑤から１つ選びなさい。 (難易度■■■■□)

① 背部叩打法は，傷病者の後方から手掌基部で左右の肩甲骨の中間を力強く，連続して叩く方法をいうが，乳児には行ってはいけない。

② 異物により気道が閉塞し，傷病者に反応がなくなった場合には，異物の除去を最優先する。

③ 腹部突き上げ法は，内臓を損傷する恐れがあるため，握りこぶしを傷病者のみぞおちの上方に当て，ゆっくりと圧迫を加えるように行う。

④ 背部叩打や腹部突き上げを試みても窒息が解消されない場合には，ただちに119番通報する。

⑤ 傷病者が咳をすることが可能であれば，異物が自然に排出されることがあるため，できるだけ咳を続けさせる。

15 次の文は，「学校のアレルギー疾患に対する取り組みガイドライン〈令和元年改訂〉」(令和２年３月25日，文部科学省初等中等教育局健康教育・食育課　監修)の一部である。空欄A～Eに入る語句をア～サから選ぶとき，最も適切な組み合わせはどれか。あとの①～⑤から１つ選びなさい。

(難易度■■■■■)

アレルギーとは，本来人間の体にとって有益な反応である免疫反応が，逆に体にとって好ましくない反応を引き起こすことです。

最も頻度が多いのがIgE抗体([　A　]の一種)によるアレルギー反応です。いわゆる「アレルギー体質」の人は，花粉や食べ物など本来無害なもの(これらがアレルギーの原因になるとき[　B　]と呼ばれます)に対してIgE抗体を作ってしまいます。そして，その[　B　]が体の中に入ってくると，皮膚や粘膜にあるマスト細胞というアレルギーを起こす細胞の上にくっついているIgE抗体と反応して，マスト細胞から体にとって有害な症状をもたらす[　C　]などの物質が出て，じんましんやかゆみ，くしゃみや鼻水などのアレルギー反応を起こしてしまうのです。

児童生徒等のアレルギー疾患は食物アレルギー，アナフィラキシー，気管支ぜん息，アトピー性皮膚炎，アレルギー性結膜炎，アレルギー性鼻炎などがありますが，病気のメカニズムとしては共通な部分が多く，反応の起きている場所の違いが疾患の違いになっていると考えることもできます。メカニズムが共通であることから，いくつかのアレルギー疾患を一緒にもっている(合併)児童生徒等が多いことにも気をつけなければなりません。たとえば，ほとんどのぜん息児は［　D　］も合併しており，［　D　］の児童生徒等はぜん息にもなりやすいことがわかっています。

児童生徒が食物アレルギー及びアナフィラキシーを発症した場合，その症状に応じた適切な対応をとることが求められます。発症に備えて医薬品が処方されている場合には，その使用を含めた対応を考えてください。

緊急時に備え処方される医薬品としては，皮膚症状等の軽症症状に対する内服薬とアナフィラキシーに対して用いられる［　E　］の自己注射薬である「エピペン®」があります。アナフィラキシーに対しては，早期の［　E　］の投与が大変に有効で医療機関外では同薬のみが有効と言えます。

ア　インシュリン　　イ　リンパ液　　ウ　アトピー性皮膚炎
エ　抗原　　オ　アドレナリン　　カ　ウイルス
キ　アレルゲン　　ク　免疫グロブリン　　ケ　細菌
コ　アレルギー性鼻炎　　サ　ヒスタミン

	A	B	C	D	E
①	ク	キ	サ	コ	オ
②	イ	キ	サ	ウ	ア
③	ク	カ	エ	ウ	ア
④	イ	キ	エ	コ	ア
⑤	ク	カ	サ	コ	オ

16 幼稚園と家庭との連携を図るための考え方・具体的な対応として適切なものの組み合わせを，あとの①～⑤から１つ選びなさい。

(難易度■■■□□)

ア　幼稚園で，インフルエンザなど感染症の発生がわかったときには，園としての判断で，ほかの保護者にも連絡をする。

イ　子どもが健やかに育つためには，幼稚園での子どもの様子を保護者に理解してもらうことが必要であるため，幼稚園が決めた参観日などには必ず参加するよう，保護者に指導する。

ウ　保護者との連絡は，いつ必要になるかわからないので，教室には保護者の氏名・住所・携帯を含む電話番号のリストを，保護者の意向にはかかわりなく掲示しておく。

①　ア，イ　　②　イ，ウ　　③　アのみ　　④　イのみ
⑤　ウのみ

17 健康診断に関する記述として適切なものを，次の①～⑤から１つ選びなさい。 (難易度■■■□□)

① 定期健康診断は毎年5月30日までに実施する。

② 健康診断は健康障害の有無の判定にのみ用いる。

③ 幼稚園で定期健康診断を行った後，総合判定の結果は，14日以内に保護者に通知しなくてはならない。

④ 幼稚園では，幼児の定期健康診断だけでなく，隔年で職員の健康診断も実施しなくてはならない。

⑤ 幼稚園の健康診断に際して，保健調査，事後措置も必要である。

18 「『生きる力』を育む防災教育の展開」(平成25年３月改訂，文部科学省)に示されている，幼稚園における日常の安全指導のポイントとして不適切なものを，次の①～⑤から１つ選びなさい。 (難易度■■■■□)

① 体を動かして遊ぶことを通して，危険な場所や事物，状況などがわかったり，危険を回避するにはどうしたらよいか学び取れるようにする。

② 幼児の個人差，興味関心の方向性を把握し，一人一人に応じた指導を行う。

③ 幼児の行動の中で見られた「ヒヤリとした行動」や「ハッとした出来事」については，帰りの会など落ち着いた場で全体に指導し，理解を深めるようにする。

④ 安全指導の内容は，幼児が自分のこととして理解を深められるよう，具体的に伝える。

⑤ 生活の様々な場面で，困ったことが起きたとき，危険を感じたときなどには，直ちに教職員に伝えることについて指導を繰り返す。

19 次の文は，「『生きる力』を育む防災教育の展開」(平成25年３月改訂，文部科学省)第５章学校における防災教育の展開例 「幼稚園 防災教育年間計画 (例)」の中の年齢別の目標例である。５歳児の目標として適切なものを，次の①～⑤から１つ選びなさい。 (難易度■■■■■)

① 安全に生活するための決まりが分かり，気を付けて行動できるようになる。

② 災害時には，家族や友達，周囲の人々と協力して危険を回避できるようになる。

③ 園生活を通して，安全と危険を意識していくようになる。
④ 災害時に落ち着いて指示を聞き，素早く避難行動がとれるようになる。
⑤ 教職員と共に避難行動がとれるようになる。

20 「『生きる力』を育む防災教育の展開」(平成25年3月改訂，文部科学省)に示されている「幼稚園段階における防災教育の目標」として適切なものの組み合わせを，あとの①～⑤から1つ選びなさい。

(難易度■■■■■)

A きまりの大切さが分かる。
B 火災等が迫る緊急時にも自己判断で避難せず，大人の指示があるまで，必ずその場で待つ。
C 危険な状況を見付けた時，身近な大人にすぐ知らせる。
D 災害時の助け合いの重要性を理解し，主体的に支援活動に参加する。

① A，B　② A，C　③ A，D　④ B，C　⑤ B，D

21 次の文は，「学校防災マニュアル(地震・津波災害)作成の手引き」(平成24年3月，文部科学省)に述べられているものである。(ア)～(オ)に当てはまる語句の組み合わせとして適切なものを，あとの①～⑤から1つ選びなさい。 (難易度■■■■□)

(1) 学校防災マニュアルは，
1. 安全な(ア)を整備し，災害の発生を未然に防ぐための事前の(イ)
2. 災害の発生時に(ウ)かつ迅速に対処し，被害を最小限に抑えるための発生時の(イ)
3. 危機が一旦収まった後，(エ)や授業再開など通常の生活の再開を図るとともに，再発の防止を図る事後の(イ)

の三段階の(イ)に対応して作成する必要があります。

(2) 地震を感知(実際に揺れを感じた場合や緊急地震速報受信時)したと同時に(オ)のための初期対応を図ることが必要です。

日常の指導や避難訓練等によって児童生徒等自身の判断力・行動力を養っておくことが，(オ)につながります。

	ア	イ	ウ	エ	オ
①	環境	危機管理	適切	心のケア	安全確保
②	施設	危機管理	適切	衣食住の調達	安全確保
③	環境	防災計画	安全	心のケア	安全確保
④	施設	防災計画	安全	心のケア	避難行動
⑤	環境	防災計画	適切	衣食住の調達	避難行動

22 「学校防災マニュアル(地震・津波災害)作成の手引き」(平成24年3月，文部科学省)における避難訓練を行う上での留意事項に関する記述の内容として適切なものの組み合わせを，あとの①～⑤から1つ選びなさい。
(難易度■■■■□)

A　耐震化が図られている建物でも，地震動に対して安全を期すために，速やかに建物の外へ避難することが大切である。

B　地震発生時の基本行動は，「上からものが落ちてこない」「横からものが倒れてこない」「ものが移動してこない」場所に素早く身を寄せて安全を確保することである。

C　何が危ないのか具体的に指導するために，教師自身が落ちてくるもの，倒れてくるもの，移動してくるものとはどんなものなのか把握しておくことが必要である。

D　児童生徒等が自ら判断し行動できるようにするため，避難訓練は，災害の発生時間や場所の想定を変えずに同じ内容で繰り返し行うことが大切である。

①　A，B　②　A，C　③　A，D　④　B，C　⑤　B，D

23 次の文は，「学校防災マニュアル(地震・津波災害)作成の手引き」(平成24年3月，文部科学省)の中の「幼稚園の特性に応じた防災マニュアル作成時の留意点」より，引き渡しの際の留意点を述べたものである。適切なものの組み合わせを，あとの①～⑤から1つ選びなさい。
(難易度■■■■□)

A　園児は保護者以外に引き渡してはならない。

B　保護者が引き渡しカードを持参できない場合を想定し，在籍者名簿等と照合の上，引き取り者のサイン等で引き渡す手立ても考え，教職員間で共通理解を図る。

C　引き渡し者を確認できる名簿等は園長が保管する。

D　正規教員と臨時教職員間の連携を密にし，いかなる状況の中でも，即座に正確な在園児数の確認ができるようにする。

①　A，B　②　A，C　③　A，D　④　B，C　⑤　B，D

24 次の文は，「学校における子供の心のケア―サインを見逃さないために―」(平成26年3月，文部科学省)に述べられているものである。(　ア　)～(　オ　)に当てはまる語句の組み合わせとして適切なものを，あとの①～⑤から1つ選びなさい。　(難易度■■■■□)

・被災時，乳幼児だった子供への対応

幼児期には，子供が体験した被災内容が(　ア　)を生じさせる衝撃となりますが，乳幼児期の子供は全体的な(　イ　)に対する理解はほとんどできていないと考えられます。つまり，被災したときに，誰とどこにいて，どのような体験をしたかが(　ア　)の強弱に影響するのですが，幼児期は自らの体験を(　ウ　)に判断することも(　エ　)することも難しい時期と言えます。そのため，(　ア　)を「怖かった」「寒かった」「いっぱい歩いた」などといった表現で表すことが多いと思われます。

この時期に被災した子供たちは，その後成長，発達するにつれて，自らの体験の意味を理解して衝撃の全体像を認識することになります。そのため，数年後，被災した時の怖さを思い出す出来事に遭遇したときに，(　ア　)が再現する可能性があることを念頭においた(　オ　)が必要です。

	ア	イ	ウ	エ	オ
①	ストレス	状況	客観的	言語化	心のケア
②	トラウマ	災害	客観的	内省化	心のケア
③	トラウマ	状況	客観的	言語化	健康観察
④	ストレス	災害	一般的	言語化	健康観察
⑤	ストレス	状況	一般的	内省化	心のケア

25 「子どもの心のケアのために―災害や事件・事故発生時を中心に―(平成22年7月，文部科学省)」に記されている災害や事件・事故発生時における心のケアの基本的理解について，(　ア　)～(　オ　)に当てはまる語句の組み合わせとして適切なものを，あとの①～⑤から1つ選びなさい。　(難易度■■■□□)

災害や事件・事故発生時に求められる心のケアは，その種類や内容により異なるが，心のケアを(　ア　)に行うためには，子どもに現れるストレス症状の特徴や(　イ　)的な対応を理解しておくことが必要である。

幼稚園から小学校低学年までは，腹痛，嘔吐，食欲不振，(　ウ　)などの身体症状が現れやすく，それら以外にも(　エ　)，混乱などの情緒不安定や，行動上の異変((　オ　)がなくなる，理由なくほかの子どもの持ち物を隠す等)などの症状が出現しやすい。

	ア	イ	ウ	エ	オ
①	適切	基本	頭痛	興奮	落ち着き
②	迅速	基本	発熱	興奮	表情
③	適切	基本	発熱	緊張	表情
④	迅速	代表	発熱	興奮	落ち着き
⑤	適切	代表	頭痛	緊張	落ち着き

26 「『生きる力』をはぐくむ学校での安全教育」(平成31年3月，文部科学省)の「第2章　第3節　安全教育の進め方」に関する内容として適切なものを，次の①～⑤から1つ選びなさい。　(難易度■■■□□)

① 学校における安全教育は，体育科・保健体育科，技術・家庭科及び特別活動の時間においてのみ行うものである。

② 学校行事における安全に関する指導について，表面的，形式的な指導とともに具体的な場面を想定するなど適切に行うことが必要であるが，小学校においては，発達段階を考慮し，表面的，形式的な指導を行う。

③ 安全教育は，視聴覚教材や資料を活用するだけで十分に効果を高めることができる。

④ 安全教育は，学校教育活動全体を通じて計画的な指導が重要であり，そのためには，学校安全計画に適切かつ確実に位置付けるなど，全教職員が理解しておく必要がある。

⑤ 安全教育と安全管理は，密接に関連させて進めていく必要があるが，日常の指導では，学校生活の安全管理として把握した児童生徒等の安全に関して望ましくない行動は取り上げる必要はない。

27 次の文は，「『令和の日本型学校教育』の構築を目指して～全ての子供たちの可能性を引き出す，個別最適な学びと，協働的な学びの実現～(答申)」(令和３年１月26日，中央教育審議会)の「第Ⅱ部　各論」の「1．幼児教育の質の向上について」の一部である。(　ア　)～(　オ　)に当てはまる語句の組み合わせとして適切なものを，あとの①～⑤から１つ選びなさい。　(難易度■■■□□)

○　幼児教育の質の向上を図るためには，資質・能力を育む上で(　ア　)的な環境の在り方について検討を行い，その改善及び充実を図ることが必要である。

○　幼児期は(　イ　)的・具体的な体験が重要であることを踏まえ，(　ウ　)等の特性や使用方法等を考慮した上で，幼児の(　イ　)的・具体的な体験を更に豊かにするための工夫をしながら活用するとともに，幼児教育施設における業務の(　ウ　)化の推進等により，教職員の事務負担の(　エ　)を図ることが重要である。

○　また，幼児教育施設においては，事故の発生・再発防止のための取組を推進するとともに，耐震化，アスベスト対策，(　オ　)，バリアフリー化，衛生環境の改善等の安全対策を引き続き行うことが必要である。

	ア	イ	ウ	エ	オ
①	効果	直接	ICT	軽減	防犯
②	計画	直接	ICT	効率	防犯
③	効果	論理	ICT	効率	感染症対策
④	計画	論理	機械	軽減	感染症対策
⑤	効果	論理	機械	軽減	感染症対策

解答・解説

1 ④

解説

学校保健安全法施行規則第19条の出席停止の期間の基準において，インフルエンザは，「発症した後5日を経過し，かつ，解熱した後2日(幼児にあっては，3日)を経過するまで。」と定められている。また，すり傷の応急処置の基本は，砂やゴミなどの異物を除去するため，傷口を水道水で洗い流すことである。浅い傷は，その後，創傷被覆材で保護する。また，出血が止まらないような深い傷は，清潔なガーゼ等で直接圧迫を行いながら，できるだけ早く医療機関を受診する。

2 ②

解説

B 「一度感染すると免疫ができる」が誤り。アデノウイルスは種類が多いだけでなく，免疫がつきにくいとされており，1つの型のアデノウイルスに感染しても，他のアデノウイルスに何度もかかることがある。

D 発症すると，蝶翼状の紅斑が頬に出現して両頬がリンゴのように赤くなることから，りんご病と呼ばれている。ヒトパルボウイルスB19が原因となる感染症で，幼児期から学童期を中心に流行する。

3 ②

解説

ノロウイルスは感染によって，胃腸炎や食中毒を発生させるもので，特に冬季に流行する。手指や食品などを介して経口で感染する場合が多く，ヒトの腸管で増殖し，おう吐，下痢，腹痛などを起こす。子どもやお年寄りなどでは重症化し，吐物を気道に詰まらせて死亡することもある。ノロウイルスについてはワクチンがなく，また，治療は輸液などの対症療法に限られる。

4 ①

解説

学校保健安全法施行規則第18条第1項による。

5 ③

解説

「3日」ではなく「5日」が正しい。

6 ①

解説

接触感染だけでなく，飛沫感染によっても感染する。

7 ③

解説

呼吸がない場合，胸骨圧迫30回と人工呼吸2回の組み合わせを繰り返す。

8 ①

解説

そばにAEDがあることがわかっている場合には，自分で取りに行く。

9 ⑤

解説

① 医師または救急隊に引き継ぐまでは電極パッドをはがさず，電源も切らず，そのまま心肺蘇生を続ける。

② 電極パッドは使い捨てのため，使用後は必ず交換する。使用期限があるため，未使用であっても使用期限に達したときには交換が必要である。

③ 貼り付ける位置にでっぱりがある場合，でっぱりを避けて電極パッドを貼り付ける。このでっぱりは，ペースメーカーやICD(植込み型除細動器)である可能性が高い。

④ 胸の部分が濡れている場合は，電極パッドがしっかり貼り付かないだけでなく，電気が体表の水を伝わって流れてしまい，電気ショックによる十分な効果が得られないことから，乾いた布やタオルで胸を拭いてから電極パッドを貼り付ける。

10 ②

解説

① 5秒ではなく10秒である。

③ 150回ではなく120回である。

④ 20：3ではなく30：2である。

⑤ 小児用パッドがない場合は成人用を使用してもよい。

11 ④

解説

① 「鼻血」はからだを横たえると，鼻部の血圧が上昇するため止まりにく

くなるので寝かせてはいけない。

② 腐食性の強い強酸，強アルカリなどは，吐かせると気道の粘膜にひどいただれを起こす。石油製品は，吐かせると気管へ吸い込み，重い肺炎を起こす。

③ 人間の全血液量は，体重1kg当たり約80mLで，一度にその$\frac{1}{3}$以上を失うと生命に危険がある。出血には，動脈からの出血と静脈からの出血がある。開放性のきずによる大出血は，直ちに止血しなければならないので，骨折の治療より優先する。

⑤ 指が切断されたときには，まず直接圧迫止血を行い，直ちに医療機関に搬送する。その際，切断された指は洗わずにガーゼにくるみ，ビニール袋に入れる。氷を入れた別のビニール袋の中に，指の入ったビニール袋を入れて，医療機関に持参する。

12 ②

解説

① 不適切。蜂の毒を中和するため，消毒薬ではなく，アンモニアをつける。アナフィラキシーにも注意する。

② 適切。やけどを冷やすときは流水で患部の周りが冷え切るくらいにする。

③ 不適切。吐き気を訴えている子どもの背中を叩いたり，さすったりしてはいけない。

④ 不適切。37.5度程度の発熱，おう吐を伴っていないかを調べ，虫垂炎でないことをまず確認する。通常の腹痛なら腹部を温め，寝かしておくという対応でよいが，幼児の虫垂炎は急激に症状が進むので注意が必要。

⑤ 不適切。意識が混濁している場合は，呼吸，脈拍を確かめ，瞳孔が開いていないかを必ず見る。頭をやや低めにして安静を保ち，医師をすぐに呼ぶ。なるべく動かさないようにすることが大切である。

13 ②

解説

思春期前の子どもは，汗腺のような体温調節能力が発達していないため深部体温が大きく上昇し，熱中症のリスクが高い。なお，子どもは大人より熱しやすく冷めやすい体格特性を持つ。

14 ⑤

解説

異物除去の方法としては腹部突き上げ法(ハイムリック法)と背部叩打法の２種類がある。異物除去の際，基本的には腹部突き上げ法を優先させる。しかし，内臓を痛めることがあるため，傷病者が妊婦と乳児の場合は背部叩打法を行う。また，心肺蘇生を優先し，異物が取れるまで続ける必要がある。③は，みぞおちの上方ではなく下方に当てる。

15 ①

解説

学校におけるアレルギー疾患には，平成20年に作成された「学校のアレルギー疾患に対する取り組みガイドライン」に基づき対応することとされており，10年ぶりに改訂されたのが出題の資料である。これには，「学校生活管理指導表(アレルギー疾患用)」に示されている，食物アレルギー，アナフィラキシー，気管支ぜん息，アトピー性皮膚炎，アレルギー性結膜炎，アレルギー性鼻炎について，ガイドラインが設定されている。なお，アナフィラキシー症状を来した児童生徒を発見した場合，救命の現場に居合わせた教職員が自ら注射できない状況にある児童生徒に代わって注射を行うことは，医師法違反にあたらず，人命救助のため行った行為については，責任はないと考えるのが一般的である。

16 ③

解説

ア　適切。幼稚園全体に関わることなので，ほかの保護者に連絡するかどうかは，個々の園児から連絡を受けた担任だけで判断するのではなく，園全体としての判断を下すようにする。

イ　不適切。参観日には保護者全員に参加してもらうのが望ましいが，強制はできない。園児の兄弟が通う小学校などの行事予定がかかわってくることも考えられるので，なるべく多くの保護者に参加してもらえるよう，保護者の意向も聞いてから日程を調整するようにする。

ウ　不適切。保護者の氏名・住所・電話番号などは個人情報であるから，適切な方法で保護されなくてはならない。少なくとも，本人の了解を得ずに教室に掲示しておくべきではない。

17 ⑤

解説

学校保健安全法施行規則を参照。

① 幼稚園の定期健康診断は毎年，6月30日までに実施することになっている。

② 定期健康診断では，幼児の健全な発育，発達のために，栄養状態に重点をおきつつ，疾病や異常など健康障害の早期発見と予防に留意する。

③ 総合判定の結果は，定期健康診断を実施後21日以内に保護者に通知することになっている。

④ 職員が結核などの感染症にかかっていると，当然，幼児に感染してしまうため，職員も毎年健康診断を受けることになっている。

⑤ 正しい。特に，疾病や異常が見つかった際の事後措置は，その疾病などによって対応が変わることもあるので，注意する。

18 ③

解説

出題資料の第5章　1　(2)　①日常生活の中で安全(防災)に関する意識や態度を高める指導からの出題である。「帰りの会など落ち着いた場で全体に指導し，理解を深めるようにする。」が誤り。行動から時間を置かずに対象幼児へ指導し，理解を深めるようにする。

19 ④

解説

①は4歳児の目標，②は小学校3・4学年の目標，③および⑤は3歳児の目標である。

20 ②

解説

本資料では，幼稚園段階における防災教育について，「安全に生活し，緊急時に教職員や保護者の指示に従い，落ち着いて素早く行動できる幼児」を目標に「知識，思考・判断」「危険予測・主体的な行動」「社会貢献，支援者の基盤」の3つに分けて具体的に示している。具体的項目としては，本問の他に「教師の話や指示を注意して聞き理解する」「友達と協力して活動に取り組む」等がある。

21 ①

解説

「学校防災マニュアル(地震・津波災害)作成の手引き」は文部科学省が作成した，地震・津波が発生した場合の具体的な対応について参考となるような共通的な留意事項をとりまとめたもの。学校保健安全法第29条第1項において児童生徒等の安全の確保を図るため，危険等発生時に職員が講じるべき措置の内容や手順を定めた危機管理マニュアル(危険等発生時対処要領)を各学校が作成することとされており，その参考となるよう作成されたものである。

22 ④

解説

A　本資料では「耐震化が図られている建物では，地震動によって建物が倒壊する危険性は低く，慌てて建物の外へ飛び出すような行動はかえって危険」とされている。

D　想定を変えずに同じ内容での訓練を行うのではなく，「災害の発生時間や場所に変化を持たせ，いかなる場合にも安全に対処できるようにすることが望まれる」とされている。なお，災害には地域性があり，学校の自然的環境，社会的環境，施設の耐震化の有無などによって起こりやすさが変わってくることから，それぞれの地域・特性にあった対策が必要となる。

23 ⑤

解説

A　何らかの事情で保護者が引き取れない場合を想定し，代理者を登録しておく。代理者以外には引き渡してはならない。

C　園長が保管するという規定はない。引き渡しは原則として担任が行うが，通園バス乗車中，園外保育時などの担任が引き渡せない場合を想定し，引き渡し者を確認できる名簿等の保管場所・方法を教職員全員で共通理解しておく。

24 ③

解説

特に注意したい用語は**ア**のトラウマである。トラウマは，本来持っている個人の力では対処できないような圧倒的な体験をすることによって被る，著しい心理的ストレスを指す。トラウマは心的外傷後ストレス障害(Posttraumatic Stress Disorder, PTSD)の発症につながる場合がある。用語の違いを確認しておきたい。

 ①

解説

近年，地震，豪雨などの自然災害や，子どもが犯罪に巻き込まれる事件・事故などが発生しており，子どもが災害等に遭遇して強い恐怖や衝撃を受けた場合，その後の成長や発達に大きな障害となることがあるため，子どもの心のケアが重要な課題となっている。

26 ④

解説

「学校安全資料『生きる力』をはぐくむ学校での安全教育」は，安全教育，安全管理，組織活動の各内容を網羅して解説した総合的な資料として，平成13年11月に作成され，その後の学校保健法の改正，学習指導要領の改訂を踏まえて平成28年3月に，さらに「学校事故対応に関する指針」(平成28年3月)の策定や学習指導要領の改訂等を踏まえて平成31年3月に改訂されている。

① 「体育科・～及び特別活動の時間においてのみ行うもの」が誤り。「安全教育は，体育科・保健体育科，技術・家庭科及び特別活動の時間はもとより，各教科，道徳科及び総合的な学習の時間などにおいてもそれぞれの特質に応じて適切に行うよう，学校教育活動全体を通じて計画的な指導が重要であり，そのためには，学校安全計画に適切かつ確実に位置付けるなど，全教職員が理解しておく必要がある。」とされている。

② 「小学校においては，発達段階を考慮し，表面的，形式的な指導を行う。」が誤り。小学校においても「避難訓練など安全や防災に関する学校行事については，表面的，形式的な指導に終わることなく，具体的な場面を想定するなど適切に行うことが必要である。」とされている。

③ 「視聴覚教材や資料を活用するだけで十分効果を高めることができる。」が誤り。「安全教育の効果を高めるためには，危険予測の演習，視聴覚教材や資料の活用，地域や校内の安全マップづくり，学外の専門家による指導，避難訓練や応急手当のような実習，誘拐や傷害などの犯罪から身を守るためにロールプレイングを導入することなど，様々な手法を適宜取り入れ，児童生徒等が安全上の課題について，自ら考え主体的な行動につながるような工夫が必要である。」とされている。

⑤ 「日常の指導では～児童生徒の安全に関して望ましくない行動は取り上げる必要はない。」が誤り。日常の学校生活における指導として「児童生徒等の安全に関して望ましくない行動を取り上げ，適切な行動や実践の方法について考えさせる。」としている。

 ①

解説

幼児教育施設では，環境を通して行う教育を基本としていることから，環境が子供の発達にとってどのような意味があるのかといった環境の教育的価値について研究を積み重ねていくことが重要である。

第6章

専門試験
教科知識

演習問題

1 絵本のタイトルと作者の組合せとして適切なものを，次の①～⑤から1つ選びなさい。 (難易度■■■□□)

① そらいろのたね ―――――― 香山美子
② おおきなおおきなおいも ――― 赤羽末吉
③ 14ひきのおつきみ ―――――― さとうわきこ
④ どうぞのいす ―――――――― 中川李枝子
⑤ すいかのたね ―――――――― いわむらかずお

2 絵本のタイトルと作者の組合せとして適切なものを，次の①～⑤から1つ選びなさい。 (難易度■■■■□)

① ぐりとぐら ―――――― 林明子
② スイミー ――――――― わたなべしげお
③ わたしとあそんで ――― マリー・ホール・エッツ
④ こんとあき ―――――― 中川李枝子
⑤ もりのへなそうる ――― レオ＝レオニ

3 絵本のタイトルと作者の組み合わせとして適切なものを，次の①～⑤から1つ選びなさい。 (難易度■■■□□)

① ぐるんぱのようちえん ――― かこさとし
② いやいやえん ―――――― 中川李枝子
③ からすのパンやさん ―――― なかえよしを
④ どろんこハリー ――――― 西内ミナミ
⑤ ねずみくんのチョッキ ――― ジーン・ジオン

4 次の2冊の絵本で作者が同一なものを，次の①～⑤から1つ選びなさい。 (難易度■■■■□)

① 「キャベツくん」「はじめてのおつかい」
② 「きんぎょがにげた」「おばけのてんぷら」
③ 「さる・るるる」「いもうとのにゅういん」
④ 「ごろごろにゃーん」「ねないこだれだ」
⑤ 「たんたのたんけん」「ももいろのきりん」

5 次の2冊の絵本で作者が異なるものを，次の①～⑤から1つ選びなさい。

(難易度■■■□□)

① 「スーホの白い馬」「うみのがくたい」

② 「ふらいぱんじいさん」「くまの子ウーフ」

③ 「ちいさなねこ」「くいしいんぼうのはなこさん」

④ 「ぶたのたね」「おならうた」

⑤ 「じのないえほん」「うさこちゃんがっこうへいく」

6 次の2冊の絵本で作者が同一なものを，次の①～⑤から1つ選びなさい。

(難易度■■■■□)

① 「だるまちゃんとてんぐちゃん」「どろぼうがっこう」

② 「おおきくなるっていうことは」「どっちがへん？」

③ 「すてきな三にんぐみ」「にゃーご」

④ 「100かいだてのいえ」「おまえうまそうだな」

⑤ 「どこへいったの？ぼくのくつ」「さつまのおいも」

7 次のA～Eの作品名とア～オの内容の組み合わせとして適切なものを，あとの①～⑤から1つ選びなさい。 (難易度■■■■□)

〈作品名〉

A すいかのたね (さとうわきこ作・絵)

B みどりいろのたね (たかどのほうこ作／太田大八絵)

C とん ことり (筒井頼子作／林明子絵)

D そらいろのたね (中川李枝子作／大村百合子絵)

E ともだちや (内田麟太郎作／降矢なな絵)

〈内容〉

ア のぼりをふりふり，「さびしい人はいませんか。」と歩いていた狐が，本当の友達と出会った話

イ 引っ越してきたばかりの女の子が，郵便受けを介して新しい友達と出会う話

ウ 種と一緒に埋められたあめ玉を，種がなめて大きくなると，まるであめ玉のような豆の入った実がなった話

エ 模型飛行機と取り替えた狐の宝物の種を埋めると，家が生えてきた話

オ ばばばあちゃんが，「いいかげんにめをだしておおきくおなり！！」と怒鳴

り返したら，種がはじけ，ぐんぐん大きくなって実をならせるにぎやかな話

① A－オ　B－ウ　C－イ　D－エ　E－ア
② A－ウ　B－オ　C－ア　D－エ　E－イ
③ A－エ　B－オ　C－イ　D－ウ　E－ア
④ A－ウ　B－エ　C－イ　D－オ　E－ア
⑤ A－エ　B－ウ　C－ア　D－オ　E－イ

8 絵本「どうぞのいす」(香山美子・作　柿本幸造・絵)に出てくるウサギ・小鳥以外の動物の組み合わせとして適切なものを，次の①～⑤から１つ選びなさい。　(難易度■■■■□)

① イヌ，ネコ，ニワトリ，ロバ
② ロバ，クマ，キツネ，リス
③ ブタ，ネコ，クマ，タヌキ
④ ネズミ，アヒル，イヌ，リス
⑤ ロバ，イヌ，タヌキ，クマ

9 絵本「はらぺこあおむし」(エリック・カール作　もりひさし訳)の内容に関する記述として最も適切なものを，次の①～⑤から１つ選びなさい。
(難易度■■■□□)

① ５匹のあおむしが，チョウになるまでの生活を描いたもの。
② あおむしが，仲間のあおむしと一緒に大好きな緑の葉を食べて成長する様子を描いたもの。
③ たくさんのものを食べたあおむしが，腹痛をおこし，虫のお医者さんに治してもらったことを描いたもの。
④ あおむしが，りんご，なし，すもも，いちご，アイスクリーム等を食べてチョウになる様子を描いたもの。
⑤ あおむしが，さなぎ，チョウになり森の中へ，冒険に出かけた様子を描いたもの。

10 絵本「だるまちゃんとてんぐちゃん」(加古里子　作・絵)で，だるまちゃんはてんぐちゃんが持っているものを似たような道具で代用している。てんぐちゃんがもっているものとだるまちゃんが代用したものの組み合わせで適切なものを，次の①～④から１つ選びなさい。　(難易度■■■□□)

① てんぐのうちわ，扇子
② てんぐの帽子，ご飯茶碗
③ てんぐの下駄，まな板
④ てんぐの鼻，木のお面

11 れもんちゃん，りんごちゃん，チョコちゃん，おもちちゃんという子どもたちを育てながら，お店を切り盛りするお話を描いた作品は，次の①～⑤から１つ選びなさい。 (難易度■■■■□)

① コッコさんのおみせ
② ふゆじたくのおみせ
③ ももちゃんのおみせやさん
④ カラスのパンやさん
⑤ サラダとまほうのおみせ

12 次のア～オの作品とA～Eの作者名の正しい組み合わせを，あとの①～⑤から１つ選びなさい。 (難易度■■■□□)

〔作品〕
ア　ブレーメンのおんがくたい　　イ　おやゆびひめ
ウ　はらぺこあおむし　　エ　ぐりとぐら
オ　11ぴきのねことあほうどり
〔作者〕
A　中川李枝子　　B　馬場のぼる　　C　エリック・カール
D　グリム　　E　アンデルセン

① ア－E　イ－D　ウ－C　エ－A　オ－B
② ア－D　イ－E　ウ－B　エ－A　オ－C
③ ア－E　イ－D　ウ－A　エ－C　オ－B
④ ア－D　イ－E　ウ－C　エ－A　オ－B
⑤ ア－E　イ－D　ウ－A　エ－B　オ－C

13 動物についての正しい記述を，次の①～⑤から１つ選びなさい。

(難易度■■□□□)

① カモノハシは卵を産む鳥類であるが，子は乳で育てる。
② フクロウは木の実を主食とするので，幼稚園で飼育し，子どもに世話

をさせても危険はない。

③ カメは水中で生活し，エラ呼吸をする。

④ ツバメの仲間はほとんどが渡り鳥である。

⑤ アユはコケを主食とし，ふつう２年生きる。

14 次のア～エは，幼稚園で飼育する例の多い生き物である。ア～エの生き物とえさの組み合わせとして適切なものを，あとの①～⑤から１つ選びなさい。 (難易度■■■□□)

ア カブトムシ(成虫)　　イ モンシロチョウ(幼虫)

ウ スズムシ　　エ アゲハ(幼虫)

	ア	イ	ウ	エ
①	リンゴ	キャベツの葉	ナス	サンショウの葉
②	リンゴ	ミカンの葉	アブラムシ	サンショウの葉
③	腐葉土	キャベツの葉	アブラムシ	サンショウの葉
④	腐葉土	ミカンの葉	ナス	ダイコンの葉
⑤	リンゴ	キャベツの葉	ナス	ダイコンの葉

15 幼稚園で飼育する例の多い生物の生態や特徴に関する記述として最も適切なものを，次の①～⑤から１つ選びなさい。 (難易度■■■□□)

① ウサギは，草食性で，主に草や木の葉，野菜などを食べ，これらの栄養分をよく吸収するために，体外に出した自分のやわらかいふんをもう一度食べる。

② カエルの幼生であるオタマジャクシは，水中でふ化するのでエラがあるが，エラ呼吸は行わず，水面に顔を出して肺呼吸する。

③ カタツムリは，成長するたびにより大きな貝殻に移る習性があるため，飼育する場合は，土や川砂の上に大きさの違う巻き貝などを置くと良い。

④ ザリガニは，エビやカニと異なり脱皮は行わず，また，肉食のため，小魚やミミズ，昆虫などを食物とし，水草などの植物は食べない。

⑤ カメは，エラ呼吸と肺呼吸を行う両生類で，卵からふ化した時は甲羅をもたないが，成長して脱皮するたびに大きな甲羅を背負うようになる。

16 昆虫の中で卵から成虫になる過程で完全変態しないものを，次の①～⑤から１つ選びなさい。（難易度■■■□□）

①　カブトムシ　②　オオスズメバチ　③　ナミアゲハ
④　ハナアブ　⑤　トノサマバッタ

17 次に示した昆虫は，幼虫の時に何と呼ばれているのかを答えなさい。（難易度■■■■□）

①　モンシロチョウ　②　アキアカネ　③　ウスバカゲロウ

18 ウサギの一般的な特徴として適切なものを，次の①～⑤から１つ選びなさい。（難易度■■■■□）

①　ウサギの前歯は一生伸び続けるが，一定の長さになると脱落する。
②　とても人懐っこく，誰に対しても警戒心がない。
③　ウサギの睡眠は浅く，寝たり，起きたりを繰り返している。
④　ウサギは水をあまり飲まないので，水の交換は２日に１度程度でよい。
⑤　野菜や果物が好物なので，食事として積極的に与えるのがよい。

19 カタツムリの特徴として適切でないものを，次の①～⑤から１つ選びなさい。（難易度■■■■□）

①　陸に住んでいるが，貝の仲間である。
②　１匹で雄・雌の両方の機能をもっている雌雄同体という生き物である。
③　寄生虫を保有している可能性があるため，手で触ったら手を洗う必要がある。
④　真夏の暑い時期は体が乾燥してしまうので，木や草のかげで，殻の入り口に膜を張り，秋の雨が多くなる時期まで眠って過ごす。
⑤　歯がないので，藻類や植物の葉，腐葉土などを粘液で溶かして食べる。

20 モルモットの特徴として適切でないものを，次の①～⑤から１つ選びなさい。（難易度■■■□□）

①　跳躍力が低いため，飼育する場合は囲いの高さが40cmあればよい。
②　おやつにチョコレートをあげてもよい。
③　排泄物の量が多く，毛が長いので，臭いが強くなりやすい。
④　生まれてすぐに歯もあり，目も開いているため，生まれた子に人手を

かける必要はない。

⑤　寿命は5年から7年ぐらいである。

21 栽培した野菜を収穫する時期として明らかに適切でないものを，次の①～⑤から1つ選びなさい。ただし，関東地方平野部における一般的な栽培方法とする。 (難易度■■■■□)

①　トウモロコシ　――――　8月上旬
②　サトイモ　――――　11月中旬
③　サヤエンドウ　――――　9月中旬
④　フキノトウ　――――　3月上旬
⑤　ツルレイシ(ニガウリ)　――――　8月中旬

22 サツマイモの栽培について適切なものを，次の①～⑤から2つ選びなさい。 (難易度■■■□□)

①　苗を植え付けるには，砂壌土などの肥料が効いていない土が適切である。
②　代表的な植え付けの1つである垂直植えは収穫数は増えるが，1つあたりの重量は減るという特徴がある。
③　施肥についてはカリウムのみを与えると，イモが大きくつきやすい。
④　サツマイモは雑草と同化させると甘みが増すため，除草は行わない。
⑤　サツマイモは無農薬でも栽培できるが，寄生虫などが発生することもあるため，殺虫剤を使用することもある。

23 次の①～⑤のうち，食用部分が根であるものはどれか。次の①～⑤から2つ選びなさい。 (難易度■■□□□)

①　サツマイモ　②　ジャガイモ　③　サトイモ　④　キャッサバ
⑤　キクイモ

24 環境省ホームページには，地球温暖化対策のページ「COOL CHOICE」がある。当該ページではグリーンカーテンについて触れられているが，グリーンカーテンに適した植物として紹介されていないものはどれか，次の①～⑤から1つ選びなさい。 (難易度■■■□□)

①　ミニスイカ　②　トウモロコシ　③　フウセンカズラ
④　パッションフルーツ　⑤　アサガオ

25 アサガオの栽培で注意したい点として適切でないものを，次の①～⑤から１つ選びなさい。 (難易度■■■■□)

① アサガオの種の外皮は硬いので，傷をつけると芽を出しやすくなる。
② アサガオを大きく育てたい場合は月に２～３度，肥料を与えるとよい。
③ アサガオは水を好むので，水やりは朝，昼，夕方の３回にするとよい。
④ アサガオがかかる病気にはうどん粉病やモザイク病がある。
⑤ アサガオは短日植物であるため，日中以外は明るいところに置かないようにする。

26 次の作物に適切なコンパニオンプランツをあげなさい。 (難易度■■■■□)

① トウモロコシ　② キュウリ　③ ナス

27 アサガオを栽培する時の作業の順序として適切なものを，あとの①～⑤から１つ選びなさい。 (難易度■■■■□)

ア 種をまく　**イ** 雑草を取り除く
ウ 支柱を立てる　**エ** 移植する
オ 種の選別をする　**カ** 培養土や肥料を土に混ぜる
キ 間引きする

① オ－ア－カ－エ－キ－ウ－イ
② オ－ア－カ－イ－エ－ウ－キ
③ オ－カ－ア－キ－エ－ウ－イ
④ オ－カ－ア－エ－キ－ウ－イ
⑤ オ－ア－カ－イ－エ－キ－ウ

解答・解説

1 ②

解説

「おおきなおおきなおいも」は赤羽末吉の作品で，適切である。①「そらいろのたね」は中川李枝子，③「14 ひきのおつきみ」はいわむらかずお，④「どうぞのいす」は香山美子，⑤「すいかのたね」はさとうわきこの作品である。

2 ③

解説

① 「ぐりとぐら」は中川李枝子作，2023 年で 60 周年を迎えた。

② 「スイミー」はレオ＝レオニの作で，レオ＝レオニはねずみのお話「フレデリック」等が有名である。

④ 「こんとあき」は林明子作，こんはキツネのぬいぐるみであきと一緒に旅をする話である。

⑤ 「もりのへなそうる」わたなべしげお作，へなそうるとは森の中にいる怪獣の名である。

3 ②

解説

①「ぐるんぱのようちえん」は西内ミナミ，③「からすのパンやさん」はかこさとし，④「どろんこハリー」はジーン・ジオン，⑤「ねずみくんのチョッキ」はなかえよしをの著作である。

4 ⑤

解説

⑤は中川李枝子の著作である。なお，「キャベツくん」と「ごろごろにゃーん」は長新太，「はじめてのおつかい」と「いもうとのにゅういん」は筒井頼子，「きんぎょがにげた」と「さる・るるる」は五味太郎，「おばけのてんぷら」と「ねないこだれだ」はせなけいこである。

5 ④

解説

「ぶたのたね」は佐々木マキ，「おならうた」は谷川俊太郎の著作である。なお，「スーホの白い馬」は元々モンゴル民話だが，著作者の大塚勇三が絵本用に再編しているので，ここでは作者と考える。

6 ①

解説

①はかこさとし(加古里子)の著作である。なお,「おおきくなるっていうことは」と「さつまのおいも」は中川ひろたか,「どっちがへん？」と「100 かいだてのいえ」はいわいとしお,「すてきな三にんぐみ」と「どこへいったの？ぼくのくつ」はトミー・ウンゲラー,「にゃーご」と「おまえうまそうだな」は宮西達也である。

7 ①

解説

A 「すいかのたね」は 1987(昭和 62)年に発売された絵本。

B 「みどりいろのたね」は 1988(昭和 63)年に発売された絵本。

C 「とん　ことり」は 1989(平成元)年に発売された絵本。筒井頼子作，林明子絵の絵本はほかにも「はじめてのおつかい」「あさえとちいさいいもうと」などがある。

D 「そらいろのたね」は 1967(昭和 42)年に発売された絵本。

E 「ともだちや」は 1998(平成 10)年に発売された絵本。

8 ②

解説

なお，①は「ブレーメンのおんがくたい」，③はノンタンシリーズに出てくる動物である。

9 ④

解説

「はらぺこあおむし」は 1969 年に出版され，5000 万部以上の売上を記録した。エリック・カール氏が亡くなるまでに 62 カ国語に翻訳されている。

10 ③

解説

①のてんぐのうちわはやつでの葉っぱ，②のてんぐの帽子はお椀，④のてんぐの鼻はおもちで代用した。

11 ④

解説

「からすのパンやさん」は，カラスの夫婦は子育てで忙しいためお店が雑然となり，一時は貧乏になるが，子どもたちがおやつに食べたパンが評判になり，再び人気を取り戻す話である。

12 ④

解説

新旧を問わず，有名な童話については作者名を知っておくのはもちろんのこと，ストーリーや絵柄もしっかりと押さえておきたい。グリムとアンデルセンの童話は混同しやすいので，注意する。

ア 見捨てられたもの同士が力を合わせて自分の幸せを勝ち取る話。

イ チューリップから生まれた小さな女の子が危険な目にあいながらも自分の親切心から幸せをつかむ話。

ウ あおむしがたくさんの葉っぱを食べ，やがて蝶になるまでを鮮やかな色彩で描いた絵本。あおむしの食べた部分は，紙面に開いた丸い穴で表現されている。

エ 野ねずみのぐりとぐらが落ちていた卵でカステラをつくり，森の仲間と分け合って食べる話。

オ 11 匹のねこたちがつくったコロッケをあほうどりが買う，ユーモアたっぷりの話。

13 ④

解説

哺乳類，爬虫類，両生類，鳥類などの特徴を確認しておこう。

① カモノハシやハリモグラは変温動物のような特質を備え卵を産む。この部分だけを考えると鳥類あるいは爬虫類であるが，体の仕組みと乳で子を育てることから哺乳類に分類されている。

② フクロウは鋭い足の爪や口ばしで野ネズミなど小型の動物や昆虫などを捕らえて食べる肉食の鳥である。幼児だけでなく，大人でも飼育には危険を伴う。

③ エラで呼吸をするのは魚類である。カメは肺で呼吸をする爬虫類である。

④ 正しい。日本には春から夏にかけてやってきて，秋には暖かい地域へと帰っていく。

⑤ アユはコケを主食とするが，ふつう 1 年しか生きられないため，年魚とも呼ばれる。

 ①

解説

出題されている虫は，頻出であるため特徴をおさえておきたい。カブトムシは，幼虫の時には腐葉土などの腐食の進んだものを食べるが，成虫になると樹液や果汁などを食べる。モンシロチョウの幼虫(アオムシ)は，キャベツを好み，キャベツ畑などによくみられる。スズムシは，キュウリやナスなどを主な餌とするが，共食いをすることもある。アゲハの幼虫(いもむし)は，ミカン系の柑橘の葉しか食べないため，キャベツやダイコンの葉は好まない。

15 ①

解説

②の「オタマジャクシ」はえら呼吸をする。③の「カタツムリ」は生まれた時から貝殻をもっており，成長とともに貝殻も大きくなるので，他の貝殻に移ることはない。成長するたびに他の大きな貝殻に移るのはヤドカリである。④の「ザリガニ」は脱皮を行う。また，雑食で小魚なども植物も食べる。⑤の「カメ」は，爬虫類であり，生まれた時から甲羅をもつ。

16 ⑤

解説

完全変態とは，幼虫がさなぎを経て成虫になる現象のことであり，さなぎから成虫になる昆虫を区別すればよい。

17 ①　アオムシ　　②　ヤゴ　　③　アリジゴク

解説

昆虫の中には幼虫の時にその名前と異なる呼び方がされるものがある。出題された昆虫は，公園などや身近な森林でも見かけることができるものであるため覚えておきたい。

18 ③

解説

①　ウサギの歯は脱落しない。そのため，藁や咬み木などを与え，前歯をすり減らし，長さを調整することが必要になる。

②　ウサギは人に懐きやすいが警戒心も強く，知らない人を警戒することが多い。

④　ウサギの水やりは重要であり，こまめに水を替えることが必要である。

⑤　ウサギの主食はペレットと牧草がよく，野菜や果物はおやつとして与えるのがよいとされている。

19 ⑤

解説

カタツムリは，絵本や物語でも多く登場し，また日常でも目にすることができる，子どもにとってなじみの深い存在である。口内に歯舌をもちすりつぶす形で餌を食べるため，⑤が誤り。

20 ②

解説

チョコレートを与えると中毒を起こすので，与えてはいけない。その他注意すべき食品として玉ねぎ，ねぎ，にら，にんにくなどがあげられる。

21 ③

解説

サヤエンドウを含むエンドウは，一般に10月下旬～11月上旬に種をまき，5～6月が収穫時期となる。

22 ①，⑤

解説

②　垂直植えは収穫数は減るが，1つ当たりの重量が比較的大きいという特徴がある。

③　カリウムだけでは栄養を吸収できない。カリウムの半量程度の窒素を施すとよい。

④　除草をしないと，土の養分が雑草にも行き渡るだけでなく，日当たりも悪くなり，サツマイモが十分に育たない。

23 ①，④

解説

なお，ジャガイモ，サトイモ，キクイモの食用部分は茎である。

24 ②

解説

グリーンカーテンは主につるが伸びる植物を建物の壁面付近にカーテン状に育成することで，建物に直射日光が当たるのを防止したりするもの。

トウモロコシはつる状に育成するわけではないので，グリーンカーテンに適しているとはいえない。

25 ③

解説

夏の日中，植物に水をあげようとすると気温や土の温度が高い結果，お湯を与えることと同義になり，植物を傷める原因になる。アサガオへの水やりは朝と夕方の2回行うのが適切である。

26 ①　インゲン，エダマメ等　②　ニラ，ネギ等　③　ラッカセイ，パセリ等

解説

コンパニオンプランツとは，異なる種類の野菜を一緒に栽培することで，病害虫を抑えたり生長を助けるといった効果を期待するものである。例えば，トウモロコシの主な天敵はアワノメイガであるが，アワノメイガはマメ科の植物を忌避する特徴があるため，マメ科の植物を一緒に植えるとよいとされている。

27 ③

解説

種の選別をする，培養土や肥料を土に混ぜる，種をまく，間引きする，移植する，支柱を立てる，雑草を取り除く，の順で作業を進める③が正しい。**オ**の「種の選別」と**カ**の「土の準備」はどちらが先になってもかまわないが，どちらも**ア**の「種をまく」の前に行わなくては意味がない。したがって，①，②，⑤は除外できる。また，**イ**の「雑草を取り除く」は必要に応じて行えばよいが，双葉が出て**キ**の「間引きする」，続いて本葉が出て**エ**の「移植する」を行ってからでないと，雑草を抜く時にアサガオも引き抜いてしまうことがあるので，手順としては不適切である。間引きと移植の手順が逆になっているので，④も除外され，正解は③とわかる。

第7章

専門試験
教育史・教育心理

演習問題

1 次の記述のうち誤っているものを，①～⑤から１つ選びなさい。

(難易度■□□□□)

① シュテルンは人間の発達について，遺伝的要因と環境的要因の輻輳説を唱えた。

② ロックは教育万能論に対して疑問を投げ掛けた。

③ ルソーは消極教育論を提唱し，「子どもの発見者」と称された。

④ フレーベルは世界で最初の幼稚園を設立した。

⑤ デューイは問題解決学習を提唱した。

2 次の人物に関する記述として適切なものを，①～⑤から１つ選びなさい。

(難易度■■■□□)

① 羽仁もと子は玉川学園を創設し，全人教育や労作教育を目指した。

② 及川平治は東京高等師範学校附属訓導として綴方教授を提唱した。

③ 倉橋惣三は東京女子高等師範学校幼稚園主事を務め，「幼児教育の父」と呼ばれる。

④ 澤柳政太郎は「児童の村小学校」を設立した。

⑤ 谷本富は「婦人と子ども」を編集し，『幼稚園保育法眞諦』の著書がある。

3 次の文は，フレーベルについて述べたものである。(A)～(C)に当てはまるものをア～ケから選ぶとき，正しい組み合わせを，あとの①～⑤から１つ選びなさい。 (難易度■■□□□)

フレーベルの教育学の特徴は，なんといっても遊びを重視したことである。「遊んでいるとき，子どもは力を得，強い存在となる。遊びによって子どもは心を表現し，(A)と交わる」というのである。そして，遊びにとって不可欠なものとして，１つは遊びの道具である(B)，もう１つはその遊びを指導する大人の存在があるとした。正しい指導法でその道具遊びをするとき，本来(C)な存在である子どもは，それに気づき，そこへ帰っていくと彼は考えた。

ア 家族　イ 恩物　ウ 精神的　エ 積み木　オ 感覚的
カ 仲間　キ 大人　ク 神的　ケ ブロック

① A－ア B－エ C－オ
② A－キ B－ケ C－ク
③ A－カ B－イ C－ウ
④ A－カ B－イ C－ク
⑤ A－ア B－ケ C－ウ

4 次のA～Cは幼児教育について述べたものである。それぞれア～キのどの人物と関係が深いか。正しい組み合わせを，あとの①～⑤から１つ選びなさい。 (難易度■■■■□)

A どんなに貧しくても，どんなに不良な子どもでも，神からすべての子どもたちに人間性の力を与えられている。道徳的な人間を育てるには健全な家庭生活が営まれなければならず，教育においても家庭の温かさが不可欠である。

B 子どもは本来神的な存在なので，教育者は子どもがもともと持っているものを実現させるよう手助けし，そのことに気づいていない子どもに，自覚させ表現するよう導くことである。

C 自然は子どもが子どもらしくあることを望んでいる。大人になったら必要になるからといって，美徳や知識を積極的に子どもに教える必要はない。できるだけ子どもの自然のよさを残し伸ばしてやればよい。

ア ルソー イ ロック ウ モンテッソーリ
エ ペスタロッチ オ フレーベル カ デューイ
キ マラグッツィ

① A－ア B－ウ C－オ
② A－エ B－キ C－オ
③ A－エ B－カ C－ア
④ A－イ B－ウ C－カ
⑤ A－エ B－オ C－ア

5 次の文は，ルソーについて述べたものである。(A)～(C)に当てはまるものをア～キから選ぶとき，正しい組み合わせを，あとの①～⑤から１つ選びなさい。 (難易度■■■□□)

ルソーの生きた当時のフランスは，1789 年の革命以前の封建的王制下の政治・社会制度のなかにあったが，多くの(A)たちが出て旧制度を打ち倒そうとしていた。ルソーの思想はこうした時代背景と密接に結びついており，『社会契約論』で新しい社会の構想を描き，（　B　）では，その新しい社会を担う人間をどう教育するかを描いた。彼は，（　B　）のなかで「（　C　）は子どもが大人になるまえに子どもであることを望んでいる」と述べ，児童期までの教育は，できるかぎり子どもの（　C　）のよさを残し，それを伸ばすように手助けしてやればよいと考えた。旧制度下では，子どもは大人になるための準備期間であり，子どもを大人に近づけるようにすることが教育だったが，ルソーの，子ども時代の独自性の尊重を唱えた「子どもの発見」は，当時としては画期的な教育論であった。

ア　自然　　イ　『パンセ』　　ウ　社会主義者
エ　『エミール』　　オ　神秘思想家　　カ　神
キ　啓蒙思想家

① A－ウ　B－イ　C－カ
② A－キ　B－エ　C－ア
③ A－キ　B－イ　C－ア
④ A－ウ　B－エ　C－カ
⑤ A－ウ　B－エ　C－ア

6 次は，倉橋惣三の幼児教育についての記述である。（　A　）～（　C　）に当てはまるものをア～クから選ぶとき，正しい組み合わせを，あとの①～⑤から1つ選びなさい。　(難易度■■■■■)

幼児を無理やり目的に向かって引っ張るのではなく，自然な生活形態のなかで，子どもたちが知らず知らずのうちに（　A　）を身に付けるようにすることが望ましいとした。そして，明治以来の定型と機械化とによって幼児のいきいきしさを奪う（　B　）を批判し，幼児に（　C　）を与えることを重視した。その自由な活動のなかから子どもの生活を誘導していく誘導保育を保育の真諦とした。

ア　恩物主義　　イ　行動主義　　ウ　満足感　　エ　道徳
オ　達成感　　カ　一斉保育　　キ　自由感　　ク　教育的価値

① A－エ　B－カ　C－ウ
② A－ウ　B－ア　C－ク
③ A－エ　B－イ　C－オ
④ A－ク　B－イ　C－キ

⑤ A－ク　B－ア　C－キ

7 次は，日本における保育思想の歴史に関する記述である。A～Dの記述は，ア～エのうちどの人物のことか。正しい組み合わせを，あとの①～⑤から１つ選びなさい。　(難易度■■■■□)

A　有産階級に限られていた幼児教育を，貧しい家庭の子どもたちにも施す必要性を感じて，日本で最初の託児所となる幼稚園を開園した。

B　知的障害児教育の父と呼ばれる。はじめ，濃尾震災によって被災した孤児を引き取り孤児施設を開設したが，孤児の中に知的障害児が含まれていたのがきっかけとなり，知的障害児施設に改めた。

C　「家なき幼稚園」を開設した。自然の中で育てることの大切さを保育の中心とし，公園，河原，里山などの戸外で保育を行った。

D　自然主義教育を幼児教育の基本として『幼児教育法』を著す。「幼児教育」という言葉を日本で初めて使ったことでも知られる。

ア　橋詰良一　　イ　和田実　　ウ　野口幽香　　エ　石井亮一

① A－ア　B－イ　C－エ　D－ウ

② A－イ　B－ア　C－ウ　D－エ

③ A－ウ　B－イ　C－エ　D－ア

④ A－ウ　B－エ　C－ア　D－イ

⑤ A－エ　B－イ　C－ウ　D－ア

8 次は，保育思想の歴史に関する記述である。A～Dの記述は，ア～エのうちどの人物のことか。正しい組み合わせを，あとの①～⑤から１つ選びなさい。　(難易度■■■□□)

A　知識の一方的な伝達を中心とした伝統的な学校教育を批判し，教育とは，経験を繰り返すことによって成長し，その成長を高めるようにさらに経験を絶え間なく再組織し改造することであると主張した。

B　人間は誕生の瞬間から知的な働きが存在することを明らかにし，子どもの知能や発達に関して，科学的な理論構築を行い発達段階説を提唱した。

C　スラム街に住む貧しい労働者の子どもたちを収容するために「子どもの家」を開設した。そこで，子どもたちは自分自身の感覚をとおして世界の様子を知るということに気づき，子どもの発達に適した環境設定や遊具の必要性を唱えた。

D　自分が自分を作り上げていくことによって子どもは発達するという児童中心主義に基づく児童教育と婦人の母性的使命を唱え，新教育運動，婦人解放運動に大きな影響を与えた。

ア　エレン・ケイ　　イ　モンテッソーリ　　ウ　ピアジェ
エ　デューイ

① A－ア　B－イ　C－エ　D－ウ
② A－イ　B－ア　C－ウ　D－エ
③ A－エ　B－ウ　C－イ　D－ア
④ A－ウ　B－エ　C－ア　D－イ
⑤ A－エ　B－イ　C－ウ　D－ア

9 次の文は，レッジョ・エミリア・アプローチについての記述である。文中の(　A　)～(　C　)に当てはまる語句をア～キから選ぶとき，その組み合わせとして正しいものを，あとの①～⑤から１つ選びなさい。

(難易度■■□□□)

(　A　)にあるレッジョ・エミリア市の幼稚園の先端的教育を考えたのは(　B　)である。彼は，子どもが気の合う仲間や家族などの私的で親密な関係とは別のさまざまな考えを持った人たちとの関係を経験することによって，世界が多様であることや自己と異なった(　C　)を持った他者を理解することが重要だと考えた。そのため，プロジェクトという形でその相互関係を経験できる小集団を組織化し，さらに家族もその活動に参加するようにした。

ア　モンテッソーリ　　イ　アイデンティティ　　ウ　スイス
エ　イタリア　　オ　マラグッツィ
カ　パーソナリティ　　キ　コンピテンス

① A－エ　B－オ　C－イ
② A－ウ　B－ア　C－カ
③ A－エ　B－ア　C－イ
④ A－ウ　B－ア　C－キ
⑤ A－ウ　B－オ　C－カ

10 次の文は，『モンテッソーリ法』についての記述である。(　A　)～(　C　)に当てはまるものをア～キから選ぶとき，正しい組み合わせを，

あとの①～⑤から１つ選びなさい。　　(難易度■■□□□)

子どもは自分を(　A　)する動機を本来もっており，自分自身の(　B　)をとおして外の世界についての知識を学ぶ。子どもの発達に適した環境に置かれるとき，その子どもは興味をもって自発的に学ぶことができる。したがって，教育とは，子どもがそうした自分の要求に応えてくれるような環境に置かれたときに，自らが自発的に学んでいく(　C　)な過程だということができる。

ア　動的　　イ　認識　　ウ　知識　　エ　啓発
オ　本質　　カ　静的　　キ　感覚

① A－イ　B－オ　C－カ
② A－エ　B－キ　C－ア
③ A－イ　B－キ　C－カ
④ A－エ　B－ウ　C－ア
⑤ A－イ　B－ウ　C－カ

11 次のA～Cは教育史上の人物の著作の冒頭の一文であり，a～cはその著作である。またア～ウは，人物の教育思想に関係ある語である。これらの人物，冒頭の一文，著作，関係ある語を組み合わせたとき，正しいものを，あとの①～⑤から１つ選びなさい。　　(難易度■■■□□)

A　創造主の手から出るときにはすべてがよいが，人間の手になるとすべてが悪くなっていく。
B　玉座の上にあっても，木の葉の屋根の陰に住まっても，その本質において同じ人間。
C　万物のなかに，一つの永遠の法則があって，作用し，支配している。

〔著作・関係ある語〕
a 『隠者の夕暮』　b 『エミール』　c 『人間の教育』
ア　消極教育　イ　万有内在神論　ウ　直観のABC

① フレーベル　――A―― b ――イ
② フレーベル　――B―― b ――ウ
③ ルソー　――C―― a ――ア
④ ペスタロッチ　――B―― a ――ウ
⑤ ペスタロッチ　――C―― c ――イ

12 コメニウスに関する記述について不適切なものを，次の①～⑤から１つ選びなさい。 (難易度■■■■□)

① 主著「大教授学」において，あらゆる人にあらゆる事柄を享受するための教授法について示した。

② 世界初の絵入り教科書とされる「世界図絵」を作成した。

③ 教育によるドイツの再建を目指し，「ドイツ国民に告ぐ」という大講演を行った。

④ 直観教授の理念と方法を示し，感覚を伴った教育の重要性を説いた。

⑤ すべての男女が，階級差別のない単線型の学校教育において，普遍的知識の体系を学ぶ必要性を説いた。

13 次の記述に該当する人物を，あとの①～⑤から１つ選びなさい。

(難易度■■■□□)

明治18年，内閣制度の発足に伴い，初代文部大臣に就任。欧米の先進国の文明を導入し，日本の富強を図るための国家主義教育をとなえ，この目的の実現に向けて学校制度の改革，教育内容の改善，教員養成方針の確立に尽力した。明治19年に小学校令・中学校令・帝国大学令・師範学校令を公布し，近代学校制度の土台を固めた。また，教科書の検定制度を初めて実施。教育内容の改善を図り，「学校及其程度」により国家的基準を明示した。師範教育に関しては，国民教育の根幹をなすものとして重視し，順良・信愛・威重の三気質を教育目標に据え，その実現のために全寮制による軍隊式教育を行った。

① 倉橋惣三　② 福沢諭吉　③ 森有礼　④ 新渡戸稲造

⑤ 大隈重信

14 次の文章の出典と著者の組み合わせとして正しいものを，あとの①～⑤から１つ選びなさい。 (難易度■■■□□)

「…人々は子ども時代とはどういうものであるかということをちっとも知らない。昔ながらの間違った考えをしているものだから，教育すればするほどいよいよ子どもというものがわからなくなってしまう。もっとも聡明といわれている人々でさえ，子どもの学習能力を考慮にいれないで，大人にとって大切なことを子どもに一所懸命教えている。かれらはいつも子どもを大人に近づけることばかり夢中になっていて，大人になるまでの子どもの状態がどんなものであるかを考えてみようとはしない。私が全力を注いだのは，じつにこのあるがままの子どもの状態についての研究であって…」

① 『エミール』　ペスタロッチ
② 『教育に関する考察』　ロック
③ 『子どもの発見』　フレーベル
④ 『エミール』　ルソー
⑤ 『子どもの発見』　モンテッソーリ

15 次の説明文と人物名の組み合わせとして正しいものを，あとの①～⑤から１つ選びなさい。　(難易度■■□□□)

A　世界で最初の「幼稚園」を開設し，幼児教育思想を述べた『人間の教育』を著した。

B　恩物による保育を批判し，恩物を「積み木玩具」に換えた。また，戸外での自由でのびのびした遊びを大切にする保育を目指した。

C　「生活は陶冶する」と言って家庭教育を重んじた。また，直観教授も重視した。

D　子どもが自由で自発的な活動を中心として生活できる「子どもの家」を設立し，そこでは感覚教育を重視した保育を行った。

ア　マカレンコ　イ　フレーベル　ウ　倉橋惣三
エ　ルソー　オ　コメニウス　カ　ペスタロッチ
キ　モンテッソーリ　ク　ロック

① A－イ　B－ウ　C－カ　D－キ
② A－キ　B－ア　C－エ　D－オ
③ A－キ　B－ク　C－ウ　D－ア
④ A－オ　B－カ　C－イ　D－ウ
⑤ A－イ　B－オ　C－ク　D－カ

16 幼稚園と保育所について公的に示されたものを発表年順に正しく並べたものを，次の①～⑤から１つ選びなさい。　(難易度■■■■■)

① 保育要領―幼稚園と保育所の関係について―幼児教育振興プログラム
② 保育要領―幼児教育振興プログラム―幼稚園と保育所の関係について
③ 幼稚園と保育所の関係について―保育要領―幼児教育振興プログラム

④ 幼稚園と保育所の関係について—幼児教育振興プログラム—保育要領
⑤ 幼児教育振興プログラム—保育要領—幼稚園と保育所の関係について

17 教育史に関する記述について適切なものを，次の①～⑤から１つ選びなさい。 (難易度■■■■■)

① 貝原益軒は日本で最初の体系的教育書といわれる『養生訓』を著した。
② 明治13年の改正教育令では国家の統制色が強くなり，道徳が学科目の首位に置かれ，徳育重視となった。
③ 明治19年の小学校令で尋常小学校の6年間が就学義務とされ，法令上の義務教育制度が明確になった。
④ 大正時代には，子どもの個性・自発性を尊重する児童中心主義教育の理論と実践を，倉橋惣三が指導した。
⑤ 大正7年，北原白秋が児童文学・童謡の雑誌『赤い鳥』を創刊，芸術教育運動を展開した。

18 次の文章中の(　　)に当てはまる人物名として最も適当なものを，あとの①～⑤から１つ選びなさい。 (難易度■□□□□)

(　　)はオーストリアの精神科医で，意識の奥に無意識の世界があり，無意識の世界に抑圧された願望と，抑圧する自我egoの力との間の葛藤が人間の精神生活を支配していると考えた。パーソナリティーの構造について，外界と深層による欲望，イドidsとを媒介し，両方の調和を図る自我が存在するとした。また，外界の社会規範と共に個人の精神に内在化した良心ともいうべき超自我super-egoが存在することを主張した。

① ゲゼル　② フロイト　③ ピアジェ　④ エリクソン
⑤ ヴィゴツキー

19 次のア～オは，ピアジェの考えについての記述である。正しく述べられたものの組み合わせを，あとの①～⑤から１つ選びなさい。 (難易度■■■□□)

ア 子どもの思考は，大人の思考と比較すると，質的な違いがある。
イ 子どもは言語を作り出す能力を持って生まれてくるので，言語は自らの力で獲得するものであり，大人から教えられて身に付けるものではない。
ウ 幼児期に多いひとりごとは，自己中心性の現れであり，社会的言語の発達によって消失する。

エ　子どもの道徳的判断は，動機論的判断から結果論的判断へと移行していく。

オ　人間には，誕生の瞬間から知の働きが存在する。

①　イ，ウ，オ　②　ア，ウ，オ　③　イ，エ，オ
④　ア，イ，エ　⑤　ウ，エ，オ

20 次のア～オは幼児教育にも影響を与えた心理学に関わりの深い人物とその説である。正しく述べられたものの組み合わせを，あとの①～⑤から1つ選びなさい。　(難易度■■□□□)

ア　ワトソンは，個人差に応じた学習をさせることを目的としたプログラム学習を開発した。

イ　スキナーは，誕生から死に至るまでの一生をライフサイクルとしてとらえ，そのなかで人間が直面する8つの心理社会的危機を示した。

ウ　チョムスキーは，生成文法理論において，人間の言語能力は他の認知能力からは独立したものであり，環境からわずかな入力があれば，生得的プログラムにより自動的に発言すると考えた。

エ　エリクソンは，人の発達は環境によって決定するという環境説を唱え，学習を重視した。

オ　フロイトは，人間の性格形成は乳幼児期の環境，教育によって決定されるとし，この説が幼児期における情操教育の重要性のルーツとなった。

①　ア，ウ　②　ア，イ　③　イ，オ　④　ウ，オ
⑤　ア，エ

21 次の学説を唱えたのは誰か。あとの①～⑤から1つ選びなさい。
(難易度■■□□□)

乳幼児の発達は，筋肉や神経などが内部で成熟することによって行われるが，年齢をその内的成熟の度合いを表す指標とした。それによって，「一般に，何歳ならこういう行動がとれ，何歳になればこういうこともできるようになる」と，年齢別に典型的な行動が記述できるとした。

①　ピアジェ　②　ワトソン　③　ファンツ　④　フロイト
⑤　ゲゼル

22 学習と動機に関する記述として適切なものを，次の①～⑤から１つ選びなさい。 (難易度■■■□□)

① 「叱られるといやだから勉強する」というのは，内発的動機づけによる行動である。

② 教師が期待をかけ，優秀な生徒として扱うことでより高い学習効果をあげるようになるのは，アタッチメントによる効果である。

③ 運動技能の学習においても，ある程度までできるようになったところで学習が停滞してしまうことを，プラトー(高原現象)と呼ぶ。

④ 子どもが楽しんで課題に取り組んでいる時にごほうびを与えることでそのやる気を維持できることを，アンダーマイニング効果と呼ぶ。

⑤ 学習課題の達成に競争の要素を持たせ，子どものやる気を引き出す工夫は，内発的動機づけである。

23 エリクソンの発達段階説についての記述として適切なものを，次の①～⑤から１つ選びなさい。 (難易度■■■■■)

① エリクソンはリビドー(性的な心的エネルギー，欲求)を中心に置いた心理性的発達段階を唱えた。

② 青年期をマージナルマン(境界人・周辺人)と呼び，独特の精神構造をもつと考えた。

③ エリクソンは「発達課題」という概念を初めて採用し，人間の発達段階を乳児期，児童期，青年期，壮年初期，中年期，老年期の６段階とした。

④ 自我同一性の拡散とは，過去の自分と現在の自分の連続性，将来の自分への展望が見出せず，社会との一体感も持てない状態のことである。

⑤ 青年期を，基本的信頼感を獲得する時期とし，「モラトリアム期」と名づけた。

24 乳児期の発達に関する記述として適切なものを，次の①～⑤から１つ選びなさい。 (難易度■■■■□)

① 身体と運動の発達には２つの方向があり，頭部から尾部へ，中心部から周辺部へと進む。

② 乳児期は身体各部が一様に発達し，１歳頃までに急速な発達を遂げる。

③ ボウルヴィによれば，特定他者への愛着行動は，新生児期から見られる。

④ 乳児期の発達は，一度現れた発達が消失したり，衰退したりすることはない。

⑤ ピアジェ(Piaget, J.)の発達段階説では，乳児期は様々な動作を繰り返すことを通じて感覚と運動の関係を構築し，目の前にある対象を操作できるようになる。

25 幼児期の心理の特徴として適切なものを，次の①〜⑤から１つ選びなさい。 (難易度■■■□□)

① 幼児の心性の特徴である自己中心性は，他人を思いやったり，自分の欲求を抑えて譲ったりすることができず，利己的であることを意味する。

② 幼児が石や木などすべてのものに心があると感じる心性を，人工論という。

③ ピアジェの発達段階論において，幼児期は前操作期であり，数，量，重さなどの保存概念を獲得する。

④ 幼児期の心性の特徴として，物事の見かけで判断せず，本質をとらえる直観的思考がある。

⑤ 幼児のごっこ遊びは，あるものを別のものに見立てる象徴機能が発達することで生じる重要な発達のしるしである。

26 学習と達成動機についての記述として適切なものを，次の①〜⑤から１つ選びなさい。 (難易度■■■■□)

① 文化の別を問わず，人間が自発的に課題を達成したいと思うのは，人との関わりを重視する親和動機によるものである。

② 子どものやる気を維持するためには，常に子どもが容易に達成できるレベルの課題を与えることである。

③ 子どものやる気を維持するためには，達成が困難な難易度の高い課題を多く与え，もっと努力しなければならないという気持ちを起こさせることである。

④ 無力感は自分がコントロールできない経験を重ねるうちに学習され，しだいに行動面全般において無気力となる。

⑤ 子どもの知的好奇心を満たすために，教材や発問には認知的葛藤を生じさせないような工夫が必要である。

27 防衛機制についての記述として適切なものを，次の①～⑤から１つ選びなさい。　(難易度■■■■■)

① 自分にとって認めたくない内的な不安や欲求を，他人の側のものとみなすことを，同一化という。

② 自覚すると自我が傷つくような衝動，感情，欲求を抑圧し，正反対の行動を取ることを，昇華という。

③ 心理的な葛藤が麻痺やヒステリーなどの身体症状などとして表出されることを，転換という。

④ 状況にうまく適応できないときに，より幼い発達段階に戻ることによって困難な状況を解決しようとすることを，補償という。

⑤ 子どもが，ほしかった玩具が手に入らなかったとき，「あの玩具は面白くないから，いらない」というのは抑圧の防衛機制によるものである。

解答・解説

1 ②

解説

① シュテルン(1871 ～ 1938)は人間の発達は遺伝と環境の相互作用によって生じると考えた。

② ロック(1632 ～ 1704)は人間の精神を「白紙(タブラ・ラサ)」と捉え，後天的な教育を重視した。よって誤り。

③ フランスの啓蒙思想家ルソー(1712 ～ 78)は『エミール』で教育について論じた。

④ フレーベル(1782 ～ 1852)は教育遊具「恩物」の考案者で，主著に『人間の教育』がある。

⑤ デューイ(1859 ～ 1952)は経験主義的教育論を展開。主著に『学校と社会』など。

2 ③

解説

① 羽仁もと子(1873 ～ 1957)が設立したのは自由学園で，自労自作の生活中心主義教育を行った。玉川学園の創設者は小原國芳(1887 ～ 1977)。

② 及川平治(1875 ～ 1939)は「分団式動的教育」を実践した兵庫県明石女子師範学校附属小学校主事であり，綴方教授を提唱したのは芦田恵之介(1873 ～ 1951)。

③ 正しい。

④ 澤柳政太郎(1865 ～ 1927)は成城小学校の設立者。「児童の村小学校」を設立したのは野口援太郎。 ⑤ 「婦人と子ども」を編集し，『幼稚園保育法眞諦』を著したのは倉橋惣三。谷本富は日本初の教育学博士。

3 ④

解説

幼稚園教育に携わる人にとって，現代幼稚園教育の父といわれるフレーベルは，避けて通れない人物のひとりである。彼は1782年，ドイツの小さな田舎町の厳格な牧師の家に生まれた。ペスタロッチとの出会いによって，生涯幼児教育に身をささげることとなった。子どもは本来，神的な存在であるとし，そのことを子どもに自覚させ，表現するよう導くことが教育の目的であるとした。そして，遊びに着目し，遊んでいるとき，子どもは外の世界の認識へと導かれると同時に，世界のなかで自分を反映させることができると考えた。その際，世界と子どもをつなぐものとして，ひとつは教具としての恩物(神からの贈り物の意)，もうひとつは遊びを指導する大人の存在の2つがあるとした。フレーベルの教育思想と恩物とは深い結びつきがあるので，恩物についてよく理解しておくこと。

4 ⑤

解説

Aはペスタロッチ，Bはフレーベル，Cはルソーがあてはまる。各人物の詳細はポイントを参照。マラグッツィ(1920 ～ 1994)はイタリアで行われた幼児教育の革新的実践，レッジョ・エミリアのリーダー。

5 ②

解説

ルソーの思想について，フランス革命の時代背景抜きには語れない。フランス革命によってそれまで続いたキリスト教会に代表される古い伝統的権威や秩序が崩壊し，理性による思考の普遍性と不変性を主張する啓蒙思想家たちが，数多く現れた。こうしたなかで，ルソーは新しい社会のあり方を説いた『社会契約論』を著す一方，教育学の古典とも言える『エミール』で新しい社会に対応した教育をどうするかを示した。『エミール』で「どんなものでも，自然という造物主の手から出るときは善であり，人間の手に渡ってからは悪となる」と述べているように，ルソーにとって子どもは本来善であり，児童期までの教育はできるかぎり子どもの自然のよさを残してやることであるとした。

6 ⑤

解説

倉橋惣三はフレーベルに影響を受け「誘導保育」を保育の真諦として幼児教育の革新に取り組んだが，フレーベル主義の形骸化を批判，その著書『幼稚園眞諦』のなかで，「フレーベル精神を忘れて，その方法の末のみを伝統化した幼稚園を疑う。定型と機械化によって，幼児のいきいきしさを奪う幼稚園を慨く」と述べた。彼の考えた誘導保育とは，子どもは自由であると思っているにもかかわらず，その自由な活動のなかに教育的価値がきちんと配慮されているようにすることである。わが国の保育学会を設立するなど，日保の近代保育へ多大な功績を遺した。

 ④

解説

橋詰良一は大正 11 年春，大阪府池田市の呉服神社境内に「家なき幼稚園」を開設したことで知られる。子どもたちを自然の中で育てることが最善だとして，晴天時には草原や河原などへ出かけ戸外で保育を行った。和田実は，ルソーやフレーベルが幼児教育で説いた自然主義教育を受け継ぎ，明治 41 年に『幼児教育法』を著し，遊戯を中心とした幼児教育を主張した。わが国における幼児教育の先駆者のひとりである。野口幽香は，明治 33 年，わが国で最初の託児所である「二葉幼稚園」を東京に創設した。幼稚園といっても入園者は貧困家庭の子どもたちで，早朝から夜遅くまで預かるなど，社会事業家としての彼女の一面をよく表すものだった。石井亮一は知的障害児教育に先駆的役割を果たした人物として知られる。1891 年，「聖三一孤女学院」を創設したが，のちに「滝乃川学園」と改称し，入園者を知的障害者に限定し，その保護・教育・自立を目指す総合的な教育・福祉施設とした。

8 ③

解説

エレン・ケイはスウェーデンの社会思想家，教育学者，女性運動家として幅広く活躍。「20 世紀は児童の世紀」だとして新教育運動を展開した。モンテッソーリは貧困家庭の子どもたちを収容するためにローマに「子どもの家」を創設。「幼児は本来自己啓発する動機をもっている」として，そのための遊具も開発した。ピアジェはスイスの 20 世紀最大の心理学者といわれる。大人と質量的に異なる子どもの思考を出生から青年期まで 4 つの発達段階で区分し幼児教育にも大きな影響を与えた。デューイは 20 世紀前半を代表する哲学者，教育改革者で，多様な人々とともに生きる民主主義の考え方に立ち，共同活動を重視，美的・道徳的な意味を含め，あらゆるものが共同活動から生まれてくると説いた。

9 ①

解説

戦後まもなく北イタリアのレッジョ・エミリア市で，教育家マラグッツィの指導と，市当局のバックアップにより地域の共同保育運動として始まったレッジョ・エミリア・アプローチは，革新的な幼児教育として世界的に注目されるようになった。その教育では，子どもは救済の対象ではなく，大人とともに創造的な活動をとおして個性を表現し共同性を築く自立した存在とみなされる。そして，そこで自己と他者のアイデンティティの感覚を経験し，世界の多様性を学ぶ。家族や仲間といった私的で濃密な関係のなかで安らぐのではなく，別の相互関係を経験させることによって，自発的なコミュニケーションのチャンスが与えられ，アイデアを交換し，環境を変えていくということに満足を覚えるというものである。

10 ②

解説

フレーベル同様，モンテッソーリも幼稚園教育で忘れてはならない人である。彼女は1870年，イタリアに生まれた。当時，男性に限られていた医学部へ入学し，イタリアで初の女性医学博士となる。医師となった彼女がまず力を注いだのは，悲惨な状況に置かれていた障害児の教育だった。そこで，障害児であっても健常児に匹敵する学習能力があることを知る。その後，ローマのスラム街に住む子どもたちのために，彼らを収容する「子どもの家」を創設した。こうした実践のなかで，子どもは自分自身の感覚をとおして世界を学ぶのであり，本来，その欲求をもっていることに気づく。そして，その欲求に応えられるような環境に置かれるとき，子どもは自らのかかわりのなかで成長すると考えた。その考えに基づいて集中力や感覚，知識を豊かにする遊具も開発した。

11 ④

解説

Aはルソー(1712～78)の『エミール』の冒頭の一文である。外からの強制的な詰め込み教育(「積極教育」)でなく，子どもの自然の成長力や活動性に応じた自然による教育(「消極教育」)を主張する。Bはペスタロッチ(1746～1827)の『隠者の夕暮』の冒頭の一文である。彼は，人間はすべて平等の人間性を有するとし，すべての人間に内在している諸能力を開発し，伸長していくのが教育の基本であるとした。また豊かな直観こそが言葉の獲得や思考力の発達の基礎になることを強調し，直観を構成する要素として「直観のABC(数・形・語)」をあげている。Cはフレーベル(1782～1852)の『人間の教育』の冒頭の一文である。神が宇宙の中心であり神によって万物は生かされており(万有内在神論)，人間は創造的存在であり，子どものなかに宿る神的なもの(神性)を開発することこそが教育の本質であるとした。神から子どもたちへの贈り物を意味する「恩物」という教育遊具を考案している。したがって，ペスタロッチ・B・a・ウの組み合わせの④が正しい。

12 ③

解説

コメニウスは17世紀にチェコで活躍した宗教家・教育者。年齢や教授内容をそろえた現在の学校制度につながる仕組みを作ったことから，近代教育学の父と呼ばれる。主著の『大教授学(あらゆる人にあらゆる事柄を享受する普遍的な技法を提示する大教授学)』において，直観教授の理念と方法を示すとともに，世界初の絵本(絵入り教科書)とされる『世界図絵』を作成して，感覚を伴った教育の重要性を説いた。不適切なのは③であり，これは，カント哲学を継承したフィヒテについての記述である。

13 ③

解説

① 倉橋惣三は東京女高師附属幼稚園の主事を長年務め，幼児教育の発展に尽くした児童心理学者。

② 「学問のすゝめ」を著した慶應義塾大学の創設者。

③ 日本の初代文部大臣・森有礼は，教育こそが富国強兵の根本，良妻賢母教育は国是とすべきであるとし，強力な国家主義教育政策を推進した。明治20年には学位令を発令し，日本における学位制度を定めたほか，さまざまな学校制度の整備を行い，近代国家としての教育制度の確立を目指した。黒田清隆内閣においても留任したが，明治22年，大日本帝国憲法発布式典の当日，凶刃に倒れた。

④ 札幌農学校に学び，日本文化の海外への紹介に努めた，農学者・教育者。

⑤ 第8代，第17代内閣総理大臣にして早稲田大学の創設者。

14 ④

解説

① ペスタロッチの主著は『ゲルトルート児童教育法』，『隠者の夕暮』。

② 『教育に関する考察』はイギリス名誉革命の思想家として名高いロックの著した教育論で，イギリス紳士(ジェントルマン)になるための教育の一環として幼児教育の重要性を説いているが，問題文の出典ではない。

③ 『子どもの発見』はモンテッソーリの著作。フレーベルの主著には『人間の教育』がある。

④　正しい。「子どもの発見者」とよばれるルソーであるが，著書は『エミール』である。「万物をつくる者の手をはなれるときすべてはよいものであるが，人間の手にうつるとすべてが悪くなる」という冒頭の言葉が示すように，ルソーの自然礼讃，人為排斥の哲学を教育論として展開した書である。

⑤　『子どもの発見』の著者・モンテッソーリは，ローマのスラム街に設立した「子どもの家」における実践で知られる。

15 ①

解説

教育史における主要人物とその業績や教育思想の内容は，しっかり把握しておきたい。正解に名前が挙がった以外の人物については，以下のようになる。マカレンコ：集団主義教育を唱えた。著書に『愛と規律の家庭教育』がある。ルソー：「子どもの発見者」と呼ばれるルソーは，幼児が未成熟で未完成であっても，幼児を認め，尊重しなければならないとした。コメニウス：母親による家庭教育を「母親学校」と呼び，重視した。著書に『大教授学』がある。ロック：著書『教育に関する考察』で習慣形成を基調とし，幼児教育を重んじる理論を展開した。同書の序文に「健全な身体に宿る健全な精神」と記した。

16 ①

解説

昭和23年に当時の文部省が刊行した「保育要領」は幼稚園だけでなく，保育所や家庭にも共通する手引きとして作られた。同38年に文部省，厚生省の連名で出された「幼稚園と保育所の関係について」は，両者の機能が異なることを示し，保育所の持つ機能のうち，教育に関するものは幼稚園教育要領に準ずることが望ましいとした(幼稚園は文部省の管轄，保育所は厚生省の管轄)。平成13年に文部科学省が策定した「幼児教育振興プログラム」では「幼稚園と保育所の連携の推進」を掲げ，幼稚園と保育所の共用施設の運営などに関する実践研究の実施や，研修の相互参加などが示された。

17 ④

解説

①　貝原益軒はたしかに『養生訓』を著しているが，日本で最初の体系的教育書といわれているのは『和俗童子訓』。同書では，子どもの早期教育や徳育の重要性を説き，その後の寺子屋教育や明治以降の小学校教育の基

礎となった。

② 明治13年の改正教育令で学科目の首位に置かれたのは道徳ではなく，修身。

③ 明治19年の小学校令では尋常小学校の3～4年間が就学義務とされた。6年間に延長されたのは，明治40年である。

④ 適切。庶民の子どもたちの生活に目を向けた「社会協力の訓練」を説いた。倉橋惣三に対し，社会中心主義といわれた城戸幡太郎は，庶民の子どもたちの生活に目を向け，「社会協力の訓練」を説いたことも押さえておきたい。

⑤ 『赤い鳥』は鈴木三重吉が北原白秋らの協力を得て赤い鳥社を設立，創刊した。

18 ②

解説

精神分析学の創始者であるフロイトの説明である。

① ゲゼルは，成熟優位説や学習準備性(レディネス)で有名。

③ ピアジェは，認知機能の発達段階説で有名である。

④ エリクソンは，漸成発達説やアイデンティティで知られる。

⑤ ヴィゴツキーは，子どもの発達における他者との相互作用を重視し，発達の最近接領域を提唱した人物として有名。

19 ②

解説

ピアジェは，人間には誕生の瞬間から知の働きがあるとし，環境との相互作用の中で，環境内の情報に対する認識の枠組み(シェマ)が，質的に変化していくことを発達ととらえた。よって**ア**と**オ**は適切。**イ**は言語獲得における生得説で有名なチョムスキーの説。**ウ**はピアジェの考えとして適切であるが，幼児期のひとりごとについては，外言(コミュニケーション手段)として獲得された言葉が，内言(思考の手段)としても用いられるようになる過渡期に生じる現象であるというヴィゴツキーの考えが妥当であると考えられている。**エ**はピアジェは道徳の発達についても言及していて，道徳的判断は結果のみで判断する結果論的判断から，その動機に着目する動機論的判断へと発達する，が正しい。

20 ④

解説

アのワトソンは行動主義の提唱者。プログラム学習を開発したのはスキナーである。スキナーはオペラント条件付けの研究から，反応形成(シェイピング)やスモールステップの原理の考え方をプログラム学習に取り入れている。**イ**はスキナーではなく，エリクソン。**ウ**は適切。チョムスキーはアメリカの言語学者，思想家である。**エ**のエリクソンは心理社会的発達段階説をまとめた。環境優位説の代表者はワトソンである。**オ**も適切。フロイトは心理性的発達段階説を唱えた。

21 ⑤

解説

ゲゼルは，発達は遺伝的要因で決めるとする成熟優位説を提唱した。レディネスの概念も押さえておきたい。ゲゼルの発達の成熟優位説に対して，環境優位説の代表的人物である②のワトソンもあわせて押さえておきたい。①のピアジェの発達観は，子どもと環境との相互作用を想定しているので，相互作用説の立場である。③のファンツは言語をもたない乳児の視線を，その興味関心の指標として用いた選好注視法を開発した人物で，乳児研究のパイオニアとして有名なので押さえておきたい。

22 ③

解説

① 記述は外発的動機づけの例。内発的動機づけは自分の心的なものに動機づけられている状態。

② アタッチメントは「愛着」のこと。記述は「ピグマリオン効果」の説明である。

③ 適切。プラトー(高原現象)期間は，より高い水準に進むための準備期間であり，この期間を過ぎると，また学習が進行すると考えられている。

④ アンダーマイニング効果は，内発的動機づけに基づいていた行動に，外発的動機づけを与えることでやる気をかえって阻害すること。

⑤ 競争は学習そのものへの好奇心や個人的な達成欲を高めるものではなく，外発的動機づけである。

 ④

解説

① 記述の発達段階説を唱えたのはフロイトである。エリクソンはこれに社会的な視点を取り入れ，心理社会的発達段階説をまとめた。

② 記述はエリクソンではなくレヴィンである。

③ 記述はハヴィガーストの説明である。エリクソンは自我の心理社会的発達を８段階にまとめた。

④ 適切。青年期の発達課題は「自我同一性の形成」である。アイデンティティの感覚には自分が思う自分と，他者が思う自分との合致が必要であり，他者との関係の中で形成されることも留意したい。

⑤ 「基本的信頼感の獲得」は乳児期の発達課題である。モラトリアムとは，アイデンティティ形成のプロセスで，社会においてさまざまな役割を試す期間である。

24 ①

解説

① 適切。身体発達には個人差があるものの一定の順序と方向性があることが認められている。

② 身体各部の発達は一様ではない。スキャモンの発達曲線では身長・体重(一般型)は乳幼児期と青年期に，脳機能(神経型)は乳幼児期に，生殖機能(生殖型)は青年期以降，免疫機能(リンパ型)は児童期に発達が著しいことが分かる。

③ ボウルヴィの愛着の発達段階によれば，生後３ヶ月頃までは無差別な愛着行動が見られ，生後３ヶ月以降，特定他者への愛着行動が増えていき，生後半年頃になると特定他者への明確な愛着行動が見られ，その特定他者を安全基地とした探索行動も見られるようになる。

④ 発達とは，受精から死に至るまでの心身の変化のことであり，生涯を通して獲得と喪失がある。例えば乳児期には世界中の言語音の弁別能力の喪失がある。

⑤ 乳児期は感覚運動期である。動作の繰り返しを循環反応と呼ぶ。表象(イメージ)を用いた認知的な過程はほとんど介在しない時期である。感覚運動期には対象の永続性が獲得される。

25 ⑤

解説

① 幼児の自己中心性は，自己の視点と他者の視点が未分化であるために，他者の視点が理解できないという発達的心性である。

② 記述の心性はアニミズムである。人工論は，外界や自然のすべての事象を人間あるいは神が作ったものと考える心性であり，いずれも自己中心性による世界観であると考えられている。

③ 前操作期は2～7歳で，ものの見え方に左右される直観的思考が特徴。保存概念の獲得とは，見かけが変わってもモノの数量は変化しないと理解することである。前操作期は保存概念をもたず，見かけが変わるとその数量も変化したと考えてしまう。保存概念は前操作期後半から具体的操作期の間に獲得される。

④ 前操作期の後半(4～7歳頃)は物事の分類分けや概念化が進むが，この時期は物の見かけにとらわれ，直観的に判断しやすい。

⑤ 適切。幼児期には今ここにないものをイメージ(表象)として思い浮かべ，別のもので見立てる象徴機能が発達する。言語も象徴の1つであり，言語発達とも関連が深いことを押さえておきたい。

 ④

解説

① 課題を達成したいという欲求は達成動機によるものである。親和動機も課題への意欲と関連するが，関連の度合いには文化差があることも指摘されている。

②，③ やる気＝達成動機は，成功動機と失敗回避動機からなる。成功動機も失敗回避動機も課題が難しいほど高まるため，子どもに応じて少し頑張れば達成できる(発達の最近接領域に含まれる)課題を用意することが大切である。

④ 適切。学習性無力感についての記述である。無力感，無気力のような望ましくない特性も学習されることを知り，大人は子どもが学習性無力感に陥らないような教育的配慮をすることが必要である。

⑤ 認知的葛藤を引き起こすことは，子どもの知的好奇心を満たすために欠かせない要素である。

 ③

解説

① 記述の防衛機制は，投影である。同一化は，不安や劣等感を解消するために，他者の特性を自分に取り入れようとすることである。

② 記述の防衛機制は，反動形成である。昇華は，抑圧した感情や衝動のエネルギーを，社会的に受け入れられる別の活動で表現することである。

③ 適切。例えば，園に通うことが子どもの不安や葛藤のもととなっている場合に，熱が出ることがある。

④ 記述の防衛機制は，退行である。補償は，自分が劣等感をもつ点をカバーし，欲求不満を補うために他の望ましい特性や自らの得意を強調しようとすることである。

⑤ 記述の防衛機制は，合理化である。抑圧は容認しがたい感情や欲求を無意識に抑え込んで気付かないようにすること。抑圧はもっとも基本的な防衛機制であり，爪かみや指しゃぶりの原因になることもある。

第8章

専門試験
発達と実践

演習問題

1 次のア～カの言葉を幼児語と幼児音に分けたものとして適切なものを，あとの①～⑤から１つ選びなさい。 (難易度■■□□□)

〔言葉〕

ア　ちぇんちぇえ　　イ　おみじゅ　　ウ　わんわん

エ　くっく　　オ　ぼうりゅ　　カ　じろうしゃ

① 幼児語－ア，イ，ウ　　幼児音－エ，オ，カ
② 幼児語－イ，エ，オ　　幼児音－ア，ウ，カ
③ 幼児語－イ，カ　　幼児音－ア，ウ，エ，オ
④ 幼児語－ウ，オ　　幼児音－ア，イ，エ，カ
⑤ 幼児語－ウ，エ　　幼児音－ア，イ，オ，カ

2 次のア～クの言葉を幼児語と幼児音に分けたものとして適切なものを，あとの①～⑤から１つ選びなさい。 (難易度■■□□□)

ア　ねんね　　イ　わんわん　　ウ　ちゅみき　　エ　ぶうぶ

オ　だっこ　　カ　まんま　　キ　でんちゃ　　ク　くっく

① 幼児語－イ，エ，オ，カ　　幼児音－ア，ウ，キ，ク
② 幼児語－ア，イ，エ，ク　　幼児音－ウ，オ，カ，キ
③ 幼児語－ア，イ，エ，キ　　幼児音－ウ，オ，カ，ク
④ 幼児語－ア，イ，エ，オ，カ，ク　　幼児音－ウ，キ
⑤ 幼児語－ウ，キ，ク　　幼児音－ア，イ，エ，オ，カ

3 幼児期の発達に関する記述として適切なものを，次の①～⑤から１つ選びなさい。 (難易度■■■□□)

① 絵を描くとき，幼児が自分にとって印象の強い部分を大きく描くのは，幼児の象徴機能の発達によるものである。
② 幼児期の記憶の特徴は，意味を理解しながら覚える機械的記憶である。
③ 4～5歳の子どもの遊びは並行遊びが特徴であり，一緒に遊んでいるように見えても相互のやり取りは少ない。
④ 骨格がほぼ完成し，ボール投げ，跳躍などができるようになる。
⑤ 発達のつまずきが見られても，成長とともに消失するものもあり，必ずしも発達障害であるとは限らない。

4 幼児期の心身の諸機能の発達として正しいものの組み合わせを，あとの①～⑤から１つ選びなさい。 (難易度■□□□□)

ア 神経系，リンパ系が顕著に発達する。
イ 身体の急激な発達と性的成熟が進み，心理的離乳に向かう。
ウ 骨格が完成する。
エ ボール投げ，跳躍などができるようになる。
オ 女子の体位が男子を上回る。

① ア，ウ ② ア，エ ③ イ，ウ ④ ウ，エ
⑤ エ，オ

5 発達のつまずきに関する記述として適切なものを，次の①～⑤から１つ選びなさい。 (難易度■□□□□)

① 発達には一定の時期と順序があり，その経路と少しでも異なる徴候があればすぐに医師に相談し，治療を行わなければならない。
② 発達障害であることが確定した場合は，保育によって状況を改善することは難しいので，早期に専門家にゆだねるべきである。
③ 発達のつまずきは親の責任ではなく，個々の子どもの個性の1つである。
④ 発達のつまずきは成長とともに改善されていく場合が多いが，精神遅滞や脳性障害などの発達障害である場合は，その後も障害は固定的なものとなる。
⑤ 発達のつまずきが障害であるかどうか，乳幼児期には見極めが難しいため，その可能性を念頭に置きながら工夫して働きかけていかなければならない。

6 次は，保育における子どもの生活と発達の援助についての記述である。A～Hにあてはまる語句をア～ソから選ぶとき，正しい組み合わせを，あとの①～⑤から１つ選びなさい。 (難易度■■■□□)

子どもの発達は，様々な側面が絡み合って(A)に影響を与え合いながら遂げられていくものであり，子どもの発達を促すためには，大人側からの働きかけばかりでなく，子どもからの自発的・(B)な働きかけが行われるようにすることが必要である。したがって，幼稚園においては，一人一人の子どもが，安心して生活でき，また，発達に応じた適切な(C)と援助があたえられることにより，(B)，意欲的に活動ができるような

(D)が構成されなければならない。

このため，家庭や地域と連携を持った安定した子どもの生活と，子どもをありのままに見て，それを深く理解して受容する教師との(E)が重要である。

子どもの活動には，強いて分けてみるならば，(F)，衣服の着脱や片付けなどのような生活習慣にかかわる部分と遊びを中心とする部分とがあるが，子どもの主体的活動の中心となるのは遊びである。自発的な活動としての遊びにおいて，幼児は心身全体を働かせ，さまざまな(G)を通して心身の調和のとれた全体的な発達の基礎を築いていくのである。この際，教師が遊びにどうかかわるのか，教師の(H)の基本を理解することが必要であり，そのために教師には，子どもの主体的な遊びを生み出すために必要な教育環境を整えることが求められる。さらに，教師には，子どもとの信頼関係を十分に築き，子どもと共によりよい教育環境をつくり出していくことも求められている。

ア 能力　イ 心身　ウ 食事　エ 相互
オ 発達　カ 刺激　キ 複雑　ク 環境
ケ 能動的　コ 信頼関係　サ 積極的　シ 遊び
ス 体験　セ 学習　ソ 役割

① A－イ　B－サ　C－カ　D－セ　E－ス　F－ウ　G－オ　H－ソ
② A－キ　B－ケ　C－ア　D－コ　E－ソ　F－セ　G－ク　H－ス
③ A－キ　B－ケ　C－シ　D－セ　E－エ　F－ウ　G－カ　H－ア
④ A－サ　B－ケ　C－ク　D－ソ　E－コ　F－セ　G－オ　H－ス
⑤ A－エ　B－ケ　C－カ　D－ク　E－コ　F－ウ　G－ス　H－ソ

7 幼児期の手腕運動の発達段階を早い順に並べたものとして適切なものを，あとの①～⑤から１つ選びなさい。　(難易度■■□□□)

ア 円・正方形の模写。はさみが使えるようになる。
イ 手の届くものを持って遊ぶ。

ウ　三角形を模写。箸をうまく使える。積み木を速く正確に揃えて積める。

エ　模倣して縦線を引く。積み木を押し付けるようにして5，6個積める。

オ　ひし形の模写。のこぎりが使える。

① イ－エ－ア－ウ－オ
② イ－ア－エ－ウ－オ
③ エ－イ－ア－オ－ウ
④ エ－イ－ウ－ア－オ
⑤ イ－ア－ウ－エ－オ

8 次のA～Eにあげた数量に関心を持たせるための具体的指導法の適切な指導の順序を，あとの①～⑤から1つ選びなさい。（難易度■■■■□）

A　お手玉を6個と4個に分けておき両方から1個ずつ対にして取っていき，お手玉が残った方が「多い」ということを教える。

B　あめ玉を2つに分け，どちらが多いか少ないか，直感的に判断させる。

C　大きな砂山と小さな砂山を作り，2つの砂の量を比較して，どちらが多いか判断させる。

D　さまざまな種類のものをならべておいて，その中から積み木やボールなど同種のものを集める遊びをさせる。

E　おはじき1個と多数を比較してどちらが多いかを尋ね，1つのおはじきを示しながら「いっこ」あるいは「ひとつ」と教える。

① A－B－C－D－E　② B－D－C－A－E
③ C－D－B－A－E　④ D－B－C－A－E
⑤ E－B－C－D－A

9 ことばの発達に関する記述として適切なものを，次の①～⑤から1つ選びなさい。（難易度■■■□□）

① 話しことばの習得は青年期以降でも可能であるが，自然な文法に従いスムーズな会話をすることは難しくなる。

② ヴィゴツキーによれば，子どものひとりごとは「自己中心的言語」である。

③ 児童期には言語能力が著しく発達する。この時期を「ことばの爆発期」ともいう。

④ 1歳頃から「ママ」「ワンワン」などの意味のある語を話せるようになり，5歳頃からは3語文を話せるようになる。

⑤　3～4歳頃は命名期と呼ばれ，「これは何？」としきりに訊ね，身のまわりの物の名前を知りたがる。

10 ことばの発達に関する記述として適切なものを，次の①～⑤から1つ選びなさい。　　　　　　(難易度■■■■□)

①　発達初期の養育者との愛着関係が不安定な子どもには，ことばの発達が遅れる傾向がある。

②　ことばの学習には適期があり，その時期を逃すと成長後の習得は不可能となる。

③　ヴィゴツキーの理論によれば，子どものひとりごとは，それまで漠然としたイメージであった思考を言語化するための移行過程である。

④　ピアジェの理論によれば，自己中心的言語とは，親しい人との話しことばのように，現実場面に具体的に即したことばである。

⑤　子どもは，ことばの外言化により，親が見ていないところでも言いつけを守ったり，自分の行動を調節したりすることができるようになると考えられる。

11 発達に関する記述として適切なものを，次の①～⑤から1つ選びなさい。
(難易度■■■■□)

①　現在は生後の環境が発達に大きく影響すると考える立場が優勢である。

②　環境閾値説によれば，身長などの身体的発達には環境の影響は小さいと考えられる。

③　発達とは生後から成人期までの身体的・精神的変化である。

④　ゲゼルの成熟説では，訓練によってレディネスが促進され，成熟が早まるとされる。

⑤　母親と過ごす時間が長い子どもは，ことばの発達が遅い傾向がある。

12 児童期の発達に関する記述として適切なものの組み合わせを，あとの①～⑤から1つ選びなさい。　　　　　　(難易度■■■■□)

ア　物質の量などの保存性概念を理解する。

イ　状況について論理的に理解する。

ウ　心理的離乳期である。

エ　象徴機能が発達する。

オ　自立心が芽生え始める。

①　ア，イ　②　ア，ウ　③　イ，ウ　④　ウ，エ
⑤　ウ，オ

13 幼稚園で発音が不明瞭な子どもの指導として適切なものの組み合わせを，あとの①～⑤から１つ選びなさい。　(難易度■■■□□)

ア　本人がはっきりと話すことが大切なので，本人が正しく発音するようになるまで待つ。

イ　友達と遊んでいるところにその子どもを連れていき，混じるようにいう。

ウ　その子どもが自ら話したことに関心を寄せ，認め，自信がつくようにする。

エ　発音が不明瞭なままでは教育的な意味がないので，その子どもに話せそうな言葉を使った仕事を与え，とにかく不明瞭に発音する機会をなくす。

オ　耳の聞こえが悪くなるような病気にかかっていないかなど，原因となるものがないか確認する。

①　ア，イ　②　ア，ウ，オ　③　イ，ウ，エ　④　ウ，エ，オ
⑤　ウ，オ

14 遺伝と環境の働きに関する記述として適切なものを，次の①～⑤から１つ選びなさい。　(難易度■■■□□)

①　物事の得意・不得意などは，遺伝的要因ではなく，環境や経験によって形作られる。

②　一般に身体的側面に関連する特性ほど，環境からの刺激が少なくても発現しやすい。

③　絶対音感や外国語音韻の習得などの特性は，遺伝規定性が高い能力であり，良い環境に育っても素質が実現するとは限らない。

④　遺伝的要因は身体的側面にのみ現れ，心理面にはほとんど現れない。

⑤　遺伝的な障害は，環境によって症状を緩解したり適応させたりすることは難しく，医学的な対応が唯一の方法となる。

15 発達に関する記述として適切なものを，次の①～⑤から１つ選びなさい。
(難易度■■□□□)

①　発達の縦断的研究では，短期間で広範な年齢，発達段階に関する資料

が収集できる。

② 新生児の足の裏をなでると，足指を扇のように広げるモロー反射が起こる。

③ 幼いころから別々の環境で育った一卵性双生児には，高齢になってからも後成的差異がほとんどないことがわかっている。

④ 牛島義友は精神構造の変化による発達区分を行い，4～8歳の子どもを身辺生活時代とした。

⑤ 発達加速現象には，成長加速傾向と成熟前傾傾向の2つの側面がある。

16 愛着の形成に関する記述として適切なものを，次の①～⑤から1つ選びなさい。 (難易度■■□□□)

① 乳児は自分の生理的欲求を満たしてくれる人物に愛着を持つため，愛着の対象は必ずしも親しい人とは限らない。

② 人見知りは母子間の愛着が十分に形成されなかった子どもに見られる行動であり，愛着形成が十分な子どもは見知らぬ人にもすぐに親しみを持つ。

③ 適切な時期に愛着形成ができなかった子どもには，成長してからも人格的な障害が現れやすい。

④ アタッチメント理論では，乳児は情緒が十分に分化・発達していないため，自ら人に働きかけることができない依存的な存在であると考えられている。

⑤ 人手の少ない施設で育った子どもにはホスピタリズムの症状がみられるが，家庭で育った子どもにはみられない。

17 児童期の発達の特徴として適切な記述の組み合わせを，あとの①～⑤から1つ選びなさい。 (難易度■■□□□)

ア 閉鎖的な仲間集団が形成される。

イ 主観と客観の分化のきざしが現れ，自我が芽生え始める。

ウ 数・量・重さ・体積に関する保存の概念が獲得される。

エ この時期の発達課題は「親密対孤立」である。

オ 心理的離乳を体験する。

① ア，イ ② ア，ウ ③ イ，エ ④ ウ，エ

⑤ ウ，オ

18 次の文は，幼稚園教育要領(平成29年3月告示)の安全に関する教師の指導についての記述である。適切な記述を○，不適切な記述を×とした場合の正しい組み合わせを，あとの①～⑤から1つ選びなさい。(難易度■■■■□)

A　避難訓練などを通じて，災害などの緊急時に適切な行動がとれるように援助をしていくが，交通ルールに関しては，家庭が主体となり子どもが日常生活で身につけていくべき事項である。

B　安全に関する指導では，危険な場所や事物などが子どもの生活や遊びを通して理解できるように環境を設定していく。

C　幼稚園生活の中では，安全を確保するために，場合によっては厳しく指示したり，注意したりすることも必要である。

D　安全に関する指導では，子どもの情緒の安定を図ることが大切である。

	A	B	C	D
①	○	○	×	○
②	○	×	○	×
③	×	○	×	×
④	×	×	○	○
⑤	×	○	○	○

19 子どもの発達に関する記述として適切なものの組み合わせを，あとの①～⑤から1つ選びなさい。(難易度■■■□□)

ア　子どもが凝集性の高い仲間集団を形成するギャングエイジは，大人の介入を嫌い，思わぬ危険や反社会的行動につながることが多いため，大人は子どもだけで行動しないよう常に見守り予防するべきである。

イ　心理的離乳期には，親の保護から心理的に独立するという緊張と不安から，しばしば親に対して反抗的な態度などがみられる。

ウ　子どもが，自己中心的な認識から次第にさまざまな視点から対象を認識できるようになることを，脱中心化という。

エ　子どもが鏡に映った自分の像を自分であると認知できるようになるのは，生後6か月頃からである。

①　ア，ウ　　②　イ，ウ　　③　イ，エ　　④　ア，イ，ウ

⑤　ア，イ，エ

20 次のア～エに記した発達の主な特徴を年齢の低いものから高いものへ並べたものとして正しいものを，あとの①～⑤から１つ選びなさい。

(難易度■■■■□)

ア　大人のいいつけに従うよりも，自分や仲間の意思を重要視し，それを通そうとする。仲間同士の秘密の冒険ごっこなどを喜んでする。

イ　様々なことに興味をもち，「なぜ？」「どうして？」という質問が増える。

ウ　1つの目的に向かって少人数の集団で活動するようになる。互いに自分のしなければならないことや，ルールを守る必要性がわかるようになり，集団としての機能を発揮できるようになってくる。

エ　それまでは何かと大人に頼り，大人との関係を中心に行動していた子どもも，一人の独立した存在として行動しようとするなど，自我が芽生えてくる。

①　イ－エ－ア－ウ
②　エ－イ－ウ－ア
③　エ－ア－イ－ウ
④　エ－ウ－イ－ア
⑤　イ－ア－ウ－エ

21 1日の指導計画の留意事項として適切なものを，次の①～⑤から１つ選びなさい。(難易度■□□□□)

①　1日の指導計画は，前日までの子どもの活動の様子や，既往の経験，活動の種類とそれに対する子どもの興味関心を考えた上で作成する。

②　1日の教育時間は4時間と規定されているが，担任の考えるとおりに変更することができる。

③　計画を確実に実行できるよう，天候に左右されることのない指導案作りが必要である。

④　幼児はその特性から，評価することが困難なので，小学校のように評価を行う必要はない。

⑤　保育所とは異なるので，間食を与えたり，午睡をとらせてはならない。

22 次の文のうち，入園時の教師の配慮について幼稚園教育要領(平成29年3月告示)に照らした場合の不適切な記述の組み合わせを，あとの①～⑤から１つ選びなさい。(難易度■□□□□)

ア　特に３歳児の入園については，家庭との連携を緊密にする。

イ　幼稚園入園までに，排泄の自立と偏食なく食べられる態度を養うよう家庭に協力を依頼する。

ウ　幼稚園入園前に生活していた認定こども園や保育所などの場がある子どもに対しては，そこでの経験に配慮する。

エ　５歳児の入園については，心身の発達に問題のない限り子どもを見守る姿勢に重点を置く。

オ　家庭や幼稚園入園前に生活していた園での生活リズムに十分配慮する。

①　イ，エ　　②　イ，ウ　　③　エ，オ　　④　ア，エ

⑤　ウ，エ

23 次は，幼稚園教育要領(平成29年３月告示)「第２章　ねらい及び内容」の「人間関係」の４～６月の年間指導計画である。空欄(　A　)～(　D　)に当てはまる言葉を入れていくと余る語を，あとの①～⑤から１つ選びなさい。　　(難易度■□□□□)

4月：(　A　)をもって遊んだり，生活したりできるようにする。(　B　)の楽しさを味わう。集団の(　C　)を習う。

5月：遊具の使い方など，集団の(　C　)を正しく実行する。行事に楽しく参加してよく活動する。

6月：よい習慣を身につける。(　D　)を守り，自分の生活もルールにそったものとする。

①　時刻　　②　きまり　　③　依存　　④　集団生活

⑤　信頼関係

24 遊びとその意義の組み合わせとして不適切なものを，次の①～⑤から１つ選びなさい。　　(難易度■□□□□)

①　積み木遊び――――共同の用具を公平に使い，友達と協力してつくるなどの態度を養う

②　すべり台――――いろいろな感覚や運動能力の発達を促す

③　砂遊び――――興味を持って自由にのびのびと表現する力を養う

④　ごっこ遊び――――簡単な社会の仕組みや人々の働きに興味をもたせる

⑤　遠足――――数量や図形などに対する興味や関心をもたせる

25 次の文章の空欄(A)〜(D)に入る語句の組み合わせとして適切なものを，あとの①〜⑤から1つ選びなさい。 (難易度■■■■□)

子どものトラブルは，(A)，ひんぱんに起こり，(B)の手段という側面がある。子どもの間でトラブルが起きたときには，子どもの発達段階に応じて援助をするようにする。子ども同士での解決が可能な発達段階において，解決が困難な場合には(C)。保護者が仲介する場合は，(D)ように考慮する。

ア 短時間性かつ一過性　イ 長びき
ウ 相互分離　エ 相互接近
オ 大人が介入するが，大人の考えを無理に押し付けず，子どもが納得するようにする
カ どんなに時間がかかっても，自分たちで解決できるまで見守る
キ それによって子どもが自分の失敗を学んでいく
ク 子どもに，自分の悪かったところを認めさせ，謝らせる

① A－ア　B－エ　C－オ　D－キ
② A－ア　B－ウ　C－カ　D－ク
③ A－ア　B－エ　C－カ　D－ク
④ A－イ　B－ウ　C－カ　D－キ
⑤ A－イ　B－エ　C－オ　D－キ

26 園外保育の際は，有害動物や有毒植物に気をつけなくてはならない。人体に無害あるいは無毒なものの組み合わせとして正しいものを，次の①〜⑤から1つ選びなさい。 (難易度■■■■■)

① アオダイショウ，カツオノエボシ
② オタマジャクシ，ウルシ
③ キョウチクトウ，トリカブト
④ ヒガンバナ，ムカデ
⑤ カタツムリ，ネジバナ

27 次のア〜オは「日常生活の中で数量や図形などに関心をもつ」ための遊びの例である。幼児にはどの順で遊びを経験させるのが適切か，あとの①〜⑤から1つ選びなさい。 (難易度■■■■□)

ア 砂山を作って2つの量を比較し，どちらが多いか少ないかの判断をさせる。

イ　様々な種類の異なるものをたくさん並べておき，その中から同種のもの，たとえばブロックや人形，おはじきなどを集めさせる。

ウ　えんぴつ(ほかのものでもよい)を5本と3本(いくつでもよい)に分けておき，両方から1本ずつ対にして取り除いていき，残ったほうが多いということを教える。

エ　たくさんあるあめ玉を2つに分けて，どちらが多いか少ないか，直感的に判断させる。

オ　ブロック1個と多数とを比較してどちらが多いかを尋ね，1つのブロックを「いっこ」とか「ひとつ」と呼ぶことを教える。

① イ－エ－ア－ウ－オ
② イ－ウ－ア－エ－オ
③ ア－オ－エ－イ－ウ
④ ア－イ－エ－オ－ウ
⑤ ウ－イ－エ－ア－オ

28 次の文の空欄(　A　)～(　D　)に当てはまる語の組み合わせとして適切なものを，あとの①～⑤から1つ選びなさい。　　(難易度■■■■□)

幼児同士が会話をするときは，その場所に相手がいるからしゃべっているだけであって，互いに正しく伝えたり，分かり合ったりしようという努力はしない。こういう言葉は(　A　)と呼ばれ，子ども特有の自己中心的思考の表れとみなされている。また，幼児は，困難な場面を切り抜けようと努めているときに(　B　)がしばしば出現するが，この場合は，幼児は言葉を思考の道具として用いているのである。それは，伝達のための言葉である(　C　)から，心の中で自問自答をし，考えをまとめていく(　D　)への過渡的形態とみることができる。(　B　)がみられなくなっていくのは，学齢期以降である。

① A－自己中心語　B－ひとり言　C－幼児音　D－幼児語
② A－幼児語　B－ひとり言　C－外言　D－内言
③ A－幼児語　B－吃音　C－外言　D－内言
④ A－自己中心語　B－ひとり言　C－外言　D－内言
⑤ A－自己中心語　B－吃音　C－幼児音　D－幼児語

29 次の空欄(　A　)～(　E　)に当てはまる語句の組み合わせとして正しいものを，あとの①～⑤から1つ選びなさい。　(難易度■■□□□)

「動きや言葉などで表現したり(　A　)遊んだりする楽しさを味わう」ということは，子どもに押し付けてまとめたものをステージで発表するというような，(　B　)に見せるためのものではない。子どもが(　C　)を浮かべ，その世界にひたりきって，そのものになりきり，楽しんで動き回ることが大切なのである。具体的にいえば，(　D　)が挙げられるだろう。その特徴は，子ども自身が主体的に考え進めていくため，あらかじめ決められた筋書きがない点である。

① A－ものを作り　B－父母　C－イメージ　D－ごっこ遊び
② A－演じて　B－父母　C－汗　D－砂遊び
③ A－ものを作り　B－保護者　C－イメージ　D－砂遊び
④ A－演じて　B－保護者　C－イメージ　D－ごっこ遊び
⑤ A－ものを作り　B－保護者　C－汗　D－ごっこ遊び

30 次の文のうち，幼稚園教育要領(平成29年3月告示)に記載されている教育時間終了後の幼稚園の役割や教師の援助として，適切な記述を○，不適切な記述を×とした場合の正しい組み合わせを，あとの①～⑤から1つ選びなさい。　(難易度■■■■■)

A　教育時間の終了後には，幼児教育の啓発のために保護者や地域の人々に機能や施設を開放する。

B　幼児期の教育に関する相談に応じたり，情報を提供したりする。

C　保護者同士の交流の機会を提供したりする。

D　地域における乳幼児期の教育・保育のセンターとしての役割を果たすよう努める。

	A	B	C	D
①	○	○	×	×
②	○	×	○	○
③	×	○	○	×
④	○	○	○	○
⑤	×	○	×	○

31 次の文のうち，幼稚園教育要領(平成29年3月告示)に記載されている幼児期の人間関係形成における教師の援助として，適切な記述を○，不適切な記述を×とした場合の正しい組み合わせを，あとの①～⑤から1つ選びなさい。 (難易度■■■■■)

A 他の幼児との間での葛藤やつまずきを乗り越えることで，思いやりの気持ちが育つことに留意する。

B 幼児同士で互いに必要な存在であることを認識できるようにする。

C 一人一人を生かした集団を形成しながらも，時にはクラスの目標に向かって適した集団となるように自己の発揮を抑制することも大切である。

D トラブル時は互いに思いを伝え合うことが自己発揮の上で最も重要であり，一人一人が自己主張をできるまで援助を続けて行くことが，義務教育への連続性に関連することを意識する。

E 他の幼児と意見が異なった場合には，折り合いをつけたり，悲しかったり悔しかったりする自分の気持ちをコントロールする力が育つようにする。

	A	B	C	D	E
①	○	○	○	×	○
②	○	×	○	○	×
③	×	○	○	×	×
④	×	○	×	○	○
⑤	○	○	×	×	○

32 次はある実習生の教育実習の記録とそれに対する教師のコメントである。コメントの(　A　)～(　F　)に当てはまるものをあとのア～スから選ぶとき，正しい組み合わせを，あとの①～⑤から1つ選びなさい。

(難易度■■□□□)

〈実習生の記録〉

「実習3日目で，たくさんの子どもたちと交流するうちに，名前と顔が一致するようになった。

登園してしょうた君に会ったら，「先生，おはよう」と挨拶されたので，「しょうた君，おはよう」と，名前をつけて言い返した。きのうの挨拶のときは名前が出てこず，「おはよう」と言い返しただけだったが，きょうのしょうた君はにこにこ笑って，きのうよりもうれしそうに感じた。砂場遊びでは，みんながいっしょになって遊ぶなかで，はやと君だけが遊びのなかに入らず，どこか元気がないのが気になった。こういうときに，どんな声を掛けたらいいのだろうか，あとで藤田先生に尋ねることにしよう。積み木あそびのときは，子どもたちと遊ぶのに夢中になって，後片付けの時間になっているのを忘れてしまって，先生に注意されてしまった」。

〈教師のコメント〉

「実習３日目，多くの子どもと関わることができ，しかも名前と顔が一致したというのは，よかったですね。これは，クラスの子どもたちを(　A　)として見ていたあなたが，子ども一人一人を自立的な存在として，(　B　)として見るように変化したのです。記録するということは，何気なくやっていることを(　C　)させ，それまで気付かなかった気付きが与えられます。記録の中で，昨日と今日の違いが明らかになり，何もしていないはやと君のことが気になる，つまり，子どもの目に見えない(　D　)な状態に気付いたことは進歩です。新任の教師は先輩の先生方の(　E　)も欠かせませんが，それを積極的に求めていこうという姿勢もいいですね。そして，それを参考にしながら，今後，より具体的に，保育者の(　F　)も記録していくと，保育を振り返る資料として役に立つでしょう」。

ア　理論化　イ　愛情　ウ　助言　エ　人間　オ　援助
カ　忠告　キ　集団　ク　個人的　ケ　主観的　コ　個人
サ　意識化　シ　指導　ス　内面的

①　A－キ　B－コ　C－ア　D－ケ　E－カ　F－イ
②　A－コ　B－エ　C－サ　D－ス　E－ウ　F－オ
③　A－エ　B－キ　C－サ　D－ク　E－シ　F－イ
④　A－キ　B－コ　C－サ　D－ス　E－ウ　F－オ
⑤　A－キ　B－コ　C－ア　D－ケ　E－シ　F－オ

解答・解説

1 ⑤

解説

幼児語は，子どもが小さいときに親などの養育者が子どもに対して使い，そのために子どもが使うようになる言葉をいい，育児語とも呼ばれる。したがって，幼児語にはその家庭でだけ使われるものも含まれる。一方，幼児音は子どもの音声が発達する途上においてのもので，不明瞭に聞こえるものをいう。発音の発達スピードには個人差があるが，徐々に正しく発音できるようになる。ただし，聴力や口の中の機能・形態，知的発達の遅れが原因であることもあるので，よく観察する必要がある。

2 ④

解説

幼児語とは，子どもが小さいときに，親など養育者が子どもに対して使う言葉であり，そのために子どもが使うようになる言葉である。世界では，養育者が一切幼児語を使用しないことで，子どもが幼児語を話さない地域もある。それぞれの言葉の意味は次の通り。**ア**　眠ること，**イ**　犬，**ウ**　積み木，**エ**　自動車，**オ**　抱くこと，**カ**　ご飯，**キ**　電車，**ク**　靴。

3 ⑤

解説

① 幼児期の思考の顕著な特徴として自己中心性がある。印象の強い部分を大きく描くのは，自分から見て目立つ点にのみ注意を集中する中心化傾向の現れである。

② 幼児期の記憶の特徴は，繰り返されることによって意味と関わりなく覚える機械的記憶である。

③ 並行遊びは2～3歳頃。4～5歳頃になるとルールのある集団遊びができるようになる。

④ 幼児期には走行，ボール投げ，跳躍などができるようになるが，骨格が完成するのは青年期である。

⑤ 適切。乳幼児期は認知，知覚，運動機能などが未発達であるため，発達のつまずきが障害であるかどうかの見極めは難しい。家庭環境の聞き取りなどを行いながら慎重に見ていく必要がある。

4 ②

解説

幼児期には神経系，リンパ系が著しく発達する。脳の神経系は6歳頃には成人の90%に達し，リンパ系は7歳頃には成人の水準に達する。また，歩行から走行ができるようになり，ボール投げ，三輪車乗り，跳躍などができるようになる。女子の体位が男子を上回るのは，児童期後半頃の現象である。女子では10～11歳，男子では12～13歳頃から身体の急激な発達と性的成熟が進み，思春期(青年期前期)に入る。骨格が完成するのは青年期である。解答は**ア**，**エ**の②である。

5 ⑤

解説

① 発達にはおおまかな時期や順序があるが，個人差がある。

② 保育によって少なからず状況は変化する。医療や福祉の専門家と連携しながら保育面で働きかけることが大切である。

③ 児童虐待などがある場合にも発達のつまずきが起こる傾向もある。家族関係に留意して，必要があれば児童相談所などの他機関と連携することも重要である。

④ 発達障害であっても，保育や医療などの働きかけにより発達とともに大きく変化していくものである。

⑤ 適切。乳幼児期には見極めが難しい。園や家庭での観察を通して，また専門家からの助言を参考に必要であれば医療機関や養育機関と連携して対応していく。

6 ⑤

解説

Aは「絡み合って」ということから，**キ**か**エ**が考えられるが，「与え合いながら」ということから**エ**となる。**B**は前の語に「自発的」とあることから，似た意味の**ケ**となる。**C**と**D**はそれぞれ，「発達を促すためには，(省略)幼児の興味や関心に応じて必要な刺激が得られるような応答性のある環境が必要である」とされていることから**カ**と**ク**。**E**は**コ**が文面から自然と導かれる。**F**は「幼児の生活は，本来，(省略)具体的な生活行動に着目して，(省略)食事，衣服の着脱や片付けなどのような生活習慣に関わる部分と遊びを中心とする部分とに分けられる」ということから**ウ**。**G**は「幼児期は，自然な生活の流れの中で直接的・具体的な体験を通して，人格形成の基礎を培う時期である」とされ，幼児教育では体験が重視されるので，ここは**ス**。Hはあとに「整えることが求められる」とあることから**ソ**が正解。なお，「　」内はいずれも，文部科学省が示した『幼稚園教育要領解説』(平成30年2月，文部科学省)に示された解説である。

7 ①

解説

幼児期の手腕運動の発達段階について，設問で扱っているのは，**ア**　3歳児，**イ**　6か月児，**ウ**　5歳児，**エ**　2歳児，**オ**　6歳児の発達段階である。また，上記以外に，次のような発達段階が認められる。3か月児：静止物に手が届く。8，9か月児：手指で物を把握。12か月児：クレヨンの握り持ち。18か月児：なぐりがき。積み木を2，3個積める。4歳児：積み木を押し付けなしに積める。はさみで形を切り抜く。クレヨンを正しく持てる。教師は，以上の発達段階を念頭に，子どもの表現する意欲を十分に発揮させられるように環境の整備などを図るようにする。

8 ④

解説

数の指導は物の集まりの多さ・少なさとして指導する。指導は，「集合遊びをさせる」→「物の集まりの多少を直感的に判断させる」→「量の多少の比較をさせる」→「1対1の対応遊びをさせる」→「1と多数の比較をさせる」の順序で行うとよく，その具体例となるものを並べると④の**D－B－C－A－E**となる。就学以前の数の指導については議論があるが，就学するのに充分な知能の発達がなされていないと，劣等感をもつなどの問題が起こりうるので，その有用性を一概に否定することはできない。無論，知能の発達だけでなく，身体の発達，社会性・基本的習慣の発達も保育者は促していかねばならない。

9 ①

解説

① 適切。ことばなどいくつかの能力の習得には適期(敏感期)があり，その時期を逃すと難しくなる。野生児や社会隔離児はことばの習得が非常に困難であった例がある。

② ヴィゴツキーは，ひとりごとは外言(外部への伝達のためのことば)か

ら内言(音声を伴わない思考のためのことば)への移行過程で現われると考え，「自己中心的言語」であるというピアジェの説を批判している。

③　児童期には言語能力が著しく発達するが，「ことばの爆発期」は2歳前後の幼児に見られる発達過程である。

④　3語文を話せるようになるのは2～3歳頃からである。

⑤　記述の命名期はおおむね1歳半～2歳頃にみられる。

10 ①

解説

①　適切。乳児期から幼児期の発達課題には歩行，会話，排泄習慣，善悪の区別などがあり，その時期の母子関係が欠如した子どもには，それらの発達の遅れが多く認められる。

②　学習には最適な時期である「敏感期」があるが，人間の場合，その時期を過ぎても習得は不可能ではない。

③　ヴィゴツキーは，子どものひとりごとは，外言(音声を伴う発話)から内言(音声を伴わない心の中での発話)への移行過程であると位置づけた。

④　記述は「一次的ことば」についての説明である。ピアジェの理論では，自己中心的言語とは子どものひとりごとなどのように自己中心的な認知による，伝達を目的としないことばである。

⑤　内言化によって自分の行動を調節できるようになると考えられる。

11 ②

解説

①　現在は遺伝と環境の相互作用説が優勢である。

②　適切。ジェンセンの環境閾値説では，特性によって環境要因から受ける影響の大きさが異なり，身長やことばなどはよほど劣悪な環境でない限り発達が進むが，学業成績などには環境が影響しやすいとされる。

③　発達とは生後から老年期までの変化である。

④　レディネス(準備性)促進は学習優位説に立つブルーナーによって提唱されたもの。ゲゼルは一卵性双生児の実験から，訓練が効果をあらわすには学習者の心身の成熟を待たなければならないと考えた。

⑤　ことばの発達は認知の発達と関連が深く，乳幼児期の養育者との応答的なコミュニケーションが重要である。

 ①

解説

アは児童期。11歳頃までに数，量，重さなどの保存性概念が確立される。ピアジェの発達段階では具体的操作期にあたる。**イ**は児童期。幼児期の直感的な理解から脱し，状況を論理的に理解できるようになる。**ウ**は青年期。親への精神的依存から離脱したいという欲求が生まれ，自立心と依存心の葛藤から精神的に不安定になる時期。青年前期であり第二反抗期ともいう。**エ**は幼児期。象徴機能とは目の前にないものの表象を心に浮かべ，他のものに代えて表す働きのこと。象徴機能は1歳半頃から発達する。**オ**は幼児期。2歳頃の幼児前期になると自立心が芽生え，親の働きかけに対し「イヤ」などと言って何でも自分でやりたがるようになる。

13 ⑤

解説

発音が不明瞭な子どもは他者との会話が成立しにくく，言語発達が遅れる傾向がある。そのため，他者との関わりの機会が減り，社会性の発達に影響が出る傾向にある。このような子どもの支援の主なポイントとしては，(1)原因を究明し，取り除くようにする，(2)子どもに好きな遊具で存分に遊ばせ，しだいに友だちとの遊びに誘導する，(3)積極的に話したことを認めてやり，自信をもたせる，(4)簡単な言葉を使った課題を与え，やりとげた後にプラスのフィードバックが必要である，などが挙げられる。

ア　不適切。放置しているだけである。

イ　不適切。子どもの自由意志を尊重しておらず，友だちとの遊びを強制しているだけである。

ウ　適切。本人の好きなことに共感を示せば，言葉は出やすくなる。

エ　不適切。仕事や課題を与えるまではいいが，やりとげた時にほめてやらなくては，言葉の発達に導けない。

オ　適切。原因となる疾患等がないか確認している。

14 ②

解説

①　環境や経験は人間の発達において大きな規定要因であるが，現在は遺伝と相互に影響しあうという相互作用説が優位である。

②　適切。一般に，身体的側面に関連する特性ほど，遺伝規定性が高い。

③　遺伝ではなく環境規定性が高いとされる特性である。ジェンセンの環境閾値説では，身長・能力などの特性によって遺伝的資質が環境要因の影響を受ける感受性が異なるとされる。

④　発達が遺伝と環境の相互作用で進むことは，知能や認知などの心理面でも同様である。

⑤　遺伝的な障害でも，環境的アプローチによって緩解したり，適応させたりすることが可能である。

15 ⑤

解説

①　記述は横断的研究の利点である。縦断的研究は同一の対象をある程度の期間追跡調査し，資料を収集する方法であり，同一対象の発達の変化を分析し，発達上の因果関係を導き出すことに利点がある。

②　記述は新生児の原始反射のうちのバビンスキー反射である。

③　双生児研究法は，発達を規定する遺伝と環境の影響の程度を調査するのに適している。別々に育った一卵性双生児は幼いころほど差異が少なく，加齢とともに環境の影響を受け差異が増大することがわかっている。

④　牛島義友の区分では，0～4歳が身辺生活時代，4～8歳は想像生活時代である。

⑤　適切。発達加速現象とは，思春期における身長・体重などの成長加速傾向，および乳歯・永久歯の生え変わり時期の低年齢化，第二次性徴の早期化のような成熟前傾現象をいう。

16 ③

解説

①　愛着は生理的欲求の充足だけでは形成されない。温かく情緒的な接触のある特定の人物に対して形成される。

②　人見知りは特定の人物との間に十分な愛着が形成されている場合に見られやすい行動である。

③　適切。適時の愛着形成がなかった子どもには，成長後も情愛のなさ，反社会性などの特有の障害が認められる。

④　アタッチメント理論は，ボウルビィが提唱した心理学的概念で，乳児は誕生時から周囲に積極的に働きかける能動的な存在であると考えられている。

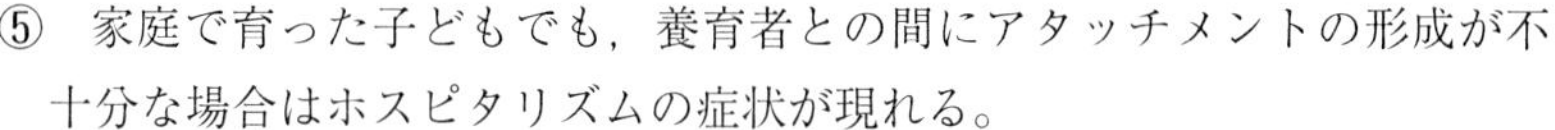

⑤ 家庭で育った子どもでも，養育者との間にアタッチメントの形成が不十分な場合はホスピタリズムの症状が現れる。

17 ②

解説

アは児童期，**イ**は幼児期，**ウ**は児童期，**エ**は初期成人期，**オ**は青年期である。エリクソンの発達段階説において，「親密対孤立」は初期成人期の発達課題であり，児童期の発達課題は「勤勉性対劣等感」である。

18 ⑤

解説

A・B・Dは，幼稚園教育要領「第２章　ねらい及び内容」の「健康」の「3 内容の取扱い(6)」に関連している。「安全に関する指導に当たっては，情緒の安定を図り，遊びを通して安全についての構えを身に付け，危険な場所や事物などが分かり，安全についての理解を深めるようにすること。また，交通安全の習慣を身に付けるようにするとともに，避難訓練などを通して，災害などの緊急時に適切な行動がとれるようにすること。」と記述されている。よって，Aは不適切，B・Dは適切。Cは，上記の箇書に関して幼稚園教育要領解説で述べていることなので適切。

19 ②

解説

ア 児童中期から後期の子どもは，凝集性，排他性の高い仲間集団での行動を好むようになる。この人間関係は子どもの社会性の発達に重要な意義をもつので，集団行動自体を予防するというのは不適切であり，集団における役割の自覚や主体的な責任意識を育成することが重要である。

イ 適切。心理的離乳は青年期にみられる発達過程の１つである。

ウ 適切。自分から見て目立つ面にのみ注意が集中することを中心化といい，他者の視点やさまざまな角度から物事をとらえられるようになることを脱中心化という。

エ ルージュテストにより，鏡に映った自分の姿が自分であると認知できるようになるのは，生後18か月頃からである。

20 ②

解説

アは6歳児，**イ**は4歳児，**ウ**は5歳児，**エ**は3歳児の発達の主だった特徴である。幼児期は身体が成長するだけでなく，自我の芽生えから社会性が育つまでと，心も大きく成長する時期であり，その発達の段階に応じた教育指導を行うことが重要である。設問で示された以外の各年齢の特徴は以下の通り。3歳児：食事，排泄，衣類の着脱など基本的生活習慣の点で自立し始める。4歳児：全身のバランスをとる能力が育つ。自意識が芽生える。5歳児：友だちと活動する過程で社会性が育つ。物事の判断ができる基礎が培われる。言葉を介したコミュニケーションがとれるようになる。6歳児：幼稚園で最年長児としての自信と誇りを持つようになる。創意工夫をした遊びを始め，思考力・認識力もついてくる。

21 ①

解説

① 適切。子どもの状態をよく観察した上で指導計画を立てることが大事である。

② 勝手な変更は認められない。

③ 天候に左右されることがないとなると，どうしても屋内の活動にかたよりがちである。戸外で日光にあたり，のびのびとした活動をさせることも必要なので，季節や年齢を考慮して適切な保育を行う。

④ 個々の子どもに合わせた指導のためにも評価を行うことは必要である。

⑤ 間食は幼児の楽しみという意味でも，エネルギーの補給の意味でも必要。また，1日4時間の教育時間のうちでも，必要に応じて午睡もとらせてもよい。

22 ①

解説

イ・**エ**が不適切である。**ア**・**ウ**・**オ**については，幼稚園教育要領第3章「指導計画及び教育課程に係る教育時間の終了後等に行う教育活動などの留意事項」第3「教育課程の役割と編成等」4「教育課程の編成上の留意事項」(2)「入園当初，特に，3歳児の入園については，家庭との連携を緊密にし，生活のリズムや安全面に十分配慮すること。また，満3歳児については，学年の途中から入園することを考慮し，幼児が安心して幼稚園生活を過ごすことができるよう配慮すること。」と記述がある。**イ**については，家庭に呼びかけたり，子どもの発達段階を聞き取ったりすることはあるが，必ずしも自立している必要はなく，このような記載もない。**エ**については，入園時の年齢は関係なく，不安が強い子どもであれば，多くの支えを必要としている。子どもの状況に応じて援助することが大切である。

23 ③

解説

A　⑤が入る。就園やクラス替えなど，4月は人間関係に変化の出やすい時期である。新しい集団の中で幼児が楽しく生活するには，まず，互いに信頼関係を築くことが大切である。また，この時期には園舎内外の整備をし，わかりやすいところに子どもの持ち物を置くスペースをつくる。

B　④が入る。同世代のいろいろな子どもと触れ合う楽しさを味わえるように配慮する。

C　②が入る。遊具を独り占めせず，順番に使うなど，4月に習った「集団のきまり」を実行できるように指導していく。

D　①が入る。「守り」の目的語としては②も考えられるが，「生活もルールにそったものとする」が直後にあり，②だと同内容の繰り返しになってしまう。

24 ⑤

解説

①～④の遊びには，設問中のもののほか，次のような意義がある。

①　集中力，持続力をもたせる。数量や図形に興味をもち，理解する能力の芽生えを促す。

②　身体を動かす楽しさを満足させる。友だちと仲良く，決まりを守って遊べるようになる。

③　解放感を味わい，情緒を満足，安定させる。友だちと喜んで遊んだり，協力したりする習慣や態度を養う。さまざまな感覚刺激を受けたり，道具を使うことの意味を学んだりできる。

④　想像力や空想力を豊かにする。友だちとグループを作って協力する態度を養う。

⑤　遠足には次のような意義がある。集団での行動の仕方を身につける。経験を豊かにし，感動を深める。友だちや保育者に対する親近の情を養

う。幼稚園での生活に変化をつけ，生活を楽しくする。

 ①

解説

子どものトラブルには，ひんぱんに起こり，短くて激しく，その場限りであとを引かない(短時間性かつ一過性)という特徴がある。また，幼児の場合，トラブルは相互の意思や心の接近の手段であり，コミュニケーションの方法のひとつとなっている。保育者が子ども同士のトラブルに介入するのは，子ども同士の解決が難しい場合のみとし，それぞれの子どもの言い分をしっかりと聞きとめ，大人の考えを押し付けるのではなく，子どもが納得するように導かねばならない。人間関係領域では，トラブルは解決することが目的ではなく，折り合いをつけて自分の気持ちを調整することが大切であるとされている。

26 ⑤

解説

① アオダイショウは大きなヘビだが，毒はない。毒蛇としてはマムシとハブに注意。カツオノエボシはクラゲの一種。触手に強い毒をもつ。

② オタマジャクシは無害だが，山野に生えるウルシに触れるとかぶれる。

③ キョウチクトウ，トリカブトはいずれも有毒植物。キョウチクトウは生垣に使われるなど身近にあるので，外出先にないか確認しておく。トリカブトは山でないとまず見かけないが，花が美しく，全草が有毒なので，遠足の際など，子どもが触ることのないよう，注意しなくてはならない。

④ ヒガンバナは全草が有毒だが，水溶性の毒なので，触れてしまったときは，手をよく洗えばよい。ムカデも毒があるので刺されないように気をつける。

⑤ いずれも無害，無毒である。

 ①

解説

ア～オの遊びはそれぞれ，以下のことをねらったものである。数の指導は物の集まりの多さとして指導すべきであり，日常生活の中で，基礎となる事柄の経験を多くさせ，具体的な事物と数量や図形を対応させて取り扱うようにすることが大切である。

ア　量の多少の比較をさせる。

イ　集合遊びをさせる。

ウ　1対1の対応遊びをさせる。

エ　物の集まりの多少を判断させる。

オ　1と多数の比較をさせる。

就学前の数の指導は賛否のわかれるところであるが，就学するのに十分な知能の発達がなされていないと，子どもが不登校を起こしたり，劣等感を持ったりするなど，種々の問題が起こりかねないので，十分な配慮が必要である。

28 ④

解説

Aの子ども特有の自己中心的な思考の表れと目されているのは，自己中心語である。これがわかっていれば，選択肢②と③は除外できる。Bの「ひとり言」は幼児期に多くみられ，言語能力・思考力の発達とともにみられなくなっていく。CとDは，文脈から対になっている言葉であることがわかる。Cは自分以外の，外界へ向かって発信する言葉であることから外語と呼ばれ，Dは自分自身の内的世界へ向かっての言葉であることから内語と呼ばれる。幼児語は育児語とも呼ばれ，養育者が幼児に対して使う言葉であり，そのために子どもが使うようになる言葉である。幼児音は音声の発達段階における，不明瞭な発音を伴った言葉をいう。吃音はどもることである。

29 ④

解説

幼稚園教育要領(平成29年3月告示)「第2章　ねらい及び内容」「表現」の2内容(8)「自分のイメージを動きや言葉などで表現したり，演じて遊んだりするなどの楽しさを味わう。」に関する文章である。人から与えられた，あるいは押し付けられたものではなく，幼児自身が感じたことや考えたことを自分なりに表現することを通して豊かな感性や表現力を養うことが大切だということが述べられている。もちろん，表現の仕方についても，幼児に対して特定の方法が押し付けられることがあってはならない。

30 ③

解説

A　不適切。「幼児教育の啓発」ではなく，「子育て支援」である。保育所保育指針では，子育て支援の章が新たに新設されるなどしており，子育て家庭への支援は幼稚園でも重要である。

B, C　適切。他にも「幼児と保護者の登園を受け入れる」などの記載がある。

D　不適切。正しくは「幼児期の教育のセンター」である。このことについての記載は，「第３章　教育課程に係る教育時間の終了後等に行う教育活動などの留意事項　2」にある。

31 ⑤

解説

A　適切。人間関係領域の内容の取扱い(4)に「(前略)人に対する信頼感や思いやりの気持ちは，葛藤やつまずきをも体験し，それらを乗り越えることにより次第に芽生えてくることに配慮すること。」とある。

B　適切。第１章　総則　第３　教育課程の役割と編成等　4　教育課程の編成上の留意事項(1)「(前略)他の幼児とのかかわりの中で幼児の主体的な活動が深まり，幼児が互いに必要な存在であることを認識するようになり(後略)」とある。

C　不適切。自己発揮の抑制については書かれていない。

D　不適切。幼稚園教育要領にこのような記載はない。自己主張が苦手な子どももいれば，言語以外で自己主張をする子どももいる。その子どもの特性に応じて，援助していくことが大切である。

E　適切。人間関係領域の内容の取扱い(5)「(前略)互いに思いを主張し，折り合いを付ける体験をし，きまりの必要性などに気付き，自分の気持ちを調整する力が育つようにすること。(後略)」と記載されている。

32 ④

解説

A, B　集団生活のなかで子どもたち一人一人を個人として尊重することが大切であると頭では分かっていても，実習生には学校などで学習してきた理論と実践が一致しない段階であるといえる。

C　記録することによって，自分の何気ない行動を意識化させ，それまで気付かなかったことを認識させることがよくある。

D　保育では，子どもの内面的な状態を適切に理解することも大切である。

E　よりよい教師を目指すには，先輩の助言は欠かせない。とくに新任の段階では積極的に助言を求め，それを前向きに捉えて活かそうとすることが重要である。

F　幼稚園は子どもたちが適切な援助を行う教師と共に生活する場である。

●書籍内容の訂正等について

弊社では教員採用試験対策シリーズ(参考書，過去問，全国まるごと過去問題集)，公務員採用試験対策シリーズ，公立幼稚園教諭・保育士採用試験対策シリーズ，会社別就職試験対策シリーズについて，正誤表をホームページ(https://www.kyodo-s.jp)に掲載いたします。内容に訂正等，疑問点がございましたら，まずホームページをご確認ください。もし，正誤表に掲載されていない訂正等，疑問点がございましたら，下記項目をご記入の上，以下の送付先までお送りいただくようお願いいたします。

① **書籍名，都道府県・市町村名，区分，年度**
(例：公立幼稚園教諭・保育士採用試験対策シリーズ　秋田市の公立保育士 2025年度版)
② **ページ数**(書籍に記載されているページ数をご記入ください。)
③ **訂正等，疑問点**(内容は具体的にご記入ください。)
(例：問題文では"ア～オの中から選べ"とあるが，選択肢はエまでしかない)

〔ご注意〕

○ 電話での質問や相談等につきましては，受付けておりません。ご注意ください。
○ 正誤表の更新は適宜行います。
○ いただいた疑問点につきましては，当社編集制作部で検討の上，正誤表への反映を決定させていただきます(個別回答は，原則行いませんのであしからずご了承ください)。

●情報提供のお願い

協同教育研究会では，これから公立幼稚園教諭・保育士採用試験を受験される方々に，より正確な問題を，より多くご提供できるよう情報の収集を行っております。つきましては，公立幼稚園教諭・保育士採用試験に関する次の項目の情報を，以下の送付先までお送りいただけますと幸いでございます。お送りいただきました方には謝礼を差し上げます。

(情報量があまりに少ない場合は，謝礼をご用意できかねる場合があります。)

◆あなたの受験された専門試験，面接試験，論作文試験の実施方法や試験内容
◆公立幼稚園教諭・保育士採用試験の受験体験記

送付先

○電子メール：edit@kyodo-s.jp
○FAX：03－3233－1233(協同出版株式会社　編集制作部 行)
○郵送：〒101－0054　東京都千代田区神田錦町2－5
協同出版株式会社　編集制作部 行
○HP：https://kyodo-s.jp/provision(右記のQRコードからもアクセスできます)

※謝礼をお送りする関係から，いずれの方法でお送りいただく際にも，「お名前」「ご住所」は，必ず明記いただきますよう，よろしくお願い申し上げます。

【編集協力者】

阿部 真美子　聖徳大学　教育学部児童学科　教授

石田 成人　　東京未来大学　モチベーション行動科学部　講師

小田桐 忍　　聖徳大学　教育学部児童学科　教授

齋藤 有　　　聖徳大学　教育学部児童学科　准教授

杉浦 誠　　　常葉大学　保育学部保育学科　准教授

深津 さよこ　聖徳大学　教育学部児童学科　准教授

公立幼稚園教諭・保育士採用試験対策シリーズ

神戸市の公立幼稚園教諭

（過去問題集）

編　集　　©協同教育研究会

発　行　　令和６年６月10日

発行者　　小貫　輝雄

発行所　　協同出版株式会社

〒101-0054　東京都千代田区神田錦町２－５

TEL.03-3295-1341

http://www.kyodo-s.jp

振替　東京 00190-4-94061

印刷・製本　協同出版・POD工場

無断で複写・複製することを禁じます

落丁・乱丁はお取り替えいたします

Printed in Japan